中华传统都市文化丛书

总主编 杨晓霭

传统礼仪与城市修养

礼仪

魏梓秋 著

兰州大学出版社
LANZHOU UNIVERSITY PRESS

图书在版编目（ＣＩＰ）数据

传统礼仪与城市修养. 礼仪 / 魏梓秋著. -- 兰州 ：
兰州大学出版社，2015.5（2019.9重印）
（中华传统都市文化丛书 / 杨晓霭主编）
ISBN 978-7-311-04747-4

Ⅰ．①传… Ⅱ．①魏… Ⅲ．①礼仪—中国 Ⅳ．
①K892.26

中国版本图书馆CIP数据核字(2015)第106404号

策划编辑　梁建萍
责任编辑　梁建萍　杨　洁
封面设计　郇　海

书　　名　**传统礼仪与城市修养:礼仪**
作　　者　魏梓秋　著
出版发行　兰州大学出版社　（地址:兰州市天水南路222号　730000）
电　　话　0931-8912613(总编办公室)　0931-8617156(营销中心)
　　　　　0931-8914298(读者服务部)
网　　址　http://press.lzu.edu.cn
电子信箱　press@lzu.edu.cn
印　　刷　三河市金元印装有限公司
开　　本　710 mm×1020 mm　1/16
印　　张　12
字　　数　200千
版　　次　2015年7月第1版
印　　次　2019年9月第3次印刷
书　　号　ISBN 978-7-311-04747-4
定　　价　29.00元

总　序
——都市文化的魅力

杨晓霭

关于城市、都市的定义，人们从政治、经济、军事、社会、地理、历史等不同角度所做的解释已有三十多种。从城市社会学的历史视角考察，城市与都市在概念上的区别就是，都市是人类城市历史发展的高级空间形态。在世界城市化发展进程已有两百多年历史的今天，建设国际化大都市俨然成为人们最为甜美的梦。这正是本丛书命名为"都市文化"的初衷。

什么是都市文化，专家们各执己见。问问日复一日生活在都市中的人们，恐怕谁也很难说得清楚。但是人们用了一个非常形象的比喻来形容，说现代都市就像一口"煮开了的大锅"——沸腾？炽烈？流光溢彩？光怪陆离？恐惧？向往？好奇？神秘？也许有永远说不明白的滋味，有永远难以描摹的情境！无论怎样，只要看到"城市""都市"这样的字眼，从农耕文明中生长、成长起来的人们，一定会有诸多的感叹、赞许。这种感叹、赞许，渗透在人类的血脉中，流淌于民族历史的长河里。

一、远古的歌唱

关于"都""城""市"，翻开词典，看到的解释，与人们想象的一样异彩纷呈。摘抄几条，以资参考。都[dū]:(1)古称建有宗庙的城邑。之所以把建有宗庙的城邑称为"都"，是因为它地位的尊贵。(2)国都，京都。(3)大城市，著名城市。城[chéng]:(1)都邑四周的墙垣。一般分两重，里面的叫城，外面的叫郭。城字单用时，多包含城与郭。城、郭对举时只指城。(2)城池，城市。(3)犹"国"。古代王朝领地、诸侯封地、卿大夫采邑，都以有城垣的都邑为中心，皆可称城。(4)唐要塞设守之处。(5)筑城。(6)守卫城池。市[shì]:(1)临时或定期集中一地进行的贸易活动。(2)指城市中划定的贸易之所或商业区。(3)泛指城中店铺较多的街道或临街的地方。(4)集镇，城镇。(5)现

代行政区划单位。(6)泛指城市。(7)比喻人或物类会聚而成的场面。(8)指聚集。(9)做买卖，贸易。(10)引申指为某种目的而进行交易。(11)购买。(12)卖，卖出。把"都""城""市"三个字的意义结合起来，归纳一下，便会看到中心内容在"尊贵""显要""贸易""喧闹"，由这些特点所构成的城市文化、都市文化，与乡、野、村、鄙，形成鲜明对照。而且对都、城、市之向往，源远流长，浸润人心。在中国最早的诗歌总集《诗经》中，我们就聆听到了这样的歌唱：

> 文王有声，遹骏有声。遹求厥宁，遹观厥成。文王烝哉！
> 文王受命，有此武功。既伐于崇，作邑于丰。文王烝哉！
> 筑城伊淢，作丰伊匹。匪棘其欲，遹追来孝。王后烝哉！
> 王公伊濯，维丰之垣。四方攸同，王后维翰。王后烝哉！
> 丰水东注，维禹之绩。四方攸同，皇王维辟。皇王烝哉！
> 镐京辟雍，自西自东，自南自北，无思不服。皇王烝哉！
> 考卜维王，宅是镐京。维龟正之，武王成之。武王烝哉！
> 丰水有芑，武王岂不仕？诒厥孙谋，以燕翼子。武王烝哉！

这首诗中，文王指周王朝的奠基者姬昌。崇为古国名，是商的盟国，在今陕西省西安市沣水西。丰为地名，在今陕西省西安市沣水以西。伊，意为修筑。淢通"洫"，指护城河。匹，高亨《诗经今注》中说："匹，疑作兒，形近而误。兒是貌的古字。貌借为庙。"辟指天子，君主。镐京为西周国都，故址在今陕西省西安市西南沣水东岸。周武王既灭商，自酆徙都于此，谓之宗周，又称西都。芑通"杞"，指杞柳，是一种落叶乔木，枝条细长柔韧，可编织箱筐等器物，也称红皮柳。翼子的意思是，翼助子孙。全诗的大意是：

> 文王有声望，美名永传扬。他为天下求安宁，他让国家安泰盛昌。文王真是我们的好君王！
>
> 文王遵照上天指令，讨伐四方建立武功。举兵攻克崇国，建立都城丰邑。文王真是我们的好君王！
>
> 筑起高高的城墙，挖出深深的城池，丰邑都城里宗庙高耸巍巍望。不改祖宗好传统，追效祖先树榜样。文王真是我们的好君王！
>
> 各地公爵四处侯王，犹如丰邑的垣墙。四面八方来归附，辅佐君王成大业。文王真是我们的好君王！
>
> 丰水向东浩浩荡荡，治水大禹是榜样。四面八方来归附，武王君主承先王。武王真是我们的好君王！
>
> 镐京里建成辟雍，礼乐推行，教化宣德。从西方向东方，从南面往

北面，没有人不服从我周邦。武王真是我们的好君王！

占卜测问求吉祥，定都镐京好地方。依靠神龟正方位，武王筑城堪颂扬。武王真是我们的好君王！

丰水边上杞柳成行，武王难道不问不察？心怀仁义留谋略，安助子孙享慈爱。武王真是我们的好君王！

研究《诗经》的专家一致认为，这首《文王有声》歌颂的是西周的创业主文王和建立者武王，清人方玉润肯定地说："此诗专以迁都定鼎为言。"（《诗经原始》）文、武二王完成统一大业的丰功伟绩，在周人看来，最值得颂扬的圣明之处就是"作邑于丰"和"宅是镐京"。远在三千多年前的上古，先民们尚处于半游牧、半农耕的生活时期，居无定所，他们总是在耗尽了当地的资源之后，再迁移到其他地方。比如夏部族不断迁徙，被称作"大邑"的地方换了十七处；继夏而起的商，五次迁"都"，频遭乱离征伐之苦。因此，能否建"都"定"都"，享受稳定安逸的生活，成了人民的殷切期望。商朝时"盘庚迁殷"，"百姓由宁"，"诸侯来朝"，传位八代十二王，历时273年，成为历史佳话。正是在长期定居的条件下，兼具象形、会意、形声造字特点的甲骨文出现。文字的发明和使用，使"迁殷"的商代生民率先"有典有册"，引领"中国"跨入文明社会的门槛。而西周首都镐京的确立，被看成是中国远古王朝进入鼎盛时期的标志。"维新"的周人，在因袭殷商文化的同时，力求创新，"制礼作乐"，奠定了中华文化的基础。周平王的迁都洛邑，更是揭开了春秋战国的帷幕，气象恢宏的"百家争鸣"，孔子、老子、庄子等诸子学说的创立，使华夏文化快速跃进以至成熟质变，迈步走向人类文明的"轴心时代"。

一个都城的建设，凝聚着智慧，充满着憧憬。《周礼·冬官·考工记》曰："匠人建国，水地以悬，置槷以悬，眡以景。为规识日出之景与日入之景，昼参诸日中之景，夜考之极星，以正朝夕。匠人营国，方九里，旁三门，国中九经、九纬，经涂九轨。左祖右社，面朝后市，市朝一夫。"（《周礼注疏》，十三经注疏本，中华书局，1986年影印本，第927页）意思是说，匠人建造都城，用立柱悬水法测量地平，用悬绳的方法设置垂直的木柱，用来观察日影，辨别方向。以所树木柱为圆心画圆，记下日出时木柱在圆上的投影与日落时木柱在圆上的投影，这样来确定东西方向。白天参考正中午时的日影，夜里参考北极星，以确定正南北和正东西的方向。匠人营建都城，九里见方，都城的四边每边三门。都城中有九条南北大道、九条东西大道，每条大道可容九辆车并行。王宫门外左边是宗庙，右边是社稷坛；帝王正殿的前面是接见官吏、发号施令的地方——朝廷，后面是集合众人的市朝。每"市"和每"朝"各

有百步见方。如此周密的都城体系建构,不能不令人心生敬仰。考古学家指出:"三代虽都在立国前后屡次迁都,其最早的都城却一直保持着祭仪上的崇高地位。如果把那最早的都城比喻作恒星太阳,则后来迁徙往来的都城便好像是行星或卫星那样围绕着恒星运行。再换个说法,三代各代都有一个永恒不变的'圣都',也各有若干迁徙行走的'俗都'。'圣都'是先朝宗庙的永恒基地,而'俗都'虽也是举行日常祭仪所在,却主要是王的政治、经济、军事的领导中心。"(张光直:《考古学专题六讲》,文物出版社,1986年版,第110页)由三代都城精心构设的"规范""规格",不难想象上古时代人们对"城"的重视,以及对其赋予的精神寄托和文化意蕴。"西周、春秋时代,天子的王畿和诸侯的封国,都实行'国''野'对立的乡遂制度。'乡'是指国都及近郊地区的居民组织,或称为'郊'。'遂'是指'乡'以外农业地区的居民组织,或称为'鄙'或'野'。居住于乡的居民叫'国人',具有自由民性质,有参与政治、教育和选拔的权利,有服兵役和劳役的责任。当时军队编制是和'乡'的居民编制相结合的。居于'遂'的居民叫'庶人'或'野人',就是井田上服役的农业生产者。"(杨宽:《中国古代都城制度史研究》,上海人民出版社,2003年版,第40页)国畿高贵,遂野鄙陋,划然分明。也许就是从人们精心构设"都""城"的时候开始,"城"与"乡"便有了巨大的差异,"城里人"和"乡里人"就注定要有不同的命运。于是,缩小城乡差别,成为中国人永久的梦想。

二、理想的挥洒

对都市的向往,挥动生花妙笔而纵情赞美的,莫过于汉、晋的辞赋家。翻开文学发展史,《论都赋》《西都赋》《东都赋》《西京赋》《东京赋》《南都赋》《蜀都赋》《吴都赋》《魏都赋》……一篇篇铺张扬厉的都城大赋,震撼人心,炫人耳目。总会让人情不自禁地要披卷沉思,生发疑问:这些远在两千年前的文人骚客,为什么要如此呕心沥血?其实答案很简单,人们太喜欢都市了。

"都"居"天下之中",这是就国都、都城而言。即使不是国都之"都城""都市",又何尝不在人们的理想之"中"。都城的繁华、富庶、豪奢、享乐,哪一样不动人心魄、摄人心魂?而要寄予这份"享受",又怎能绕得开城市?请看班固《西都赋》的描摹:

> 建金城而万雉,呀周池而成渊。披三条之广路,立十二之通门。内则街衢洞达,闾阎且千,九市开场,货别隧分。入不得顾,车不得旋,阗城溢郭,旁流百廛。红尘四合,烟云相连。于是既庶且富,娱乐无疆。都人士女,殊异乎五方。游士拟于公侯,列肆侈于姬姜。

意思是说，"皇汉"经营的西都长安，城墙坚固得如铜铁所铸，高大得达到了万雉。绕城一周的护城河，挖成了万丈深渊。开辟的大道，从三面城门延伸出来，东西三条，南北三条，宽阔畅达。建立的十二门，与十二地支相应，展现出昼夜十二时的畅通无阻。城内大街小巷，四通八达，住户人家几乎近千。大道两旁，"九市"连环，商店林立，铺面开放。各种各样的货物，分门别类，排列在由通道隔开的各种销售场所。购物的人潮涌动，进到市场，行走其间，人人难以回头观看，车辆更是不能回转。长长的人流，填塞城内，一直拖到城外，还分散到各种店铺作坊，处处比肩。扬起的红尘，在四方升腾，如烟云一般弥漫。整个都城，丰饶富裕，欢娱无边。都市中的男男女女，与东南西北中各地的人完全不同。游人的服饰车乘可与公侯比美，商号店家的奢华超过了姬姓姜姓的贵族。

与班固西都、东都两赋的聘辞相比，西晋左思赋"三都"（《魏都赋》《吴都赋》《蜀都赋》），产生了"洛阳纸贵"的都城效应。"三都赋"在当时的传播，有皇甫谧"称善"，"张载为注《魏都》，刘逵注《吴》《蜀》而序"，"陈留卫权又为思赋作《略解》而序"，"司空张华见而叹"，陆机"绝叹伏，以为不能加也，遂辍笔"不再赋"三都"。唐太宗李世民及其重臣房玄龄等撰《晋书》，于文苑列传立左思传，共830余字，用640余字赞叹左思"三都赋"及《齐都赋》之"辞藻壮丽"。"不好交游，惟以闲居为事"的左思，名扬京城，让有高誉的皇甫谧"称善"，让"太康之杰"的陆机"叹服""辍笔"，让居于司空高位的张华感叹，让全洛阳的豪贵之家竞相传写，这一切与其说是感叹左思的才华，不如说是人们对"魏都之卓荦"、吴都"琴筑并奏，笙竽俱唱"，蜀都"出则连骑，归从百两"的向往与艳羡。都市的富贵荣华、欢娱闲荡，太具有吸引力了！可以想象，当"大手笔"们极尽描摹之能事，炫耀都城美丽、都市欢乐图景的时候，澎湃的激情中洋溢着对都市生活多么深情的憧憬。自古以来，都城便与"繁华""豪奢"联系在一起，城市生活成了"快活""享乐"的代名词。北宋都市生活繁华，浪迹汴京街巷坊曲的柳三变，"忍把浮名，换了浅斟低唱"，一度"奉旨填词"，其词至今尚存210余阕。"针线闲拈伴伊坐"，固然使芳心女儿神往陶醉；"杨柳岸晓风残月"，无时不令人心旌摇曳；而让金主"遂起投鞭渡江之志"的还是那"钱塘自古繁华"：

> 东南形胜，三吴都会，钱塘自古繁华。烟柳画桥，风帘翠幕，参差十万人家。云树绕堤沙，怒涛卷霜雪，天堑无涯。市列珠玑，户盈罗绮，竞豪奢。
>
> 重湖叠巘清嘉，有三秋桂子，十里荷花。羌管弄晴，菱歌泛夜，嬉嬉

钓叟莲娃。千骑拥高牙,乘醉听箫鼓,吟赏烟霞。异日图将好景,归去凤池夸。

柳永挥毫歌颂"三吴都会"的钱塘杭州:东南形胜,湖山清嘉,城市繁荣,市民殷富,官民安逸。"夸"得词中人物精神抖擞,"夸"得词人自己兴高采烈。北宋末叶在东京居住的孟元老,南渡之后,常忆东京繁盛,绍兴年间撰成《东京梦华录》,其间的描摹,与柳永的歌唱,南北映照。孟元老追述都城东京开封府的城市风貌,城池、河道、宫阙、衙署、寺观、桥巷、瓦舍、勾栏,以及朝廷典礼、岁时节令、风土习俗、物产时好、街巷夜市,面面俱到。序中的描摹,令人越发想要观赏那盛名不衰的《清明上河图》。

太平日久,人物繁阜。垂髫之童,但习鼓舞;斑白之老,不识干戈。时节相次,各有观赏。灯宵月夕,雪际花时,乞巧登高,教池游苑。举目则青楼画阁,绣户珠帘。雕车竞驻于天街,宝马争驰于御路。金翠耀目,罗绮飘香。新声巧笑于柳陌花衢,按管调弦于茶坊酒肆。八荒争凑,万国咸通。集四海之珍奇,皆归市易;会寰区之异味,悉在庖厨。花光满路,何限春游?箫鼓喧空,几家夜宴?伎巧则惊人耳目,侈奢则长人精神。瞻天表则元夕教池,拜郊孟享。频观公主下降,皇子纳妃。修造则创建明堂,冶铸则立成鼎鼐。观妓籍则府曹衙罢,内省宴回;看变化则举子唱名,武人换授。仆数十年烂赏叠游,莫知厌足。

"侈奢则长人精神",一语道破了"市列珠玑,户盈罗绮,竞豪奢"之底气,"烂赏叠游,莫知厌足"之纵情。市场上陈列着珠玉珍宝,家橱里装满了绫罗绸缎,当大家都比着赛着要"炫富"时,每个人该是何等的精神焕发,又是何等的意气洋洋?幻化自古繁华之钱塘,想象太平日久之汴都,试看今日之天下,何处不胜"汴都",到处都似"钱塘"。纵班固文赡,柳永曲宏,霓虹灯下的曼妙,何以写得明白,唱得清楚?

三、"城""乡"的激荡

(一)乡里人的城市感觉

乡里人进城,感觉当然十分丰富。对这份"感觉"的回忆,令人蓦然回首。我有过一个短暂而幸福的童年。留在记忆深处的片断里,最不能抹去,时时涌现脑海的,就是穿着一身新衣,打扮得光鲜靓丽,牵着姐姐的手,"到街上去"。每到这个时候,总会听到这样的问:"到哪里去?""到街上去。""啊,衣裳怎么那么好看呢!颜色亮得很啊!"答话的总是姐姐,看衣服的总是我。我总会用最喜悦的眼光看问话的人,用最自豪的动作扭扭捏捏地扯一扯自己的衣角,再低下头看看鞋袜。接着还会听到一句夸奖:"哟,鞋穿得怎么那么合适呢,是最时兴的啊!"于是"到街上去"就和崭新的衣服、新款的鞋袜连在一起。这也是我这个乡里人最早对"城市"的感觉。牵着姐姐的手到街上,四处"逛"来"逛"去,走得昏头昏脑,于是真正到了"街上"的情形反而没有多少欢乐或痛苦了。和母亲"到街上",是去看戏。看戏对母亲不是一件愉快的事。母亲看戏是为了服从"家长"的安排,而她最担心还是城里人会说我们是"乡棒"。留给母亲的还有一点"不高兴",就是母亲去看戏总要抱着我,是个"负担"。当我被抱着看戏的时候,戏是什么不知道,看的只是妈妈的脸。看她长长的睫毛、大大的眼睛、棱棱的鼻子、白皙的皮肤。再长大一点,就是看戏园子。朦胧的感觉只是人多啊人真多啊,接着是挤呀挤,在只能看见人的衣服、人挪动着腿的昏暗中,也随着大流迈动自己的脚。如此而已!真正成人了,似乎才懂得了母亲的感受。

　　曾读过日本人小川和佑著的《东京学》,有一节题作:"东京人都很聪明却心肠很坏……"。而且这个小标题,犹有意味地还加上了一个省略号。为什么会有这个结论,作者分析说:"如果为东京人辩护,这并不是说唯独东京人聪明而心肠坏,那是因为过去只知道在闭锁式共同体内生活的乡下到东京来的人,一味地只在他们归属的共同体之逻辑里思维和行动的缘故。这时候,对方当然企图以过密空间之逻辑将之击败。"(小川和佑:《东京学》,廖为智译,台北一方出版,2002年版)这个反省是深刻的。乡里人进城,回到乡里,最为激烈的反映,恐怕就是说,城里人很坏,那个地方太挤了。我曾经在大都市耳闻目睹过城里人对乡里人的态度,尤其是当车轮滚滚、人流涌动的"高峰"时段。这时候,所有的人,或跑了一天正饿着,或忙了一天正累着。住在城里的想要回家歇息,进城来的人想要找个地方落脚。于是,谁看见谁都不顺眼。恶狠狠地瞪一眼,粗声粗气地骂几句。"城"与"乡"的差别,在这个时候就表现得最明显了。但是,无论怎样的不愉快,过城里人的生活,是乡村人永远的梦;过城里人的生活,可谓是许多乡里人追求生活的终极目标。

　　20世纪80年代伊始,小说家高晓声发表了中篇小说《陈奂生上城》,把刚刚摘掉"漏斗户主"帽子的陈奂生置于县招待所高级房间里,也即将一个农民安置到高档次的物质文明环境中,以此观照,陈奂生最渴望的是希望提高自己在人们心目中的地位,总想着能"碰到一件大家都不曾经历的事情"。而此事终于在他上城时碰上了:因偶感风寒而坐上了县委书记的汽车,住上了招待所五元钱一夜的高级房间。在心痛和"报复"之余,"忽然心

里一亮"，觉得今后"总算有点自豪的东西可以讲讲了"，"精神陡增，顿时好像高大了许多"。高晓声惟妙惟肖的描写，一针见血，揭示的正是"乡里人"进城的最大愿望，即"希望提高自己在人们心目中的地位"。中国乡村人的生活，真的是太"土"了。著名诗人臧克家有一首最为经典的小诗，题作《三代》，诗云："孩子，在土里洗澡；爸爸，在土里流汗；爷爷，在土里葬埋。"仅用二十一个字，浓缩了乡里人一生与"土"相连的沉重命运。比起头朝黄土背朝天的乡里人的"土"，城里人被乡里人仰望着称为"洋"；比起日复一日，年复一年，忙忙碌碌，永无休闲的乡里人，城里人最为乡里人羡慕的就是"乐"。为了变得"洋气"，为了不那么苦，有一点"乐"，乡里人花几代人的本钱，挣扎着"进城"。

（二）城里人的城市记忆

我曾从陇中的"川里"到了陇南的"山里"，又从陇南的"山里"到了省城的"市里"，在不断变换的旅途中，算一算，大大小小走过了近百个城市，而且还有幸出国，到了欧洲、非洲的一些城市。除生活了三十多年的省城，还曾在北京住了一年，在扬州住了两年，在上海"流动"五个年头，在土耳其的港口城市伊斯坦布尔住了一年半，在祖国宝岛台湾的台中市住了四个月零一周。每一座城市都以其独特的"风格"展示着无穷的魅力，也给我留下了许多难以忘怀的记忆。当我试着想用城里人的感觉来抒写诸多记忆的时候，竟然奇迹般地发现，城里人的城市记忆，也如同乡里人进城一样的复杂。于是，只好抄一些"真正"的城里人所写的城市生活和城市记忆。张爱玲出生在上海公共租界的一幢仿西式豪宅中，逝世于美国加州洛杉矶西木区罗彻斯特大道的公寓，是真正的城里人。她在《公寓生活记趣》中写城市生活，说她喜欢听市声：

> 我喜欢听市声。比我较有诗意的人在枕上听松涛，听海啸，我是非得听见电车响才睡得着觉的。在香港山上，只有冬季里，北风彻夜吹着常青树，还有一点电车的韵味。长年住在闹市里的人大约非得出了城之后才知道他离不了一些什么。城里人的思想，背景是条纹布的幔子，淡淡的白条子便是行驶着的电车——平行的，匀净的，声响的河流，汩汩流入下意识里去。

"市声"的确是城市独有的"风景"，也是城里人最易生发感叹的"记忆"。胡朴安编集《清文观止》，收录了一篇清顺治、康熙年间沙张白的《市声说》。沙张白笔下的"市声"，那就不仅仅是"喜欢"不"喜欢"了。他从鸟声、兽声、人声写到叫卖声、权势声，最终发出自己深深的"叹声"。城市啊，也是百般滋味在心头。

比起市声，最最不能抹去的城市记忆，恐怕就是"街"。一条条多姿多彩的"街"，是一道道流动的风景线，负载着形形色色的风情，讲述着一个个动人的故事，呈现着各种各样的文化。潘毅、余丽文编的《书写城市——香港的身份与文化》，收录了也斯的《都市文化·香港文学·文化评论》一文，文章对都市做了这样的概括："都市是一个包容性的空间。里面不止一种人、一种生活方式、一种价值标准，而是有许多不同的人、生活方式和价值标准。就像一个一个橱窗、复合的商场、毗邻的大厦，不是由一个中心辐射出来，而是彼此并排，互相连接。""都市的发展，影响了我们对时空的观念，对速度和距离的估计，也改变了我们的美感经验。崭新的物质陆续进入我们的视野，物我的关系不断调整，重新影响了我们对外界的认知方法。"读着这些评论的时候，我的脑海里如同上演着一幕幕城市的黑白电影，迅雷般的变迁，灿烂夺目，如梦如幻。

都市是一种历史现象，它是社会经济发展到一定阶段的产物，又是人类文化发展的象征。研究者按都市的主要社会功能，将都市分为工业都市、商业都市、工商业都市、港口都市、文化都市、军事都市、宗教都市和综合多功能都市等等。易中天《读城记》里，叙说了他所认识的政治都城、经济都市、享受都市、休闲都市的特点。诚然，每一个城市都有自己的个性，都有自己的风格，但与都市密切关联着的"繁荣""文明""豪华""享乐"，对任何人都充满诱惑。"都市生活的好处，正在于它可以提供许多可能。"相对于古代都市文化，现代形态的都市文化，通过强有力的政权、雄厚的经济实力、便利的交通运输、快捷的信息网络、强大的传媒系统，以及形形色色的先进设施，对乡镇施加着重大的影响，也产生着无穷的、永恒的魅力。

四、都市文明的馨香

自古以来，乡里人、城里人，在中国文化里就是两个畛域分明的"世界"，因此，缩小城乡差别，决然成为新中国成立后坚定的国策，也俨然成为国家建设的严峻课题。改革开放的东风吹醒催开了一朵娇艳的奇葩，江苏省淮阴市的一个小村庄——华西村，赫然成为"村庄里的都市"，巍然屹立于21世纪的曙光中。"榜样的力量是无穷的。"让中国千千万万个村庄发展成为"村庄里的都市"，这是人民的美好愿望。千千万万个农民，潮水般涌入城市，要成为"城里人"。千千万万个城市，迎接了一批又一批"乡亲"。两股潮水汇聚，潮起潮落，激情澎湃！如何融入城市，建设城市？怎样接纳"乡亲"，

共同建设文明？回顾历史，这种汇聚，悠久而漫长，已然成为传统。文化是民族的血脉，是人民的精神家园。文化发展为了人民，文化发展依靠人民。如何有力地弘扬中华传统文化，提高人民文化素养，推动全民精神文化建设，是关乎民族进步的千秋大业。虽然有关文化的书籍层出不穷，但根据一个阶层、一个群体的文化特点，有针对性地进行文化素质培养，从而有目的地融合"雅""俗"文化，较快地提高社区文明层次，在当代中国文化建设中仍然具有十分重要的意义。

自改革开放以来，随着城乡人的频繁往来，大数量的人群流动，尤其如"农民工""打工妹"等大批农民潮水般地进入城市，全国城乡差别大大缩小。面对这样的现实，如何让城里人做好榜样，如何让农村人迅速融入城市生活，在文化层面上给他们提供必要的借鉴，已是刻不容缓的任务，文化工作者责无旁贷。这也正是"中华传统都市文化丛书"编辑出版的必要性和时效性。随着网络的全球化覆盖，世界已进入"地球村"时代，传统意义上的"城市"，已经不是都市文明建设的理想状态，在大都市社会中逐渐形成并不断扩散的新型思维方式、生活方式与价值观念，不仅直接冲毁了中小城市、城镇与乡村固有的传统社会结构与精神文化生态，同时也在全球范围内对当代文化的生产、传播与消费产生着举足轻重的影响。可以说，城市文化与都市文化的区别正在于都市文化所具有的国际化、先进性、影响力。为此，"中华传统都市文化丛书"构设了以下的内容：

传统信仰与城市生活：城隍
服饰变化与城市形象：服饰
饮食文化与城市风情：饮食
高楼林立与城市空间：建筑
交通变迁与城市发展：交通
传统礼仪与城市修养：礼仪
语言规范与城市品位：雅言
歌舞文艺与城市娱乐：歌舞

全丛书各册字数约25万，形式活泼，语言浅显，在重视知识性的同时，重视可读性、感染力。书中述写围绕当代城市生活展开，上溯历史，面向当代，各册均以"史"为纲，写出传统，联系现实，目的在于树立文明，为都市文化建设提供借鉴。如梦如幻的都市文化，太丰富，太吸引人了！这里撷取的仅仅是花团锦簇的都市文明中的几片小小花瓣，期盼这几片小小花瓣洋溢着的缕缕馨香浸润人们的心田。

　　我们经常在问什么是文明,人何以有修养? 偶然从同事处借到一本何兆武先生的《上学记》,小引中的一段话,令人茅塞顿开。撰写者文靖说:"我常常想,人怎样才能像何先生那样有修养,'修养'这个词,其实翻过来说就是'文明'。按照一种说法,文明就是人越来越懂得遵照一种规则生活,因为这种规则,人对自我和欲望有所节制,对他人和社会有所尊重。但是,仅仅是懂得规矩是不够的,他又必须有超越此上的精神和乐趣,使他表现出一种不落俗套的气质。《上学记》里面有一段话我很同意,他说:'一个人的精神生活,不仅仅是逻辑的、理智的,不仅仅是科学的,还有另外一个天地,同样给人以精神和思想上的满足。'可是,这种精神生活需要从小开始,让它成为心底的基石,而不是到了成年以后,再经由一阵风似的恶补,贴在脸面上挂作招牌。"顺着文靖的感叹说下来,关于精神生活需要从小开始的观点,我很同意,精神修养真的是要在心底扎根,然后萌芽、成长,慢慢滋润,才能成为一种不落俗套的气质。我们期盼着……

2015年元旦

目　录

传统礼仪与城市修养：礼仪

绪言：中华礼仪源远流长

生活在距今约1.8万年前的北京周口店山顶洞人，就已经知道打扮自己，他们用穿孔的兽齿、石珠作为装饰品，挂在脖子上，在他们去世的族人身旁撒放赤铁矿粉，学者研究认为这是一种原始宗教仪式，是迄今为止在中国发现的最早的葬仪，但礼仪的真正形成、确立以及初步完善还要从先秦时代说起。先秦是指秦代(公元前221—前206年)以前的时期，包括传说中的三皇五帝和夏、商、周三代，在考古学分期上，为中国新石器时代晚期、青铜时代和早期铁器时代。新石器时代开始的数千年岁月里，原始礼仪渐具雏形，例如在西安的半坡遗址中，发现了生活距今约五千年前的半坡村人的公共墓地，墓地中坑位排列有序，死者的身份有所区别，有带殉葬品的仰身葬，还有无殉葬品的俯身葬，说明当时人们已经开始注意尊卑有序、男女有别。到了周朝已经形成了比较完整的礼仪体系，特别是周武王的兄弟、辅佐周成王的周公，对周代礼制的确立起了重要作用。

周公姓姬名旦(约公元前1100年)，亦称叔旦，周文王姬昌第四子，因封地在周(今陕西岐山北)，故称周公或周公旦，是西周初期杰出的政治家、军事家和思想家，被尊为儒学奠基人，是孔子一生最崇敬的古代圣人之一。西周东都洛邑建成之后，周公召集天下诸侯举行盛大庆典，宣布了各种典章制度，"制礼作乐"，目的是将人们的行为举止、心理情操都纳入一个尊卑有序的模式之中。周公本人也践行着礼制的要求，据说武王在临终前愿意把王位传给有德有才的周公，但他涕泣不止，不肯接受，武王死后，年仅十多岁的成王继位，周公一直忠心辅佐成王，成就了历史上的一段佳话。

图1　洛阳周公庙

　　全面介绍周朝制度的《周礼》，是中国流传至今的第一部礼仪专著。《周礼》，又名《周官》，原有6篇，现存5篇，详细介绍了六类官名及其职权，六官分别称为天官、地官、春官、夏官、秋官、冬官，天官主管宫事、财货，地官主管教育、市政，春官主管五礼、乐舞，夏官主管军旅、边防，秋官主管刑法、外交，冬官主管土木建筑。春官主管的五礼即吉礼、凶礼、宾礼、军礼和嘉礼，是周朝礼仪制度的重要方面。吉礼，是祭祀的规范，古人祭祀为求吉祥，故称吉礼，周代将祭祀对象分为人鬼、天神、地示等三类，每类之下再细分为若干等；凶礼，是指救患分灾的礼仪，包括荒礼和丧礼两大类，细目则有丧礼、荒礼、吊礼、襘礼和恤礼等五种；宾礼是交际的规范，主要指诸侯对天子的朝觐及诸侯之间的会盟等礼节，在宗法社会中，天子与诸侯之间大多有亲戚关系，为了联络感情，彼此亲附，需要有定期的礼节性会见；军礼，主要包括阅兵、出师等仪式。军与征战相关，军队的组建、管理都离不开礼的原则，军队的车马、旌旗、兵器、军容、营阵、行列、校阅，乃至坐作、进退、击刺等，无不依一定的仪节进行，军队的日常训练，包括校阅、车战、舟师、马政等，也有严格的礼仪规定，得胜之后，又有凯旋、告庙、献俘、献捷、受降、饮至等仪节；嘉礼，是饮食、婚冠、宾射、燕飨、脤膰和贺庆之礼的总称，"嘉"是善、好的意思，是按照人心之所善者制定的礼仪，由此可见，许多基本礼仪在商末周初已基本形成。此外，成书于商周之际的《易经》和在周代大体定型的《诗经》，也有一些涉及礼仪的内容。在西周，青铜礼器是个人身份的表征，礼器的多寡代表身份地位高低，形制的大小显示权力等级，当时，贵族佩带成组饰玉为风气,而相见礼和婚礼(包括纳采、问名、纳吉、纳徵、请期、亲迎等"六礼")已经成为定式,流行民间,此外,尊老爱幼等礼仪,也已明显确立。

西周末期,王室衰微,诸侯纷起争霸,公元前770年,周平王东迁洛邑,史称东周,但东周王朝已无力全面恪守传统礼制,出现了所谓"礼崩乐坏"的局面。在此期间,相继涌现出孔子、孟子、荀子等伟大的思想家、哲学家,完善、发展和革新了礼仪理论。孔子(公元前551—公元前479年)编订的《仪礼》一书,详细记录了战国以前贵族生活的各种礼节仪式,与《周礼》和孔门后学编的《礼记》,合称"三礼",是中国古代最早、最重要的礼仪著作。孔子认为,"不学礼,无以立",要求人们用道德规范约束自己的行为,做到"非礼勿视,非礼勿听,非礼勿言,非礼勿动"[①],较系统地阐述了礼及礼仪的本质与功能。

图2 冯远绘:孔子

孟子(约公元前372—前289年)是战国时期儒家的主要代表人物,后世常将孔孟并称。孟子提出"性善论",认为人天生具有"恻隐之心、羞恶之心、辞让之心、是非之心",把这四种天性推广发挥开来就是仁、义、礼、智四种基本的道德品质。孟子还说仁、义、礼、智体现在人与人之间的关系上,就是"五伦",即"父子有亲,君臣有义,夫妇有别,长幼有序,朋友有信",也就是说"仁爱"要通过具体的人与人相处的礼仪体现出来。

荀子(约公元前298—前238年)是战国末期的大思想家。他提出"性恶论",主张"隆礼""重法",礼法并重。首先他倡导礼制,认为"礼之于正国家也,如权衡之于轻重也,如绳墨之于曲直也。故人无礼不生,事无礼不

图3 颜宝臻绘:孟子

---

①《论语·颜渊第十二》,北京:中华书局,2007年,第171页。

成,国家无礼不宁"①。

汉朝统治者吸取了秦灭亡的教训,十分重视礼制的建设。西汉初期,叔孙通协助汉高帝刘邦制定了朝礼之仪,突出发展了礼的仪式和礼节。后汉武帝采纳董仲舒(公元前179—公元前104年)"罢黜百家,独尊儒术"的建议,使儒家礼教成为定制,董仲舒又把儒家礼仪具体概况为"三纲五常","三纲"即"君为臣纲,父为子纲,夫为妻纲","五常"即仁、义、礼、智、信。汉代,孔门后学编撰的《礼记》问世,共49篇,有讲述古代风俗的《曲礼》,有谈论古代饮食居住进化概况的《礼运》,有记录家庭礼仪的《内则》,有记载服饰制度的《玉藻》,有论述师生关系的《学记》,还有教导人们道德修养的途径和方法,即"修身、齐家、治国、平天下"的《大学》,是一部上承奴隶社会、下启封建社会的礼仪汇集,堪称集上古礼仪之大成,盛唐时期,《礼记》由"记"上升为"经",成为"礼经"三书之一。《仪礼》

图4 〔汉〕董仲舒(清人绘)

《周礼》和《礼记》先后被列入官学,不仅是古代文人必读的经典,而且成为历代王朝制礼的基础,是封建时代礼制思想的主要源泉,对于中国文化和历史的影响十分深远。

宋代,出现了以儒家思想为基础、兼容道学、佛学的理学思想,被称为"新儒学",以程颐、陈灏兄弟和朱熹为主要代表人物,核心是强化纲常伦理,新安理学②尤其讲究忠君孝亲、男尊女卑、丧制礼服、修祠续谱、建坊树碑,造成大批"贞女烈妇""孝子贤孙"为传统礼教而殉身。理学在维护封建礼教、宗法制度等方面起到了重要作用,如二程认为,"礼即是理也"③,"父子君臣,天下之定理,无所逃于天地之间"④;朱熹认为,"仁莫大于父子,义莫大于君

---

①《荀子·天论》,北京:中华书局,2007年,第124页。

②为理学徽派。程颢、程颐及朱熹祖籍均系徽州,且理学在新安的传播和影响尤为深广,世称"新安理学"。

③《二程遗书》卷二十五《伊川先生语十一》,上海:上海古籍出版社,2000年,第380页。

④《二程遗书》卷五《二先生语五》,上海:上海古籍出版社,2000年,第128页。

臣,是谓三纲之要,五常之本。人伦天理之至,无所逃于天地间"。①宋代礼仪发展的另一个特点,是家庭礼仪研究硕果累累,以北宋史学家司马光(公元1019—1086年)的《涑水家仪》和朱熹(公元1130—1200年)的《朱子家礼》最为著名。《涑水家仪》是古代女子的必读书,体现了封建社会对妇女的诸多束缚,但仍然有大量内容对女性的礼仪道德建设有积极意义。《朱子家礼》主讲纲常伦理,礼节礼仪,共五卷,分别为通礼、冠礼、昏(婚)礼、丧礼和祭礼,冠礼因时而简,十分便于操作;婚礼尚俭反奢,虑及士庶的经济能力;丧礼尊亲反俗,彰显对亡者的幽思;祭礼收族敬宗,有利于家族的团结与稳定,因此得到统治阶级的大力推行,成为中国封建社会后期的民间通用礼。

图5 〔明〕郭诩绘:朱子

明太祖朱元璋开国后,其重要的治国举措之一,便是酌古通今,考定邦礼,对社会各阶层在日常生活中的各类礼仪习俗做了严格的规定,希望达到贵贱各有等第,上可以兼下,下不可以僭上的目的,以实现长治久安。明代中晚期,随着社会经济的繁荣、生产的发展、科技的进步,城市生活日趋繁华,居住、行止物质条件的改善和文化活动的丰富,使明人在礼仪习俗方面发生了很多耐人寻味的变化,深刻地折射出当时人际关系和社会观念的变动,这在诸多旧城名都和新近崛起的、人口繁盛、商贾流通的城镇中,表现得更为明显,因此,有人说明代堪称中国历史上又一个"礼崩乐坏"的时代。

满族入关后,逐渐接受了儒家的礼制,并使一些礼仪程式显得更为虚浮和烦琐,例如清代的品官相见礼,当品级低者向品级高者行拜礼时,动辄一跪三叩,重则三跪九叩。清代后期,政治腐败,民不聊生,古代礼仪盛极而衰,伴随着西学东渐,一些西方礼仪传入中国,逐渐流行和普及,如北洋新军时期的陆军便采用西方军队的举手礼,以代替不合时宜的打千礼。1912年,中华民国建立,孙中山先生领导的民国政府破旧立新,普及教育,废除祭孔读经,改易陋俗,剪辫子、禁缠足等,由西方传入中国的握手礼开始流行于上层社会,后逐渐普及民间,用民权代替君权,用自由、平等取代宗法等级制。

① [南宋]朱熹:《朱文公文集·癸未垂拱奏二》卷十三,北京:国家图书馆出版社,2006年。

正式拉开了现代礼仪的帷幕。五四运动之后，在当时进步知识分子的倡导下，中国人逐渐摒弃了"神权天命""愚忠愚孝"以及严重束缚妇女的"三从四德"等封建礼教，确立了同志式的合作互助关系和男女平等的新型社会关系，而尊老爱幼、讲究信义、以诚待人、先人后己、礼尚往来等中国传统礼仪中的精华，则得到继承和发扬。

我国古代的城市是政治重心，军事重镇和经济中心。宋代中国，人口在10万以上的城市有两打之多，当威尼斯和巴黎还只有10万居民时，北宋首都开封就已经拥有100万人口，而南宋首都临安的城市人口则达到150万。更重要的是，开封、临安以及其他大城市是活跃而开放的，商业、手工业和娱乐业欣欣向荣，四方货财云集，娱乐行业齐备，儒释道三教的活动和节日并存，纸币在流通，印刷术（尽管还不是活字印刷）使书籍变得容易获得和相对便宜。生活优裕的士大夫与劳动阶层比邻而居，朝夕相对，官员、商人、香客和流浪艺人在城市与城市之间旅行，将市民文化传播到乡村，返乡过节的工人则把最新的流行带回家乡，落选举子，退役胥吏，落魄文人，沦落胡人演绎着悲喜交加的人生百态。总的来说，宋代以后，中国都市生活的方方面面听起来的确相当"摩登"，传统礼仪也在这样生动而复杂的历史画卷中经历着挣扎、破碎、裂变和重构的过程，并期待涅槃与重生！本书重点介绍宋代以后的都市礼仪文化。

图6　〔宋〕太平街景图

现藏美国芝加哥艺术学院

合欢聚众：饮食礼仪

　　饮食礼仪指的是饮膳宴筵方面的社会规范与典章制度、餐饮活动中的文明教养与交际准则，是赴宴人和东道主的仪表、风度、神态、气质的体现，属"嘉礼"之一。中国古代饮食礼仪的生成，至少可追溯到周初，最初指国君通过宾射、燕享之礼，与宗族兄弟、四方宾客等饮酒聚食，以联络和加深感情，经过长期发展，形成了完整的座次、进酒、上馔等饮食活动礼仪以及由此衍生出的游戏、竞技、宴歌、宴乐、宴舞等规则和礼仪。

　　饮食礼仪促成了中华民族亲睦九族，协和万邦的文化气质，中国人凡遇到婚丧嫁娶、盖房侨迁、生辰祝寿、年节庆贺、亲朋会友等活动时都要举办各种类型的家宴。自春秋以来，这些活动中除包含浓厚的宗教意识外，还有维护国家安定、巩固民族团结以及强化社会秩序、稳定民心的重要作用，正如古人所说"内者宗族，外者乡里，皆得而俱饮食之，虽使鬼神请亡，此犹可以合欢聚众，取亲于乡里"[1]，尊卑贵贱长幼之序，在宴饮过程中得以充分完善地体现，所以，"吃饭"对于中国人来说，有着特别的意义。

　　人类最初的进食习惯与动物并无太大差别，即使进入文明时代，有些人的饮食习惯依然保留着明显的动物性，在儒家制定的食礼中，就是强调抑制人的动物性进食习惯，在吃饭时也体现自己的修养，如《礼记·曲礼》规定："毋抟饭，毋放饭，毋流歠，毋咤食，毋啮骨，毋反鱼肉，毋投与狗骨，毋固获，毋扬饭，饭黍毋以箸，毋嚃羹，毋絮羹，毋刺齿，毋歠醢"[2]，意思是说，取饭时不要把饭抟成团，不要把手中的余饭放回食器，喝汤时不要倾流不止，上菜

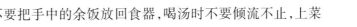

①《新编诸子集成·墨子校注》卷八《明鬼下》，北京：中华书局，1993年，第343页。
②《十三经注疏·礼记正义》卷二《曲礼上》，北京：北京大学出版社，1999年，第61页。

时舌头不要在口中作声，不要把骨头啃得有响声，不要把咬过的鱼肉放回食器，不要把肉骨扔给狗，不要专吃最好的食物，不要用手扬去饭的热气，吃黍时不要用错餐具（要用匕，不可用筷子），吃羹时不要连羹中的菜都不嚼就吞下去，不要重调主人已调好味的羹，不要当别人面剔牙，不要重调主人已调好味的肉酱，如此等等，可谓详尽之极。这些古老的饮食礼仪一直被后世继承，与现代餐饮礼仪有很多不谋而合之处。

图7　托果盘仕女图
西安唐房陵公主墓壁画

一、神仙都是美食家

原始社会，由于缺乏科学知识，人们不理解一些自然现象，认为天地万物都由神支配和主宰，因此，他们敬畏"天神"，祭祀"天神"，早期礼仪包含原始社会人类生活的若干准则，又是原始社会宗教信仰的产物。"礼"的繁体字是"禮"，左边代表神，右边是向神进贡的祭物，汉代学者许慎说："礼，履也，所以事神致福也"，意思是礼就是要践行对神的敬畏之情，侍奉好神以得到福气。

从周代开始，饮食礼仪成为祭祀活动中的重要环节，"祷祠祭祀，供给神鬼，非礼不诚不庄"[1]，饮食礼仪制度自产生之日起便无法割断与宗教活动的脐带关系，在拜神敬鬼、祭祀祖先的活动中，一定要供奉各种食品，如"血祭""祭酒""供果"等，而且一定要敬献最好的食物，因为在先民的宗教观念中，神和人一样，对美食情有独钟，《诗经》即称"神嗜饮食"[2]，因此要投其所好，备以丰盛的美食美饮敬献天神，以获庇佑，"必择六畜之腯肥倅毛，以为牺牲；……必

图8　腊月祭灶的礼仪
选自王弘力绘：《古代风俗百图》

①《十三经注疏·礼记正义》卷一《曲礼上第一》，北京：北京大学出版社，1999年，第14页。

②《诗·小雅·楚茨》，北京：中华书局，1986年，第431页。

择五谷之芳黄,以为酒醴粢盛"①,所献食品是否丰盛,所列礼器(考古发掘表明,绝大多数礼器为饪食器、食器和酒器)是否考究,是否合乎礼的规范,都是先民慎重对待的问题。

　　日常饮食活动中,人们尊天事祖的心态也时有体现,民间给亡人供饭、酒、菜,反映了追悼亡灵的民间信仰。在特定时节祭祀祖先也必要有饮食供奉,如《东京梦华录》记载两宋以鸡冠花祭祖,也包括索食的仪节,"又卖鸡冠花,谓之洗手花;十五日供养祖先索食",此习迄清代仍存。古人进餐前有个重要礼节,就是向先祖尽祭食之礼,中国人食前祭祖礼仪和西方人的餐前祷告类似,但有质的不同,西方人餐前祷告是把祈求或报答恩典寄于上帝,几乎没有人间烟火的味道;而中国人的餐前祭食是报祖念本,它与治世之道和教人好礼从善密不可分,其内容是现实的,其心态是朴实的。食礼中的祭祀仪节除了人神沟通之目的,还有就是由神及人,使人具有内在的道德风范和好礼从善的欲求,进而形成一个上自天子下至庶人,层层隶属的统治形态。

图9　　清代鸡冠花供祖图②
选自王弘力绘:《古代风俗百图》

①《新编诸子集成·墨子校注》卷八《明鬼下》,北京:中华书局,1993年,第340页。
②以鸡冠花供祖,在两宋时已风行,清代供祖瓶插鸡冠花,也风靡京城。《枫窗小牍》载:"鸡冠花汴中谓之洗手花,中元节前,儿童唱卖以供祖先。"

二、偷来仙桃献母亲

中国民间有个小故事,说宋代某地有个老员外,是个秀才,十分自负,连苏东坡也不放在眼里,他夫人六十大寿时,听说苏东坡要从这里路过,他就想趁此机会出个题目考考苏东坡,于是,他写了一副对联挂在寿堂上:

> 这房老婆不是人,三个儿子都作贼。

苏东坡路过时,老员外忙将他请到家里设宴款待,席间,老员外指着那副对联假意谦虚道:"老朽才疏学浅,力不从心,此联写得不佳,请苏学士点石成金。"苏东坡知道这是有意难为自己,遂命取过笔来,在那副对联上刷刷点点,写毕,自顾自地喝起酒来,老员外忙朝那对联看去,只见对联已变成:

> 这房老婆不是人,好似仙女下凡尘。
>
> 三个儿子都作贼,偷来仙桃献母亲。

老员外看完,只得甘拜下风。这个故事还有一种说法的主人公是清代的纪晓岚。不论是谁,我们可以看出,对于中国人来说,只要是出于孝敬父母的动机,哪怕是偷窃的行为也是可以原谅的,中国古代的日常饮食礼仪也是体现孝亲的最佳形式。

《礼记》对日常饮食的孝亲仪节多有规定,如"以适父母舅姑之所,……饘、酏、酒、醴、芼、羹、菽、麦、蕡、稻、黍、粱、秫唯所欲。枣、栗、饴、蜜、以甘之,堇、荁、枌、榆、免、薧、滫、瀡以滑之,脂、膏以膏之。父母、舅姑必尝之而后退"①。意思是说,首先要想到老人的饮食习惯,尽量使食物鲜美润滑,酥烂适口,易嚼易咽,易于消化,凡是有好吃可口的食物要先孝敬给父母和公婆品尝。在进食过程中,也形成了一套进食礼仪制度,如《礼记》规定,"与恒食饮,非馂,莫之敢饮食。父母在,朝夕恒食,子妇佐馂;父没母存,冢子御食,群子妇佐馂如初"。②意思是说,平常吃饭,必须父母吃剩下的子女才能吃。父母在世,早晚吃饭,由儿媳在旁照料,要吃剩下的饭食。父亲去世,母亲尚在,嫡长子侍奉母亲吃饭,他的弟弟、弟媳们也要像原来一样在一旁伺候。

和孝亲一样,尊老养老在日常饮食活动中也形成了一系列的礼仪制度,如"侍食于长者,主人亲馈,则拜而食;主人不亲馈,则不拜而食。共食不饱,

---

① 李学勤主编:《十三经注疏·礼记正义》卷二七《内则第十二》,北京:北京大学出版社,1999年,第832页。

② 李学勤主编:《十三经注疏·礼记正义》卷二七《内则第十二》,北京:北京大学出版社,1999年,第834页。

共饭不泽手","侍饮于长者,酒进则起,拜受于尊所。长者辞,少者反席而饮。长者举未釂,少者不敢饮"①,意思是说,侍奉长者吃饭,遇到主人亲取菜肴送给自己时,先要拜谢再吃;主人不亲自取时,不用拜谢就可以吃;一起吃饭不能只顾自己吃饱,不要揉搓手。侍奉长者喝酒时,长者要将酒递过来时,就要起立,走到放酒器的地方拜谢后才能接受。长者说不要客气,年轻人才能回到席位上喝酒,长者举杯未干,年轻人不可先喝。

　　乡饮酒礼是古代嘉礼的一种,也是汉族的一种宴饮风俗,最早可追溯至西周,是乡州邻里之间定期的聚会宴饮,一般以致仕之卿大夫为主持人,以敬老为中心,规定"乡饮酒之礼,六十者坐,五十者立侍,以听政役,所以明尊长也。六十者三豆,七十者四豆,八十者五豆,九十者六豆,所以明养老也",②意思是说,六十岁的人坐着,五十岁的人站着侍奉,听候差遣,这表示尊重长辈。六十岁的人有菜三豆,七十岁的四豆,八十岁的五豆,九十岁的六豆,这表示奉养老人。随着年龄的增长,身体也会越来越差,"五十始衰,六十非肉不饱,七十非帛不暖,八十非人不暖,九十虽得人不暖矣"③,意思是人到五十岁就开始衰老;到六十岁,不吃肉食就觉得没吃饱;到七十岁,不穿丝帛就觉得不暖和;到八十岁,没有人伴睡就觉得不暖和;到九十岁,即使有人伴睡也不觉得暖和了。因此,《王制》又规定"五十异粮;六十宿肉;七十贰膳;八十常珍;九十饮食不离寝,膳饮从游可也"④,意思是五十岁的人可以吃细粮,六十岁的人应该有预备的肉食,七十岁的人每餐应该有两个好菜,八十岁的人应该常吃美食,九十岁的人饮食都在寝室,偶尔外出,侍从应该携带酒浆以应不时之需,在饮食上体现对老人的优礼。

　　当发生了国君去世或父母之丧这样的哀痛之事,则更要把忠孝精神贯穿在饮食礼仪中。《礼记·檀弓上》说,"哭泣之哀,齐斩之情,饘粥之食,自天子达"⑤,可见,无论地位高低,只要是至亲去世,都会无心饮食,而以饘粥为

①李学勤主编:《十三经注疏·礼记正义》卷二《曲礼上》,北京:北京大学出版社,1999年,第60－63页。

②李学勤主编:《十三经注疏·礼记正义》卷六一《乡饮酒义第四十五》,北京:北京大学出版社,1999年,第1632页。

③李学勤主编:《十三经注疏·礼记正义》卷二八《内则》,北京:北京大学出版社,1999年,第853－854页。

④李学勤主编:《十三经注疏·礼记正义》卷一三《王制》,北京:北京大学出版社,1999年,第422页。

⑤李学勤主编:《十三经注疏·礼记正义》卷《檀弓上》,北京:北京大学出版社,1999年,第245页。

合欢聚众：饮食礼仪　HEHUANJUZHONG YINSHI LIYI

继，甚至不吃不喝，《礼记·丧大记》规定，国君去世就是国丧，世子、大夫、庶子、众士三天都不能吃饭，三天后，可以吃粥，一般是早晨熬一把米，晚上熬一把米，不过不限次数，饿了就可以吃。众士可以吃糙米做的饭，可以喝水，也不限次数。父母之丧，孝子三天不吃不喝，三天以后，就必须让他喝粥。《礼记·间传》说，卒哭之后，可以吃糙米饭和喝水，但不能吃蔬菜和水果，小祥以后才能吃蔬菜和水果，大祥以后才能吃肉，并且可以有醢、酱等调味品，禫祭之后可以饮醴酒。此外，父亲尚健在，为母、为妻服期年之丧，终丧不可以吃肉、饮酒。上述关于饮食的规定，对于年老体衰者可以例外，如七十岁以上的人服丧，穿上丧服就可以了，饮食可以与平常一样。

在甲骨文中，"礼"字作"豊"，是"豆"中盛"玉"之形。豆是盛食品的器皿，玉是代表最精美的食物，把最精美的食物献给尊长就是"礼"，这在中国的老百姓中已经成为潜移默化，共同遵守的基本伦理准则。在饮食中体现尊老孝亲的美德，由来已久，从周时即已形成制度，后世基本得以继承，直至清代，朝廷仍多次举办专门招待老人的千叟宴。

三、由俭入奢大宴饮

我国的宴饮文化历史悠久，风格独特，而且非常讲究礼仪。食品配备上追求丰盛，进食次序要符合礼仪，宴饮开始须先敬酒，宴中要劝酒，最后又以饮酒终宴，宴会上为了娱宾，还要安排各种娱乐活动。宫廷宴饮时，皇帝先进膳，众臣要行三跪九拜礼，清代的满汉全席，菜肴、糕点多达150余种，往往不能"一夕尽餐"，这些礼仪用来显示帝王的尊严，维护封建等级秩序，而在民间宴饮活动中，也要通过约定俗成的一系列礼仪来体现尊卑长幼的社会秩序，饮食反而降到了次要地位。

1.宴饮座次

中国人喜欢聚餐，大家习惯把菜肴摆满餐桌，共同下箸用餐，这是中国人重视血缘亲族关系及家庭观念在饮食文化上的反映。由于固守聚餐进食的习俗，而一起进餐的人有年龄、身份等因素的差别，因此，宴饮活动就不只是纯粹的进食了，必然要融入各种礼仪内容，特别是统治者举办的宴饮，更是被赋予尊卑礼仪和政治内容。

宴会前要根据赴宴者的身份安排座次，座次的尊卑主要通过方向来表示。历代皇帝的御座都安排在宴堂的正中，坐北朝南，所以古书形容君王有"南面"之称。朝廷大臣依官位高低位于皇帝两侧，而且宴席还分一等桌、二等桌、三等桌，其餐具、肴馔都严格按照封建等级铺设。先秦时期，古人的宴饮活动主要是在室内铺筵加席进行。宴饮时，先把筵铺在地上，然后根据饮者的地位和身份加席,以在西墙前铺筵加席、饮者坐西朝东的位置为最尊;其次是在北墙前铺筵加席,饮者坐北向南;再次是在南墙前铺筵加席,饮者坐南面北;最卑的座次是在东墙前铺筵加席,饮者坐东面西。古代座次以左为尊,空着左边的位置以待宾客称"虚左",今人有"虚左以待"一语。这种礼仪,在民间宴席中沿用了大约几千年。

《史记·项羽本纪》中鸿门宴的坐法可以说是一幅完整的宴饮位次图,"项王即日因留沛公与饮。项王、项伯东向坐,亚父南向坐。亚父者,范增也。沛公北向坐,张良西向侍"[1],东向坐是最尊之位,由于项羽是霸王,又是胜利者,所以他毫不客气地坐在了最尊的位置;项伯是项羽的叔父,自然不能坐在低于项羽的座位上,只好稍加权变,与项羽同坐西向;范增虽是谋士,却号称亚父,地位仅次于项羽,所以在北面朝南而坐;刘邦虽是客人,但项羽却不把他放在眼里,让他朝北面南而坐,地位低于范增;张良作为刘邦臣僚,地位自然更低,只能坐在西向最卑的位置上。后来,樊哙闯进帐中,项王赐之彘肩与酒,当时,樊哙是个车右,以他的身份在宴席中根本不可能有坐席,所以他随张良站在最卑的位置上,"立而饮之",以盾为俎,以剑代刀,吃的既气魄,又符合礼仪。

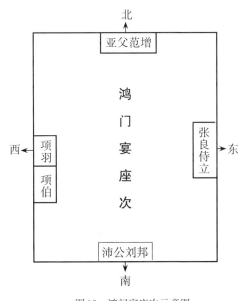

图10　鸿门宴座次示意图

圆桌同样也有座次的讲究。《红楼梦》第七十五回写贾母等于中秋之夜在凸碧山庄赏月,"凡桌椅形式皆是圆的,特取团圆之意。上面居中,贾母坐下,左边贾赦、贾珍、贾琏、贾容,右边贾政、宝玉、贾环、贾兰,团团围坐。"虽然贾府赏月时用的是圆桌,但由于是祖母、父辈、孙儿三代人相聚,因此座次仍须分清尊卑。贾母是老祖宗,所以居中而坐;贾赦等是长子及其血脉,故居左,依年龄、辈分区分尊卑而坐;贾政等为次子及其血脉,所以居右,依年龄、辈分区分尊卑而坐。

①《史记·项羽本纪》,北京:中华书局,2007年,第80页。

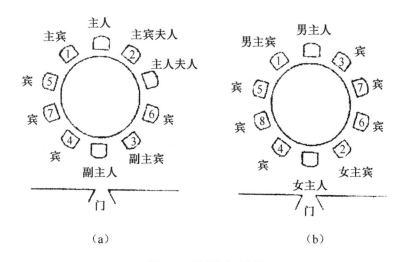

（a）　　　　　　　　　　（b）

图11　　圆桌座次示意图

图12　《红楼梦》插图

　　宴饮名目繁多,如家庭聚餐宴饮、生子祝贺宴饮、结婚喜庆宴饮、祝寿宴饮等,每种宴饮依其目的不同,有独特的座次安排礼仪,但无论哪种座次,都要体现出尊老、尊长和尊客的良好习俗。

2.饕餮盛宴

古代宴会的食物基本上以鱼肉海鲜为主,果蔬为助,谷物为辅,这种特点形成的根本原因是中华民族的热情好客,即使是比较贫困的地区,举办各种宴会时,也往往把平时收藏的肉类或饲养的家禽、家畜拿出待客。

明朝开国皇帝朱元璋出身贫寒,对于历代君主纵欲祸国的教训极其重视,认为"奢侈是丧家之源"①,因此,积极推行礼制,洪武年间颁布的《大明律》又强化了礼制的各种规定,越礼逾制者要坐以重罪,甚至处以极刑,明初的世态民风也就相应地循礼蹈规、淳朴俭约。但是,随着商品经济发展,社会财富增加,刺激人们的享受欲望不断膨胀,势必突破礼制的限定,由俭而奢,改变生活方式。上有豪门权贵穷奢极欲的行径,士大夫们放纵声色之风的兴起,下必诱发市井平民追逐享受的欲望,在社会上掀起奢侈之俗浪。由此而迸发的越礼违章行为,在衣食住行的各个领域源源不断地涌现,一浪高于一浪,到万历时期已不可抑制,无论是江南也好、塞北也好,均在追求饮食上的享受,各阶层在饮宴生活方面的违礼逾制行为尤为严重,故谚曰:"千金之家三遭婚娶而空,百金之家十遭宴宾而亡。"②

明代中后期嗜好华丽和讲究排场成为时尚,连中小城镇也不例外。明代文人何良俊曾说,他小的时候,苏州、松江等地宴请客人只用五种果子,五道菜肴而已,只有宴请贵客或者娶新妇过门,才添置三四样虾蟹蚬蛤,一年中不过一两次。而现在,即便是普通宴请动辄必用十道菜,且水陆毕陈,或觅远方珍品,求以相胜。有一士夫请客,杀鹅三十余头,遂至形于奏牍。另一士夫请客,肴品计百余样,鸽子、斑鸠之类都有,对此他不禁感叹道:这吃的都是百姓的血肉啊!如此奢侈浪费,难道不害怕天地的谴责吗?然而这样的世道,人人互相攀比,渐渐成为风俗,想要改变也不容易啊!③

富家大户如此,中产之家和平民也由俭而奢,在饮食上有非常大的变化。嘉靖时江苏翰林马一龙在家乡溧阳宴请24位80岁以上的老叟,席间请他们回忆50年前后社会风尚的变化。耆老吕诜说,他的祖父致仕告老还乡后,"宾客往来,粗蔬四五品,加一肉,大烹矣。木席团坐,酌共一陶,呼曰陶同知",到嘉靖后期,士大夫之家是"宾飨嵚百物,金玉美器,舞姬骏儿,喧杂

---

①《明太祖宝训》卷六九《戒奢侈》,台北:"中央研究院"历史语言研究所校印,1962年。

②嘉靖《建宁县志》卷一《地理志·风俗》,上海:上海书店出版社,1990年。

③[明]何良俊撰:《四友斋丛说》卷三三《娱老》,北京:中华书局,1959年,第299页。

弦管矣"①。万历年间的进士顾起元在《客座赘语》中详细描述了南京请客吃饭风俗的变迁：明英宗正统年间，请客吃饭如"六人、八人，止用大仙桌一张，肴止四大盘，四隅四小菜，不设小菜，不设果，酒用二大杯轮饮……午后散席"，其后十余年"乃先日邀知，次早再速，桌及肴如前，但有四杯、有八杯者"，再后十余年，开始讲究请客仪式，"先用一帖，帖阔一寸三四分，长可五分，不书某生，但具姓名拜耳，上书'某日午刻一饭'，桌、肴如前"，又后十余年，"始设开席，两人一席，设果、符七八器"，到了正德、嘉靖年间，"乃有设乐及劳厨人之事矣"②，此时已不再是简单的宴请了，而已开始唤乐舞、侑酒和雇厨役治宴，钟鸣鼎食，极尽奢侈，他目睹南京风俗民情的变化说："今则服舍违式，婚宴无节，白屋之家，侈僭无忌。"晚明盛行的吃喝风，使当时的人际关系也以吃喝为纽带，不可草率马虎，因此南京曾流行"柴米夫妻，酒肉朋友，盒儿亲戚"的说法，难怪时人感叹说"办酒容易请客难，请客容易款客难"！③

图13 〔宋〕夫妻对坐宴饮图（壁画）

①［明］何乔远：《名山藏》卷一○一《货殖记》，万历刊白纸本。

②［明］顾起元：《客座赘语》卷七《南都旧日宴集》，北京：中华书局，1987年，第225页。

③［明］顾起元：《客座赘语》卷一《谚语》，北京：中华书局，1987年，第10页。

图14　宴饮图（西安唐韦氏墓壁画）

图15　〔英〕托马斯·阿罗姆绘:官府宴饮图
选自《大清帝国城市印象——19世纪英国铜版画》,1843年发表。

　　吃喝奢风的盛行,必然要冲击礼制对物质生活的等级限制,有钱可以任意挥霍,购买一切,也就可以享用王侯的厅堂,贵戚的勋服,过着"富比王侯"的生活,从另一个侧面反映出明代官场风气的变化:即从务俭务实到务奢务浮的转变,人际关系从简约到竞侈的转变。逾越礼制的浪潮,是对钦定礼制的反叛,是在物质生活上冲击等级名分的结果,必然伴随在观念形态上背离传统礼教,僭越本是违章的行为,但实际上已被人们承认为理所当然的事,因此,不以越分为愧反映了礼教衰微,世道人心的变化。僭越现象的普遍

化、平民化,助长了异端思潮渗入社会生活的各个领域。毫无疑问,饮食的奢侈风对越礼逾制的现象起了催化的作用。

图16　清代官场吃喝图

四、无酒无歌不成席

宴会中离不开酒,我国古代关于饮酒也有很多礼仪和规矩。唐代国力强盛,社会风气豪迈雄健、自信飘逸,"纵酒放达"成为十分普遍的社会现象,不仅大诗人、大文学家是这样,许多一般文人也莫不如此。宋代虽然始终受外患威胁,但经济繁荣,市场活跃,人们普遍有一种及时行乐的思想,还有什么比饮酒能让宋人更容易逃避现实的忧患呢?因此,唐宋时期人们在岁时节令、婚丧嫁娶、亲朋聚会等许多场合都要设宴饮酒。明朝的酿酒业极为发达,政府不征收赋税,也没有禁酒令,民间遂以酒为日用品,比于饔飧之不可缺,若水之流,滔滔皆是,所以酿酒作坊和烧锅遍及城乡,饮酒之风盛行不衰。

1.酒品与酒德

俗话讲"无酒不成席","酒"成为人们省亲会友、红白喜事中的必备饮料,渗透到了传统中国上至士大夫,下至百姓生活的每一个角落,所以,饮酒也有许多礼仪,对文人士大夫来讲,饮酒礼仪更是一个人修养的体现。明代的士大夫多有豪饮之习,经常举办雅情逸致的酒会,何良俊说:"东江先生一饮必百杯,然未尝见其醉。每尽一杯,则于手背旁一坲,恐其有余沥也。故至终席,桌上与盘中无一点沾湿,今存斋先生一饮亦必百杯,亦竟日不起坐,杯中不剩余沥,大率与东江同,然存斋平居无客不饮。东江每夜与诸子团坐话家常,必欲尽量,东江但吃小杯,存斋虽连浮数十大杯,亦不动色,其量似优于东江。东江之色稍严,存斋则竟日欣欣,甚得酣适之趣,此皆德人,盖深于酒德者也。"[①]如果一个人酒德酒风不好,又不能深得酒中之趣,饮酒时"或起坐,或迁席,或喧哗,或沾酒淋漓,或攀东指西与人厮赖,或语及财利,或称说官府,或言公事,或道人短长,或发人阴私"[②],这十种行为都是有辱于酒风酒仪的不礼貌行为,是饮酒者的大忌,被称为"酒之辱",所以明人饮酒既讲求有好的饮酒氛围,又要求饮者具备一定的酒德酒风,能够遵循起码的酒仪和风俗。到了明代中晚期,随着饮食上奢靡之风的兴起,士大夫们便以豪饮为荣。

2. 酒令与劝酒

中国人饮酒还有行酒令和劝酒的风尚。唐宋时期,酒宴开始后,人们有按巡饮酒的礼俗,就是分轮由尊长到卑幼一个一个地饮,一人饮尽,再饮一人,众人都饮完一杯称为一巡,一次酒宴往往要饮酒数巡,这与现代人饮酒时大家共同举杯很不相同。酒宴上,最有特色的助饮方式就是行酒令,多在巡(行)酒之后进行,极大地调动了人们的饮酒情趣。

"酒令"一词最早指主酒吏,唐代时,"酒令才开始作为一个专有名称,特指酒筵上那些决定饮者胜负的活动方式"[③],很快就成为人们宴饮助兴的主要娱乐形式,从文人到百姓无不选择适应其活动的酒令来佐饮。一般认为,酒令的起源与古代的投壶之戏有关,中国古代的酒令可以分为八大类:律令、文字令、口语令、筹令、博令、占卜令、歌舞令和其他。

图17　饮酒器
西安唐房陵公主墓壁画

①[明]何良俊:《四友斋丛说》卷三三《娱老》,北京:中华书局,1959年,第299页。
②[明]何良俊:《四友斋丛说》卷三三《娱老》,北京:中华书局,1959年,第299页。
③王仁湘:《饮食与中国文化》,北京:人民出版社,1993年,第222页。

合欢聚众：饮食礼仪
HEHUANJUZHONG YINSHI LIYI

因为上古时将行酒令比拟为施政,所以酒令又称"觞政",也叫"酒章""酒律"。其功能有四:一是调节宾主饮酒的数量和节奏,让宾主尽可能充分地享受美酒和乐趣;二是能帮助人摆脱忧愁、牢骚的困扰,满怀信心地迎接未来;三是可用它做种种暗示,传递微妙的信息;四是可以融娱乐与教育于一体,以问答之法行令,用来增长见识,弥补知识和修养的缺陷。

宋代酒令又发生了变化,主要以文字令居多,行令注重参与,不太在乎胜负,行令也比较文雅。到明代时,随着城市经济的逐渐商业化,市民阶层的形成和日趋活跃,酒令也表现为市民化的趋向,具体表现是反对苟令,主张任性而行,明人朱晓曾说:行令是为了劝酒,令官"恣行严罚",势必使同席之人望而生畏,这是不应该的。

图18 墓主人宴饮图(济源明代壁画)
现藏洛阳古代艺术博物馆

明代江南,特别是松江一带,人们酷爱以投壶为酒令,在流传中,还新创了三教同流势、蛇入燕巢式、背用兵机势、秋千壶等投壶式样。比投壶更为简便的酒令,则有骰盘令等。弘治江苏《吴江县志》说当地民间凡设席会客,"以干、格、起、住四字为酒令。干者务要饮干,不留涓滴;格者不得拦格,听其自斟;起,谓不许起身;住,谓不得叫住。犯此四字皆罚。主人出席,禀令自饮一杯,席长供馔,圆揖还位。众宾推举能饮者一人或二人,名曰监令,一席听其觉察,凡语言喧哗、礼容失错者皆议罚,或监令自犯则众宾为之检举。其间亦有不能饮者,则禀于席长,定其分数。监令一出,四座肃然,主人安坐,而客皆醉,所谓'吴江酒令'也",详细介绍了当时酒令的游戏规则。当时行酒令是很普遍的事情,喝酒行令是明人承接传统艺术的一种形式,从表面上看虽旨在助兴取乐,实际上却是在发展和延伸着传统的饮酒礼仪和风俗。在不必凭借器具的酒令中,应用得最广泛的首推搂拳。搂拳又叫猜拳,行令之时,"攘臂张拳,殊为不雅",不但民间时兴,在士大夫中也很盛行。

古人在欢度节日、祭祖、婚丧嫁娶之日都要大摆酒宴,特别是晚明吃喝风大起之时,人们受到士大夫狂饮滥喝风气的影响,一般平民也经常借亲朋好友来家作客之际饮酒,要请乐队伴奏助兴,以增添气氛。劝酒风俗也由来已久,据李昌龄《乐善录·量饮》:"世俗会宾客,未有不强人以酒者",可见,至迟在宋代已形成强行劝客以饮的"好客"国粹。劝酒有时令人苦恼,但也有人不劝自饮,不醉不归,明人陈铎有一首《嘲人贺节》之曲,就讽刺民间饮酒习俗中的陋习:

> 满街泥泞马难骑,草履钉鞋拜这的?这家灌得醺醺醉,那家里依旧吃,不思量还有明日。这一个挽回去,那一个扒不起,不知道有甚便宜?①

意思是贺节需要送上节礼,一旦送上节礼,就不得不开怀畅饮,喝得醉醺醺,以便能占些便宜,即使在东家喝了,到了西家,还是照喝不误。

3.以乐侑食

为了使饮酒更富情趣,往往要有一些助兴的游戏:如饮酒听曲谈谐、传杯唱献,投壶行令,起舞抛球等。对此何良俊说:他生活在南京苏州最久,见两处士大夫饮酒,只是掷色,盖古人亦用骰子,惟伎乐侑酒是明代中后期士大夫饮食生活的特色之一,不仅江南才子风流雅致,即使西北士大夫,亦是"饮酒皆用伎乐"。②在民间的宴饮中,有覆射、划拳、猜谜、对联、歌舞、赋诗等活动,宫廷和贵族举办的宴会中,有射箭、投壶、百戏,以及专门为宴饮编制的乐曲、大型舞蹈等。宋代时,野宴之风盛行不衰,如北宋东京居民在清明节时,"往往就芳树之下,或园囿之间,罗列杯盘,互相劝酬。都城之歌儿舞女,遍满园亭,抵暮而归"③,这些活动对于增添宴饮的欢乐气氛、陶冶人们的情操都起了良好的作用。

两次巡酒之间,往往进行各种娱乐活动,这不仅仅是为了延长饮酒的时间,更主要的是为了借酒助兴,宋人倪思解释说:"若一杯才毕,一杯继进,须

合欢聚众：饮食礼仪
HEHUANJUZHONG YINSHI LIYI

---

①路工编:《明代歌曲选》,北京:中华书局,1959年,第25页。

②[明]何良俊:《四友斋丛说》卷三三《娱老》,北京:中华书局,1959年,第299页。

③[宋]孟元老撰、邓之诚注:《东京梦华录笺注》卷七《清明节》,北京:中华书局,1982年,第178页。

臾之间,宴告终矣。宾主皆无意味。人情不得款曲。"①唐代,巡酒之间的娱

图19 〔明〕铁错金银投壶

乐活动类型较少,多为歌舞。宋代,宫廷饮宴行酒间的娱乐活动也多为歌舞
表演,但在民间饮宴上,行酒之间的娱乐活动类型多样,丰富多彩,除歌舞之

图20 〔北宋〕徽宗绘:文会图(局部)

外,"或奕棋,或纵步,或款语"②,还有文人以书法助饮,叶梦得《避暑录话》记载了一个小故事:一次米莆与苏轼两人饮酒,"每酒一行,即申纸共作字,二小吏磨墨,几不能供。薄暮酒行既终,纸亦书尽,更相易携去"。唐宋时期,巡酒完毕后,进入"自由"饮酒阶段,这时,人们或互相献酬敬酒,或赋诗填词、歌舞助兴,或行酒令助饮,各种佐饮活动逐渐把饮宴推向高潮,以使人们尽兴而归。

音乐和舞蹈对宴会起着相当重要的调节作用,以歌舞助兴是唐代以后重要的酒俗之一。酒宴上的歌舞可分为两类:一是自娱性的歌舞。自娱性的歌舞是主人或宾客表演的歌舞,唐人经常以歌舞为形式互相酬醉,并表达对某位贵宾的尊敬,正如李白《对酒醉题屈突明府厅》所云,

①[宋]倪思:《经组堂杂志·筵宴三感》,长沙:岳麓书社,2005年。
②[宋]倪思:《经粗堂杂志·筵宴三感》,长沙:岳麓书社,2005年。

"山翁今已醉,舞袖为君开"①;他娱性的歌舞是由专业的歌舞人员表演的歌舞,主要供参加酒宴的宾客欣赏,在唐代的接风洗尘与送别饯行之类的宴饮活动中,主人经常请歌手为之唱歌,通过悠扬的歌声来表达喜悦或留恋的心情。酒宴上的表演者多是年轻貌美、技艺高超的歌妓、舞女。宋代,自娱性的歌舞已经从酒宴上消失,主人和宾客很少亲自参与音乐和舞蹈活动了,他们成为歌舞的专门欣赏者,而歌妓、舞女则成为歌舞的专门表演者,酒宴之上歌舞就是为了娱客,而不是自娱。

图21 〔唐〕宫乐图

五、一盏清茗酬知音

我国是茶的故乡,有着悠久的种茶历史,又有着严格的敬茶礼节,还有着奇特的饮茶风俗,我国人民重情好客的传统美德在饮茶礼仪上表现得淋漓尽致,且一直流传至今。饮茶之礼成为人们社会生活的准则和规范,古代的茶礼渗透到政治制度、伦理道德、风俗习惯等各个方面,饮茶之行自然也纳入了礼的轨道,以此产生饮茶行为的礼节——茶礼,成为中华礼仪文化的重要支柱,客来敬茶是我国人民传统的、最常见的礼节。明清以来的小说中多有关于茶事活动的描写,如《儒林外史》全部55回中都有关于茶事活动的描写,有多达22回涉及茶馆,人们之间的会客、谈话、宴请、告别等都与茶有关,小说中人物活动的场所也基本集中在茶馆里。

1.全民嗜茶

饮茶早在中国古代便已风行,不论是帝王还是百姓,都把饮茶当作生活

---

① 〔清〕曹寅、彭定求等编:《全唐诗》卷一八二,上海:上海古籍出版社,1986年,第1853页。

中的必需。不同阶层的人,有着不同的饮茶习俗,不同阶层的茶俗,反映出不同人物的思想、情感、风致和行为,也成为不同时期社会缩影的一个方面。帝王饮茶,讲究排场盛大,奢华享受,意在炫耀权利、富贵;文人学士饮茶,意在托物寄怀,鉴赏艺术,追求雅致情趣;民间日常饮茶,重在品味生活滋味,可见,中国茶文化对不同阶层的需求者,其作用和影响是不一样的。

唐宋以来,饮茶成为宫廷日常生活中的重要内容,有许多皇帝嗜好饮茶。在喜庆节日,宫廷还要举行排场宏大的茶宴,君臣共聚一堂,皇帝饮茶表现的是皇家气象,陶然自得的心态,显示的是豪华富贵,君临天下的权势。中国历代皇帝大都爱茶,还有不少好茶之痴,最有代表性的就是宋徽宗赵佶,他在位期间不问朝政,不仅爱茶,品茶赋诗,还研究茶学,尤其对茶叶的品评颇有见地。茶宴起源于唐朝,宫廷茶宴中最豪华的当属一年一度的"清明宴"。唐朝皇宫在每年清明节这一天,要举行规模盛大的"清明宴",其仪规大体是由朝廷礼官主持,有礼卫以壮声威,有乐舞以娱宾客,香茶佐以各式点心,出示精美的宫廷茶具,以茶事展现大唐风范。宫廷的茶宴对唐代茶会之风的兴盛产生了极大的推动作用,当时后宫嫔妃宫女也有饮茶习惯,她们饮茶十分讲究,不光注重茶叶的质量、茶具的精美,也注重乐趣和心境。茶叶还具有多种保健功效,嫔妃们饮茶又有美容养生的目的,因此,后宫茶事别具魅力。宋代宫廷也常常举行茶宴,但论茶宴之盛,还是在清代。清代在重华宫举行的茶宴有60多次,由乾隆钦点文武大臣参加,边饮茶边看戏,用的是茶膳房供应的奶茶,极为风雅。清代不仅有专门的茶宴,而且几乎每宴必须用茶,并且是茶在酒前。

图22 〔宋〕斗茶图

中国古代文人墨客和士大夫们作为一个群体,和茶有着不解之缘。他们对于饮茶颇为讲究,精益求精,为品茗技艺做出了贡献,而且有意识地把品茶作为一种能够显示高雅素养、寄托感情、表现自我的艺术活动,将这源于民间的饮料提升为至清至雅之物,饮茶从此走向艺术化,可以说没有古代文士便不可能形成以品为主的品茶艺术,不可能实现从物质享受到精神愉悦的飞跃,也就不可能有中国茶文化的博大精深。相传,清代大书法家、大画家郑板桥去一个寺院,方丈见他衣着俭朴,以为是一般俗客,就冷淡地说了句"坐",又对小和尚喊"茶!"一经交谈,顿感此人谈吐非凡,就引进厢房,一面说"请坐",一面吩咐小和尚"敬茶"。又经细谈,得知来人是赫赫有名的扬州八怪之一郑板桥时,急忙将其请到雅洁清静的方丈室,连声说"请上坐",并吩咐小和尚"敬香茶"。最后,这个方丈再三恳求郑板桥题词留念,郑板桥思忖了一下,挥笔写了一副对联,上联是"坐,请坐,请上坐",下联是"茶,敬茶,敬香茶",方丈一看,羞愧满面,连连向郑板桥施礼,以示歉意。此说的另一版本为东坡居士,意在以茶载道。

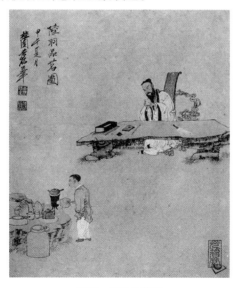

图23　陆羽品茗图

饮茶礼仪也深深地根植于民间。日常家居饮茶,纯朴自在,老百姓们在日常饮茶中不仅品味着茶的清香滋味,也在品味着生活。吃茶自古有之,民间保留着吃茶的古老遗风,茶叶配以丰富的佐料,吃茶后口有余香,令人回味不已。随着季节的变化,民间还有着风格各异、妙趣横生的茶饮,具有姿态万千、醇厚绵长的特色。由于几千年来人们对茶的精神品格的深刻认识

以及自然条件、社会环境和文化背景的差异,形成了多种多样的饮茶礼仪。

客来敬茶是我国汉族同胞重情好客的传统美德与礼节,直到现在,宾客至家,总要沏上一杯香茗。喜庆活动也喜用茶点招待。开个茶话会,既简便经济,又典雅庄重,所谓君子之交淡如水,也是指清香宜人的茶水。茶话会是近代世界上一种时髦的集会,它既不像古代茶宴、茶会那样隆重和讲究,也不像日本人喝茶那样要有一套严格的礼仪和规则,而是以清茶或茶点(包括水果、糕点等)招待客人的集会,有时也用于外交场合。追根溯源,茶话会是在古代的茶宴、茶会的基础上逐渐演变而来的,随着时代的发展,过去那种费时忘业、花费很大的茶宴和茶会已成为历史,但集会品茶,互相交换意见,发表各种见解,畅谈友情的内容却被保留下来了。

我国古代还有种种以茶代礼的风俗。南宋都城杭州,每逢立夏,家家各烹新茶,并配以各色细果,馈送亲友毗邻,叫作七家茶。这种风俗,就是在茶杯内放两颗青果,即橄榄或金橘,表示新春吉祥如意的意思。茶礼还是我国古代婚礼中一种隆重的礼节,明代许次纾在《茶疏考本》中说:“茶不移本,植必子生。”古人结婚以茶为识,以为茶树只能从种子萌芽成株,不能移植,否则就会枯死,因此把茶看作是一种至性不移的象征,所以,民间男女订婚以茶为礼,女方接受男方聘礼,叫下茶或茶定,有的叫受茶,并有一家不吃两家茶的谚语,同时,还把整个婚姻的礼仪总称为三茶六礼。三茶,就是订婚时的下茶,结婚的定茶,同房时的合茶。下茶又有男茶女酒之称,即订婚时,男家除送如意压帖外,要回送几缸绍兴酒。婚礼时,还要行三道茶仪式,三道茶者,第一杯百果,第二杯莲子、枣儿,第三杯方是茶。吃的方式是接杯之后,双手捧之,深深作揖,然后向嘴唇一触,即由家人收去,第二道亦如此,第三道作揖后才可饮,这是最尊敬的礼仪。这些繁俗现在当然没有了,但婚礼的敬茶之礼仍沿用成习。

图24 〔明〕烹茶图

2.饮茶礼节

鞠躬礼:分为站式、坐式和跪式三种。根据

行礼的对象分成"真礼"(用于主客之间)、"行礼"(用于客人之间)与"草礼"(用于说话前后)。站立式鞠躬与坐式鞠躬比较常用,其动作要领是:两手平贴大腿徐徐下滑,上半身平直弯腰,弯腰时吐气,直身时吸气。弯腰到位后略做停顿,再慢慢直起上身,行礼的速度宜与他人保持一致,以免出现不谐调感。"真礼"要求行九十度礼,"行礼"与"草礼"弯腰程度较低。在参加茶会时会用到跪式鞠躬礼。"真礼"以跪坐姿势为预备,背颈部保持平直,上半身向前倾斜,同时双手从膝上渐渐滑下,全手掌着地,两手指尖斜对,身体倾至胸部与膝盖间只留一拳空当(切忌低头不弯腰或弯腰不低头),稍做停顿慢慢直起上身,弯腰时吐气,直身时吸气。"行礼"两手仅前半掌着地,"草礼"仅手指第二指节以上着地即可。

伸掌礼:这是品茗过程中使用频率最高的礼节,表示"请"与"谢谢",主客双方都可采用。两人面对面时,均伸右掌行礼对答。两人并坐时,右侧一方伸右掌行礼,左侧方伸左掌行礼。伸掌姿势为:将手斜伸在所敬奉的物品旁边,四指自然并拢,虎口稍分开,手掌略向内凹,手心中要有含着一个小气团的感觉,手腕要含蓄用力,不至显得轻浮。行伸掌礼同时应欠身点头微笑,讲究一气呵成。

叩指礼:此礼是从古时中国的叩头礼演化而来的,叩指即代表叩头。早先的叩指礼是比较讲究的,必须屈腕握空拳,叩指关节,随着时间的推移,逐渐演化为将手弯曲,用几个指头轻叩桌面,以示谢忱。

寓意礼:这是寓意美好祝福的礼仪动作,最常见的有"凤凰三点头",即用手提壶把,高冲低斟反复三次,寓意向来宾鞠躬三次,以示欢迎。高冲低斟是指右手提壶靠近茶杯口注水,再提腕使开水壶提升,此时水流如"酿泉泄出于两峰之间",接着仍压腕将开水壶靠近茶杯口继续注水,如此反复三次,恰好注入所需水量,即提腕断流收水。

在进行回转注水、斟茶、温杯、烫壶等动作时用双手回旋。若用右手则必须按逆时针方向,若用左手则必须按顺时针方向,类似于招呼手势,寓意"来、来、来"表示欢迎,反之则变成暗示挥斥"去、去、去"了。

放置茶壶时壶嘴不能正对他人,否则表示请人赶快离开。斟茶时只斟七分即可,暗寓"七分茶三分情"之意,俗话说"茶满欺客",因为茶满不便于握杯啜饮。

我国是一个文明古国、礼仪之邦,无论贫富,大凡家有客至,以茶待客的礼仪是必不可少的。待客用茶应做到:茶叶质量好,沏茶水质好,茶具质地好,泡茶调制好,待客礼貌好。敬茶有"浅茶满酒"的讲究,一般倒茶或冲茶

至茶具的2／3到3／4左右,如冲满茶杯,不但烫嘴,还寓有逐客之意。敬茶要礼貌,一定要洗净茶具,切忌用手抓茶,茶汤上不能飘浮一层泡沫和焦黑黄绿的茶末或粗枝大叶横于杯中,茶杯无论有无柄,端茶一定要在下面加托盘,敬茶时温文尔雅,笑容可掬,和蔼可亲,双手托盘,至客人面前,躬腰低声说"请用茶",客人即应起立说声"谢谢",并用双手接过茶托。做客饮茶,也要慢啜细饮,边谈边饮,饮茶中,也可适当佐以茶食、糖果、菜肴等,达到调节口味的功效。总之,我们待客敬茶所遵循的就是一个"礼"字,我们待人接物所取的是一个"诚"字。

3.斗茶礼仪

斗茶作为中国古老的传统文化,还有一个文雅的说法叫作"茗战",它是我国古代以竞赛方式,评定茶叶质量优劣、沏茶技艺高低的一种方法,可谓是中国古代品茶的最高表现形式。

斗茶的场所一般多选在比较有规模的茶叶店,这些店大都分前后二进,前厅阔大,是店面,后厅狭小,兼有小厨房——便于煮茶。一些街坊、工友好此道者,几个人小聚谈到茶道,也有说斗就斗的,有些人家有较雅洁的内室或花木扶疏的古旧庭院,或其家临江近湖的,便都是斗茶的好场所。

斗茶一比汤色,二比汤花。汤色即茶水的颜色,一般标准是以纯白为上,青白、灰白、黄白,则等而下之。色纯白,表明茶质鲜嫩,蒸时火候恰到好处;色发青,表明蒸时火候不足;色泛灰,是蒸时火候太老;色泛黄,则采摘不及时;色泛红,是炒焙火候过了头。汤花即指汤面泛起的泡沫。决定汤花的优劣要看两条标准:第一是汤花的色泽。因汤花的色泽与汤色是密切相关的,因此,汤花的色泽标准与汤色的标准是一样的;第二是汤花泛起后,水痕出现的早晚,早者为负,晚者为胜。如果茶末研碾细腻,点汤、击拂恰到好处,汤花匀细,有若"冷粥面",就可以紧咬盏沿,久聚不散,这种最佳效果,名曰"咬盏"。反之,汤花泛起,不能咬盏,会很快散开。汤花一散,汤与盏相接的地方就露出"水痕"(茶色水线),因此,水痕出现的早晚,就成为决定汤花优劣的依据。所谓"咬盏"不是仅指汤花紧咬盏沿,只要盏内漂有汤花,不管在何位置,透过汤花看相应部位盏底兔毫纹(油滴纹)都有被咬住的样子,如果汤花在盏内飘动,盏底兔毫纹(油滴纹)则有被拉动的现象,非常生动有趣,这也是人们为何喜爱兔毫(油滴)盏的原因。

总的来说,中国古代饮食礼仪制度较集中地反映出先民的饮食风貌,体现出其特有的文化气质,在中国周边一些国家和地区中,至今还保留着中国古代部分饮食礼仪的遗风,足见中国古代食制对世界文明的积极影响。宴饮礼仪随着时代、环境、饮食物质的变化以及民族间交往的频繁，不断改进、融合，增添新的内涵，并有趋同的特色。然而，不管各民族及民间宴饮礼仪如何变化，有多大区别，尊老、敬宾、有礼有节是其共同的良好习俗，也是我国劳动人民在饮食文化方面的宝贵精神财富。

合欢聚众：饮食礼仪
HEHUANJUZHONG YINSHI LIYI

自谦尊人：社交礼仪

古代社交礼仪非常琐碎，但却散发着典雅的气息。唐代以后，都市居民的社交生活很活跃，无论是官与官、官与民，还是庶民百姓之间，均有一套规范的交际礼仪，这套礼仪有的是由官方强行规定，有的由民间约定成俗。官方制定了一套相当完善的社交礼仪，规范人们的社会交往，使之出乎情，合于礼，古代中国有知识的人相见，不是拍拍肩膀、套套近乎就可以完事，而是要经过相当程式化的礼仪，以表达内心的诚敬。自明中叶以后，由于情与礼的冲突和势与礼的矛盾，最终导致了一些人以朋友真情相交，完全置繁缛的社交礼仪于不顾，另一些人则追权逐势，唯知有权势，不晓有礼仪、羞耻，视礼为具文、虚文，更有一些人由于财富的丰裕，追求奢侈，张势摆谱，以财傲人，甚至僭礼乱乐。

一、谦恭明理分长幼

称呼是一种文化现象，从一个时代的称呼中，我们可以窥见一个时代的风貌，称呼也是一面镜子，称呼的变化是文化的变化，同时也被视为历史文化的折射，中国人的称呼能从一个侧面生动地反映中国传统，蕴含着中华民族悠久的文化历史沉淀与变迁。中国人的称呼是宗法、习俗、等级、地位、声望等的反映，尊长、后辈、上级、下属各有各的一套称呼，谁也不能逾越。从称呼中我们可以看到国人对宗法礼制、尊卑长幼等礼法习俗的重视，对官职、科举的表达方式。古往今来，中国人的称呼既反映出了人们对于成功的观念，又透射着一种"自卑下之道"的谦恭精神，这种人生精神，必定要在人们的语言、称呼中体现出来。在传统礼仪的制约下，人际交往中的相互称谓，作为社交礼仪的一个重要方面，也形成一定的惯例，在社交场使用不适当的称谓，往往被视为很大的失礼，因而绝不可滥用、滥称。

1.一般称谓

这是指日常生活中士庶通用的称谓。苏东坡在《墨君堂记》中说,"凡人相与号呼者,贵之则曰公,贤之则曰君,自其下则尔,汝之。虽王公之贵,天下貌畏而心不服,则进而君、公,退而尔、汝者多矣",说明宋人风行的称呼,不以贵贱尊卑为标准,而以贤否为区别,"尔、汝"堪称宋人最为大众化的称谓。公、丈,北宋皆泛称老人及父执辈尊长,如蔡襄《荔枝谱·第七》云:"宋公名诚。公者,老人之称。年余八十,子孙皆仕宦。"①

宋人又称谊兼师友的长者为"契丈",如杨万里云"深交厚契如吾契丈",尊长对晚辈又谦称"劣丈",年高位尊者又自称"老夫",总之,宋人"父之交游敬之为丈,见之必拜,执子侄之礼甚恭。丈人行者,命与其诸郎游,子又有孙,各崇辈行,略不紊乱,如份守之严"②,即使南宋风俗浇薄,有滥用丈之倾向,也未能蔚然成风。

兄、弟、友,是宋人平辈朋侪中最流行的称呼。王明清《挥麈录》卷四载"昔人最重契义。朋从年长,则以兄事之;齿少,以弟或友呼焉"③,北宋以来,蔚为时尚。宋人对辈分分得很清,如《苏轼诗集》卷一五《答任师中家汉公》诗序云,"奉和师中丈,汉公兄见寄诗一首",任师中是苏洵的朋友,故苏轼称丈,家勤国,字汉公,苏轼兄弟同年兼少时同学,故称兄,两人均为眉山人。

名、字、号,古已有之。字,往往是人名的解释与补充,故又称表字,"字,所以表德也,古人以为美称",北宋平辈间普遍以字相称,南宋则"既讳其名,又讳其字"。④通常男子二十岁行冠礼时,就定字,宋代有大量《字说》行世,大抵对世家子弟、后学晚辈表字的由来、含义做一番诠释。宋人也常以地名或志趣、雅尚为号,如苏轼贬黄州,即以居地东坡为号;欧阳修晚号"六一居士",表示其追求闲逸,淡泊名利的趣向;陆游自号放翁,则表达其蔑视权贵,不阿世俗的清高。行第称呼平辈或晚辈者亦时有所见,不过称长辈加"丈"字。另外,学生、门人或亲友对某一名人故后所上尊号,又称私谥。师友朋侪相交游,称谓轻重有仪,李习之所著的《李文公集·答朱载言书》称:"师之于门人则名之,朋友则字而不名"⑤,"宣和以前,士大夫辈行相等,皆称字,虽

①[宋]蔡襄:《荔枝谱·第七》,影印文澜四库全书,商务印书馆,第157页。

②[宋]王明清:《挥麈录·前录》卷四,上海:上海书店出版社,2001,第28页。

③[宋]王明清:《挥麈录·前录》卷四,上海:上海书店出版社,2001,第28页。

④[宋]张世南:《游宦纪闻》卷三《唐宋史料笔记丛刊》,北京:中华书局,2002年,第22页。

⑤[唐]李翱:《李文公集》卷六《答朱载言书》,四部丛刊本。

通上官,亦不过呼"①,说的都是称呼的礼仪,到了南宋,朋友之间称呼却变得既讳字又讳名,实乃矫伪之浮俗。

2.常用称谓

这是指宋人书面或口头经常使用的称呼,大致包括对他人的尊称、誉称、美称及对己方的谦称和贬称,其中有一些中性称谓是可以兼用的。

谦称:表示谦逊的态度,用于自称。愚,谦称自己不聪明。鄙,谦称自己学识浅薄。敝,谦称自己或自己的事物不好。卑,谦称自己身份低微。窃,有私下、私自之意,使用它常有冒失、唐突的含义在内。臣,谦称自己不如对方的身份地位高。仆,谦称自己是对方的仆人,使用它含有为对方效劳之意。古人称自己一方的亲属朋友时,常用"家""舍"等谦辞。"家"是对别人称自己的辈分高或年纪大的亲属时用的谦辞,如家父、家母、家兄等。"舍"用以谦称自己的家或自己的卑幼亲属,前者如寒舍、敝舍,后者如舍弟、舍妹、舍侄等。其他自谦辞有:因为古人座席尊长者在上,所以晚辈或地位低的人谦称"在下";"小可"是有一定身份的人的自谦,意思是自己很平常、不足挂齿;"小子"是子弟晚辈对父兄尊长的自称;老人自谦时用"老朽""老夫""老汉""老拙"等;女子自称"妾";老和尚自称"老衲";对别国称自己的国君为"寡君"。

敬称:表示尊敬客气的态度,也叫"尊称"。对于对方或对方亲属的敬称有令、尊、贤等。令,意思是美好,用于称呼对方的亲属,如令尊(对方父亲)、令堂(对方母亲)、令阃(对方妻子)、令兄(对方的哥哥)、令郎(对方的儿子)、令爱(对方的女儿)。尊,用来称与对方有关的人或物,如尊上(称对方父母)、尊公、尊君、尊府(皆称对方父亲)、尊堂(对方母亲)、尊亲(对方亲戚)、尊驾(称对方)、尊命(对方的嘱咐)、尊意(对方的意思)。贤,用于称平辈或晚辈,如贤家(称对方)、贤郎(称对方的儿子)、贤弟(称对方的弟弟)。仁,表示爱重,应用范围较广,如称同辈友人中长于自己的人为仁兄,称地位高的人为仁公等。恩府、恩地又称恩门、恩师,即对师门、举主的敬称。

对尊长者和用于朋辈之间的敬称有君、子、公、足下、夫子、先生、大人等。称年老的人为丈、丈人,如《论语》中记"子路从而后,遇丈人"。唐朝以后,丈、丈人专指妻父,又称泰山,妻母称丈母或泰水。尊甫,即尊父,令尊,古父、甫字通,又作尊府。公公,对年长男子的尊称,指祖父辈的长者。宋人又称祖父辈的老人为翁翁。尊阁,对他人妻室的尊称,又作尊阃,阃,喻内室,又称同辈亲友之妻为尊嫂。

①[宋]赵彦卫:《云麓漫钞》卷四,北京:中华书局,1996年,第63页。

称谓前面加"先",表示已死,用于敬称地位高的人或年长的人,如称已死的皇帝为先帝,称死去的父亲为先考或先父,称死去的母亲为先慈或先妣,称已死去的有才德的人为先贤。宋人称自己父母及需供养的其他长辈,如祖父母等为"亲闱",如曾巩《元丰类稿·洪州谢到任表》中有"抚临便郡,获奉于亲闱"之句。宋人也常自称自己已亡故的祖父为"先祖";已故父母亲为"先君""先府君","先慈""吾亲",称亡妻为"先配"或"前室"等。

　　就小说中所见,凡经商开店、饶有家产的富翁,人多称其"朝奉""员外",以莫须有的官名表示尊敬,亦反映了当时的人情世态。除字号外,人际的其他称呼也多有变化,当时湖州士人李乐曾深有感慨地说:"人生六十岁,甲子一周,天道变迁,人事亦改。据余所目击,何须许久,盖习俗移人,捷于影响,甚可畏也。母姨朱宜人少吴,沈公封母,年近八十,相见止称大姨。今人女流三四十岁,人即呼为太太,家门姐娌相呼,俱不似向时伯母婶母。……与三十年前天壤迥别。他日又不知作何状来,大有足虑!"[1]意思是说,天道人事的变迁何须太久! 他的母姨年仅八十,相见时也仅称为"大姨",而现在年仅三四十岁的女性,人们便尊称为"太太"了,家里姐娌的称呼也与三十年前有天壤之别,作者对这种现象深感忧虑!

　　年龄称谓:古人的年龄有时不用数字表示,不直接说出某人多少岁或自己多少岁,而是用一种与年龄有关的称谓来代替。垂髫(tiao)是三四岁至八九岁的儿童(髫,古代儿童头上下垂的短发)。总角是八九岁至十三四岁的少年(古代儿童将头发分作左右两半,在头顶各扎成一个结,形如两个羊角,故称"总角")。豆蔻是十三四岁至十五六岁(豆蔻是一种初夏开花的植物,初夏还不是盛夏,比喻人还未成年,故称未成年的少年时代为"豆蔻年华")。束发是男子十五岁(到了十五岁,男子要把原先的总角解散,扎成一束)。弱冠是男子二十岁(古代男子二十岁行冠礼,表示已经成人,因为还没达到壮年,故称"弱冠")。而立是男子三十岁(立,"立身、立志"之意)。不惑是男子四十岁(不惑,"不迷惑、不糊涂"之意)。知命是男子五十岁(知命,"知天命"之意),花甲是六十岁,古稀是七十岁,耄(mao)耋(die)指八九十岁。期颐指一百岁。

　　讳称:古人对"死"有许多讳称,主要的有:父母之死称见背、孤露、弃养等;佛道徒之死称涅槃、圆寂、坐化、羽化、仙游、仙逝等,"仙逝"现也用于称被尊敬的人物的死;一般人的死称有亡故、长眠、长逝、过世、谢世、寿终、殒

　　①[明]李乐:《见闻杂记》卷二,上海:上海古籍书店,影印本,1986年,第198-199页。

命、捐生、就木、溘逝、老、故、逝、终等。

　　3.家庭成员称谓

　　古人有所谓"六亲"之说,是一个有多种含义的多义词,其中《左传》即以父子、兄弟、姑姊、甥舅、婚媾、姻娅为六亲。

　　"翁",如前所述,乃宋代中老年男子的通称,加上一些限定词就有了新的含义,如祖父称"祖翁",父称翁或"父翁",叔父称"叔翁",岳父称"妇翁",中老年妇女称为"媪",称呼祖母为"婆婆",又合称父母为"两亲",犹如今人称双亲。自称自己妻子为"内馈""儿母",犹言"内人"或今俗谓"小孩他妈"。

　　重慈,是对他人祖母的尊称,如《文天祥全集·与江瑞明云岩书》:"某堂有重慈,今年八十有七。"北堂,古称母亲居室为北堂,因借指母亲,如王禹偁诗云"北堂侍膳侵星起",王安石诗云"保此千钟慰北堂"。寿母是对他人享有高寿母亲的美称,犹言高堂,亦指主在做寿的朋侪之母。东床,是对女婿的美称。

　　宋人又称亲生儿子为息子,《曾巩集》卷四一《王君俞哀辞》中有"赖有息子兮,可望其隆"之句,息女,则指亲生女儿,息妇,则为儿媳妇,张师正《括异志·陈翰林》中老姬言,"来日郎君欲就息妇房中安歇",吴曾《能改斋漫录》卷五《辨误·息妇新妇条》中"媳妇"引作"息妇",可证宋代两字相通,在宋代这一称谓至少有六种含义:(1)指新娶之妇;(2)指弟媳妇;(3)指儿媳妇,即"妇",宋人又将刚娶进门的儿媳称"三日新妇",成为备受约束、忍气吞声、不敢多说一句话、不敢多走一步路的代名词;(4)尊者称卑者之妇,即尊长称晚辈之妻;(5)卑者对尊长者称自己妻子,乃自谦称谓;(6)已婚妇女对尊长自称。玉女,是对他人爱女的昵称,如黄庭坚诗云:"君家玉女从小见,闻道如今画不成。"宋代又通称待字闺中的未嫁姑娘为"小娘子",陆游《老学庵笔记》卷四载靖州(治今湖南靖州苗、侗族自治县)情歌云:"小娘子,叶底花,无事出来吃盏茶!""小官人",则指宋代中产阶层人家子弟。

　　宋人对他人称自己的弟弟为"舍弟",如韩绛《从事帖》中请收信人将附寄东西转交其弟则云"舍弟"。据吴曾之说,女兄称"姐"始于宋代,近世多以女兄为姐,盖尊之也。儿媳妇则又称其夫母为"姑""阿姑",犹今吴语称"阿婆""婆母"。宋人已泛称子侄之妻为"子妇""媳妇",又称继父为"假父""义父","再嫁之妻将带前夫之子",又称"义子"。"老媳妇"则为宋人对自己妻子的戏称,如苏轼在致文同最后一信《入冬帖》中云"老媳妇附此起居",即代其妻问候"亲家母"。宋人赵彦卫对家属主要称谓演变有一简要回顾:

　　古人称父曰大人,又曰家父,捐馆则曰皇考。今人呼父曰爹,语人则曰老儿，捐馆曰先子。以"儿""子"呼父习以为常，不怪也。羌人呼父为爹，渐及中国。……今人则曰妈。①

这里的古代指宋代以前，今人则为宋人。如果赵氏之说可信的话，宋代在语言学上也是一个承前启后的历史时期，"爹""妈"的称呼一直沿用至今。

4. 亲属称谓

宋代凡母亲、妻子一系的亲属均统称为外家，《东京梦华录》卷八《秋社》载：是日"人家妇女皆归外家。晚归即外公、姨舅皆以新葫芦儿、枣儿为遗，俗云宜良外甥"②，《夷坚丁志》卷五《陈通判女》也有"始言外翁召我去，女外家在漳州"之句。外翁，又称外父，即岳父，妻之父，又称"妇翁"、岳丈、泰山；称妻母为"泰水"，宋人已不知其义，但称岳母为"丈母"，则犹由岳丈而来。宋人又称母之兄弟为"外舅"，舅母为"外姑"。舅之子即为表兄弟，习称"中表"，或"中外"，与外家修好，或结成姻亲，即称"中外之好"。

宋人称其表兄或从表兄为"腹兄"，意即其母与乃父为同胞姐弟，血缘很近，如李宗谔《铜鱼诗帖》有"送士龙腹兄"之句，即赠其从表兄之作。《酬酢事变·宾礼待妹夫》云"吾家旧规：中表兄弟、甥婿来，皆以长幼叙坐，唯妹婿则宾之"③，可见中表、甥婿均以家人（兄弟、子侄）之礼待之，而妹夫则为客人。宋代《吕氏童蒙训》中讲晁氏家法说："晁氏自文元公起家为世家大族，家法最严，其规定子弟事尊长动必有礼，于尊长称谓亦严，不许称字。晁氏因以道申戒子弟皆有法度，群居相处呼外姓，尊长必曰某姓第几叔，若兄诸姑，尊姑之夫必曰某姓姑夫、某姓尊姑夫，未尝敢呼字。……其言父党交游，必曰某姓几丈，亦未尝敢呼字也。"④

宋人又呼妻妹为"姨"，亦以行第称之，如刘烨丧妻，欲娶其妻妹，岳母许之以中女而刘则属意幼女，其对岳母云："非敢有择，但七姨骨相寒薄，非某之对，九姨乃宜匹。"⑤宋代已称母之姐妹为"阿姨"，称其夫为"姨夫"，这种称谓流传至今，又称姐妹之子曰"外生"，似为外甥之同音假借。称妻之弟曰"内弟"、小姑称嫂为"姈姈"，又对嫂自称其夫为"姑夫"，是从对方孩子称呼，这种用法至今犹然。宋人又呼妹为"女弟"，《朱子语类》卷八七云："姊妹呼兄弟之子为侄，兄弟相呼其子为从子。侄对姑而言，今人于伯叔父前，皆以

① [宋]赵彦卫：《云麓漫钞》卷三，北京：中华书局，1996年，第49页。

② [宋]孟元老：《东京梦华录》卷八《秋社》，北京：中华书局，1982年，第214页。

③ [宋]吕希哲：《吕氏杂记》，影印文渊阁四库全书，第216页。

④ [宋]吕本中：《童蒙训》卷上，《师友杂志》，钦定四库全书·子部。

⑤ [宋]吴处厚：《青箱杂记》卷四，北京：中华书局，1985年，第42页。

为'犹子'"。宋代俗谓婚姻之家为"亲家",亦称"婚家",又称"姻家",儿女亲家又互称"亲家翁"或"亲家公",简称"亲翁",如苏轼侄女(辙之长女)嫁文同三子务光(字逸民),故苏轼致文同信中称"与可学士亲家翁阁下。"[1]姐妹、堂姐妹丈夫间结成的亲戚关系称为"连襟",又称"联袂",亦称"友婿",宋人亦称女婿为"女夫",顾名思义,女儿之丈夫也,二女婿则又称"第二女夫",余可类推[2]。宋代称妹夫则曰"妹婿",又称妻之妹夫为"娣婿"。赵彦卫总结父系、母系主要亲属云:

> 妇谓夫之父曰舅,夫之母曰姑;婿谓妇之父曰外舅,妇之母曰外姑。子谓母之兄弟曰舅,父之姊妹亦曰姑,皆言与父母同行故也。今人呼妻兄弟却曰舅,妻父曰丈人;至有与婿书自称曰丈人者,不亦陋哉!(原注:泰山下有丈人山,或又称之曰泰山。)[3]

5."伶人称字"

在等级森严的传统社会中,别号下延之类的风气确实对尊卑贵贱的井然秩序形成不小的冲击。明代中晚期,传统的惯例被打破,称谓的使用变得异常混乱,以字字号为例,原先的字,多为有身份者于行冠礼时所起,至于号,更是文人士大夫表明志趣,以示风雅的产物。社交场合直呼人名为不敬,为表示尊敬须称字,进而称号,更甚者则称郡望、官爵,不过,所有这些皆适用于上层社会,与社会的低下阶层无涉。明代中期开始,江南地区的小民百姓亦纷纷自起别号,互称别号,顾起元引《建业风俗记》称:"正德中,士大夫有号者十有四五,虽有号,然多呼字。嘉靖年来,束发时即有号。末年,奴仆、舆隶、俳优,无不有之。"[4]范濂记述松江一带的情况:"缙绅呼号,云某老,某老,此士夫体也。隆、万以来,即黄发孺子,皆以老名,如老赵、老钱之类,漫无忌惮。至帮闲一见倾盖,辄大老官、二老官,益觉无谓;而倡优隶卒,呼号尤奇。"[5]而在苏州府境,此风尤盛,"苏州风俗,不论大家小家,都有个外号,彼此相称",冯梦龙笔下的昆山人宋敦即号为"玉峰",当时,不少张木匠、李铁匠之类的人物,一朝发了财,邻里街坊便纷纷刮目相看,以号相称,如冯梦

① 苏轼:《偃竹帖》《平复帖》,分刊《中国书法全集》第32册,第443、444页。
② 李建中:《同年帖》,张商英:《女夫帖》,分刊《中国书法墨迹大全》卷九,第13页;卷十,第210页。
③ [宋]赵彦卫:《云麓漫钞》卷五,北京:中华书局,1996年,第79-80页。
④ [明]顾起元:《客座赘语》卷五"建业风俗记"条,北京:中华书局,1987年。
⑤ [明]范濂:《云间据目抄》卷二《纪风俗》,笔记小说大观本,江苏广陵古籍刻印社,1984年。

龙在《醒世恒言》中描写的施复,因"家中颇饶裕。里中遂庆个号儿叫作施润泽",在苏州做木匠的张权,后来开布店发了财,邻人"把张木匠三字不提,都称为张仰亭",小说往往比历史更能生动地反映当时的真实情况。

当时的文人士大夫对此十分不满,祝允明说:"道号别称,古人间有之,非所重也。予尝谓为人如苏文忠,则儿童莫不知东坡;为人如朱考亭,则蒙稚亦能识晦庵。猥琐之人,何必妄自标榜?近世士大夫名实称者固多矣,其他盖惟农夫不然,自余闾市村曲细夫未尝无别号者,而其所称非庸浅则狂怪,又重可笑,兰、桂、泉、石之类,此据彼占,所谓一座百犯。又兄山则弟必水,伯松则仲叔必竹梅,父此物则子孙引此物于不已。噫,愚矣哉!至于近者,则妇人亦有之。……此等风俗不知何时可变!"①,意思是,那些人尽皆知的名人取个道号别称是正常的,可是现在市井农夫、猥琐之人都给自己取个名号,而且动不动就以各种雅字为之,甚至妇女也有字号,这是庸俗肤浅啊!中国古代戏子的社会地位很低,被列入贱籍,但是到了明代竟也有附庸风雅,取字取号的,对此沈德符很是看不惯,他说"丈夫始冠则字之,后来遂有字说。重男子美称也。惟伶人最贱,谓之娼夫,亘古无字。如伶官之盛,莫过于唐",但当时伶人"俱以优名相呼,虽至于人主狎,终不敢立字。后世此辈侪于四民,既有字,且有号,然不过施于市廛游冶儿,不闻称于士人也"。②这些文人的观点反映了当时传统礼仪遭到破坏的情况,不免带着封建等级思想的偏颇之处。

二、幼者先施见面礼

人们日常见面既要态度热情,也要彬彬有礼,如何与不同身份的人相见,都有一定的规矩。拱手礼是最普通的见面礼仪,方式是双手合抱(一般是右手握拳在内,左手加于右手之上)举至胸前,立而不俯,表示一般性的客套。如果到人家做客,在进门与落座时,主客相互客气行礼谦让,这时行的是作揖之礼,称为"揖让"。作揖同样是两手抱拳,拱起再按下去,同时低头,上身略向前屈。除了上述社交场合外,向人致谢、祝贺、道歉及托人办事等也常行作揖礼,身份高的人对身份低的人回礼也常行作揖礼。传统社会对至尊者还有跪拜礼,即双膝着地,头手有节奏触地叩拜,即所谓叩首,现今跪拜礼只在偏远乡村的拜年活动能够见到,一般不再施行。当今社会人们相

①[明]祝允明:《前闻记》"近时人别号"条,《说郛》续卷本,商务印书馆,1937年,第84页。

②[明]沈德符:《万历野获编》卷二一《佞幸》"伶人称字"条,北京:中华书局,1959年,第545页。

见,一般习用西方社会传入的握手礼。

1.拜见之礼

"揖礼"源于周代以前,于今有3000多年历史,传统古礼存留至今,除了"鞠躬",恐怕只剩"作揖"了,只是今天会的人不多。作揖即抱拳拱手,抱拳为左手抱右手,自然抱合,拱手则抱拳在胸前微微晃动,不能过烈过高。施于平辈,这叫"吉拜",如果右手抱左手,则为"丧拜"。

图25 清代见面礼

揖让,指平居相见时所行的揖拜礼仪,一般不分尊卑,根据长幼随意施行,一般由年幼者先行礼,据《周礼》记载,作揖有土揖、时揖、天揖、特揖、旅揖、旁三揖之分,土揖专用于没有婚姻关系的异姓,行礼时推手微向下;时揖,专用于有婚姻关系的异姓,行礼时推手平而置于前;天揖,专用于同姓宾客,行礼时推手微向上。按照规定,子弟对自己的父兄,必须行四拜之礼,甚至朋友的长幼之间,也须行四拜之礼。此外还有长揖,即拱手高举,自上而下行礼。作揖有时也能表示倨傲,比如《汉书》中"郦生不拜,长揖",表示郦生对刘邦很不服气。

"拱"也是古代的一种相见礼,两手在胸前相合表示敬意,《论语·微子》中记载"子路拱而立"就说明了抱拳拱手之礼。葡萄牙人克路士曾在16世纪到过中国南部的福建、广东一带,对中国南方民间的社交这样记载:

中国人是很讲礼节的百姓。一般的礼节是,左手握紧,包在右手里,在胸前不断上下移动,表示他们彼此都包容在心里。随着手的移动,他们互致问候的话,而普通互致的词句是:"食饭未晒?"犹言吃过饭没有,因为他们认为现世的一切好处都取决于吃饭。

有教养而又有些日子没见面的人,他们之间特殊的礼节是手臂弯曲,手指互相扣紧,他们弯腰说些很殷勤的话,各自极力伸手要对方起来,越是显贵,行这种礼的时间就越长。①

拱礼是否含有双方"彼此都包容在心里"这样一层意思,尽管不见于明代的史料记载,但显然是作者得之于当时向民间的询问,还是有事实依据的;其二,在民间,见面时拱手作揖与弯腰而拜,在礼节上是有差别的;其三,中国人见面就问吃过饭没有,这种习俗在明代就已经存在,正所谓源远流长。

九拜,是我国古代特有的向对方表示崇高敬意的跪拜礼。《周礼》谓"九拜":"一曰稽首,二曰顿首,三曰空首,四曰振动,五曰吉拜,六曰凶拜,七曰奇拜,八曰褒拜,九曰肃拜。"②这是不同等级、不同身份的社会成员,在不同场合所使用的规定礼仪。顿首为"九拜"之一,俗称叩头,行礼时,头碰地即起,因其头接触地面时间短暂,故称顿首,通常用于下对上及平辈间的敬礼,如官僚间的拜迎、拜送,民间的拜贺、拜望、拜别等,也常用于书信中的起头或末尾,如丘迟《与陈伯之书》:"迟顿首。陈将军足下无恙,幸甚幸甚……丘迟顿首。"具体行礼姿势是施礼者屈膝跪地,左手按右手,拱手于地,头也缓缓至于地,头至地须停留一段时间,手在膝前,头在手后,这是九拜中最隆重的拜礼,常为臣子拜见君王时所用,后来,子拜父,拜天拜神,新婚夫妇拜天地父母,拜祖拜庙,拜师,拜墓等,也都用此大礼,再拜先后拜两次,表示礼节之隆重,旧时书信末尾也常用"再拜",以表示敬意。膜拜是古代的拜礼,行礼时,两手放在额上,长时间下跪叩头,原专指礼拜神佛时的一种敬礼,后泛指表示极端恭敬或畏服的行礼方式,今人多用"顶礼膜拜"形容对某人崇拜得五体投地。明代,民间节日之时,凡是子孙侄甥婿见尊长,学生见老师,奴仆见主人,须行顿首四拜礼,其余长幼亲戚,各以序行顿首再拜礼,如果是平交,就互相行控首再拜礼。在晚明,民间拜礼也发生一些变化,以致被当时的人称为"乱礼败法"。如女婿见岳父母,或儿媳妇见公婆,全都改行八拜之礼,号称"拖泥八拜"。③

自谦尊人:社交礼仪 ZIQIANZUNREN SHEJIAO LIYI

①克路士:《中国志》,载[英]博克舍(C.R.Boxer)编注、何高济译:《十六世纪中国南部行纪》,第97、98页。

②李学勤主编:《十三经注疏·周礼注疏》,北京:北京大学出版社,1999年。

③[明]田艺蘅:《留青日札》卷四《拜》,上海:上海古籍出版社,1992年,第177、178页。

宴会之礼,据朱熹说北宋仍按《仪礼》之制,入席至开宴有拜迎、拜至、拜送、拜既等顺序,即迎宾、至阶、酌酒、客谢主人,表示宴会正式开始,但南宋绍兴礼官已不谙典制,误以拜送为席散送至门外拜别;拜既,为客去又两拜,实际上这不妨视为宴请礼仪的一种简化和改革,朱熹曾指出了古代与宋代拜礼的不同,他说"古人坐于地,未必是盘足,必是跪","故两手下为拜",而宋人已"有椅子,若对宾客时,合当垂足坐",平时,则习惯于盘足而坐,所以古人习以为常的跪拜,至宋代演变为只屈一膝的"雅拜"为主。在北宋,百官于中书见宰相,已不拜而坐,只是"屈揖","茶汤乃退",可见随着生活习惯的改变,椅子等的广泛使用,拜礼在宋代已远不如古,但拜仍是宋代最为广泛的相见礼仪之一。

礼仪动作一览表

礼名	动作	适用范围	礼义
拱手礼	胸前拱手,后收,前推	日常礼仪	恭敬,接受,礼让
揖礼	曲臂,抱手,躬身	常规礼仪	恭敬,给予,接受
一拜礼	展臂,拢手,躬身30度	初相见,敬长	恭敬,接受,给予
两拜礼	展臂,拢手,躬身45度,两次	常规大礼	恭敬,接受,报答
三拜礼	高揖至额,躬身90度,三躬	敬天地祖师国	恭敬,接受,报答
叩首礼	踞坐至地,拜,叩首	特定大礼	恭敬,接受,报答
执手礼	双手出,长下幼上,长执幼	行于长幼之间	父慈子孝,师道生尊
交手礼	双手交叉胸前,推出,平示	代孔夫子还礼	推让,给予,示之
鞠躬礼	垂手,躬身,可深可浅	通行礼仪	谦恭,接受,礼让
附手礼	双手附胸腹间,上手男左女右	行大礼前站姿	诚意正心

宋太祖对"拜礼何以男子跪,妇人不跪"现象感到大惑不解,曾经"遍问礼官无有知者",王贻孙(北宋,祁国公王溥子)答曰:"古诗云:'长跪问故夫',即妇人亦跪也,唐天后朝,始拜而不跪。"[1]朱熹不同意这个看法,他认为,"若妇人之拜,在古亦跪。《古乐府》云:'伸腰拜手跪',则妇人当跪而拜,但首不至地耳",他还分析说:妇人之所以不伏拜,因"首饰盛多","自难以俯伏地上","若拜时,亦只低手祇揖,便是肃拜",认为始于唐武则天欲自尊而不拜说是不对的。

万福是宋代民间最为流行的相见时问安礼,男子相揖,妇女万福,为天

---

 ① [宋]祝穆:《古今事文类聚·别集》卷二七,上海:上海古籍出版社,1992年。

下通行之礼，《夷坚志乙》卷四《衢州少妇》称"郎君万福"；苏洞《过金陵》诗云"高资店里主人婆，万福官人问讯和"，《鹤林玉露·丙编》卷五《陆氏义门》载：陆象山家每晨家长率众子弟"聚揖于厅"，"妇女道万福于堂"，吕希哲说"凡妇人相见，虽贱必答拜"①，朱熹也说宋代妇女有"肃拜、拜手、稽颡"等拜礼，"肃拜者，两膝跪地，敛手放低；拜手者，膝亦跪，而手至地也；稽颡，头至地也。为夫与长子丧，亦如之"，这似是意味着朱熹的倡导，对北宋妇女拜而不跪的一种否定，"稽颡"属于丧礼的范畴。

古代妇女行礼方式与男子有很大区别，唐宋时期民间白话小说有相关记载，妇女相见行礼，往往是口称"万福"，要求两手松松抱拳重叠(右手覆左手)在胸前右下侧上下移动，同时略作鞠躬的姿势，这种见面礼在京津地区，直到二十世纪五六十年代依然保存，在年节、祝寿等庄重场合使用。清代学者段玉裁在《说文解字注》中说，古代女子也行作揖礼，即"左手在内，右手在外，是谓尚右手。女拜如是，女之吉拜如是，丧拜反是"，但是，根据唐宋以后白话小说，并不支持此种说法，以宋代小说《错斩崔宁》为例，男女相见，男方"深深作揖"，女方则"还了万福"，这说明，当时男女已各行其礼。

清代满族男子向人请安时，所行礼叫"打千儿"，即左膝前屈，右腿后弯，上体稍向前俯，右手下垂，是一种介于作揖、下跪之间的礼节，《红楼梦》第八回中买办钱华就向宝玉"打千儿"，到二十世纪五十年代，一些满族雇工向东家请安，依然行此礼。满族妇女的行礼方式与男子也不相同，是双手扶在左膝，右腿微屈，往下蹲身，很多人认为京剧《四郎探母》中，铁镜公主所行之礼即为此礼。

事实上，无论是家内，还是家外，"卑幼"对尊长的礼节相当繁复，"凡卑幼坐，而尊长过之，则起。出遇尊长于途，则下马。不见尊长，经再宿以上，则再拜，五宿以上，则四拜。贺冬至、正旦六拜，朔望四拜。凡拜数，或尊长临时减而止之，则从尊长之命，吾家同居宗族众多，冬、正、朔、望，宗族聚于堂上"。不仅如此，岁时节序之时，"卑幼"也须盛妆向家长拜寿，"凡节序及非时家宴，上寿于家长，卑幼盛服序立，如朔望之，仪，先再拜"②，凡此种种，都是"卑幼"要执行的礼节。

2.入座之礼

传统社会礼仪秩序井然，座席亦有主次尊卑之分，尊者上坐，卑者末坐，何种身份坐何位置都有一定之规，如果盲目坐错席位，不仅主人不爽，自己

①[宋]吕希哲：《吕氏杂记》卷上，影印文渊阁四库全书，第216页。
②[宋]司马光：《司马氏书仪》卷四《居家杂仪》，北京：中华书局，1985年。

自谦尊人：社交礼仪
ZIQIANZUNREN SHEJIAO LIYI

事后也会为失礼之事追悔莫及,如果自己不能把握坐何种席次,最好的办法是听从主人安排。

古人讲究坐有坐相,平时不与人接触交往时,坐姿可以比较随便,如果与尊长坐在一起,或与友人交谈,以及在聚会议事、宴会、招待宾客等场合,就要讲究坐姿了,以保持风度。礼貌的姿势是"跽"坐,而且讲究"正襟危坐",危坐,是指坐时腰身端正,古代席地而坐,坐时两膝着地,臀部贴于脚跟,为了表示对人尊重,坐法颇有讲究:"虚坐尽后,食坐尽前","尽后"是尽量让身体坐后一点,以表谦恭;"尽前"是尽量把身体往前挪,以免饮食污染座席而对人不敬。跪,即两膝着地,挺直身子,臀不沾脚跟,以示庄重。

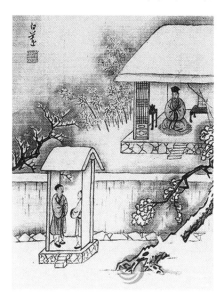

图26　〔北宋〕程门立雪

席地而坐时期,人们的坐姿大致有三种。一是"跌坐",即双足交叠、盘腿而坐,如同佛教中修禅者的坐叠,故又称"跏趺坐";一是"箕踞",即两腿前伸而坐,全身形似簸箕,故名;一是"跽",即跪坐,臀部压在后曲的腿、脚之上。"坐不中席"是指席中为尊者独坐时的位置,所以卑者即使独坐也不能居中,而应坐在边上。"异席",古代一席一般坐四人,如果有五个人,应让长者另外座席。"敬无余席",说的是与尊长坐在一起时,中间不要留较大空隙,应靠近尊长,以便服侍、请教。

坐在高脚座具上,也以坐姿端正为礼貌。宋礼部尚书张某,自他入仕以后至终老,"凡与宾友相接,常垂足危坐",司马光敬佩他讲究礼节,因而在为他所撰的墓志铭中也加上这么一笔,司马光平时也是"燕居,正色危坐"。又据明末刘宗周的《人谱类记》记载:"刘忠定公见宾客,谈论逾时,体无欹侧,

图27　赵佶绘:听琴图(局部)

肩背竦直,身不少动,至手足也不移"①,这种举止,没有恪遵礼制的精神,是难以坚持两个小时以上的。箕踞,则是不合礼节的轻慢之举,是对同坐之人的不尊重,箕踞而坐再斜倾身躯倚靠几案,就更属轻慢无礼的举止了,《礼记·曲礼》说"坐毋箕",对妇女的这种坐姿尤为严禁。

3.行走之礼

古人在行走过程中同样注意人际关系的处理,因此有行走的礼节。宋人刘藻(字昭信)曾指出:"礼之趋翔、登降、揖逊,皆须习",所谓趋翔,又称趋庭,乃大步行走,急趋上前,即地位低的人在地位高的人面前走过时,一定要低头弯腰,以小步快走的方式对尊者表示礼敬,是宋代最常见的下级见尊长之礼。登降,又称升降、"阶墀",是属邑见郡守监司、"不问官序"的一种礼节。揖逊,乃宋代最盛行的拱手揖礼,陆游说:"古所谓揖,但举手而已。"②传统行走礼仪中,还有"行不中道,立不中门"的原则,即走路不可走在路中间,应该靠边行走;站立不可站在门中间,这样既表示对尊者的礼敬,又可避让行人。

宋代妇女出行有禁步的风俗。按儒家礼仪规定,妇女笑不得露齿,行不得露足,为避免妇女举步时裙幅散开,有伤观瞻,特用金玉等饰物压住裙角,一般佩挂两个,左右各一,葛起耕《记梦》诗描述道:"珠蕊一枝春共瘦,玉环双佩月同清。"③《快嘴李翠莲记》中也有"金银珠翠插满头,宝石禁步身边挂"的句子。

4.其他礼仪

叉手礼,指两手在胸前相交、"如拱揖然"的一种古礼,宋初有一种乐器,名"叉手笛",在宋时改名为"拱辰管",即因演奏者执笛如拱手相揖状而得名。叉手礼是宋人相见时示敬致意的一种流行仪礼,陈师道诗云:"曲躬叉手前致言。"

俯首加敬,在宋代类似于今之鞠躬的一种相见之仪。以手加额,为宋人对德高望重者表示礼敬的相见之仪,据《宋史·司马光传》记载,神宗驾崩,罢废居洛阳十几年的司马光赴阙。卫士望见,皆以手加额曰:"此司马

图28　宋代壁画上的
叉手礼仪

---

①[明]刘宗周:《人谱类记》卷上《考旋篇》,载《钦定四库全书·子部》。

②[南宋]陆游:《老学庵笔记》卷八《历代史料笔记丛刊》,北京:中华书局,1979年,第108页。

③[清]厉鹗:《宋诗纪事》卷六九《葛起耕》,上海:上海古籍出版社,1983年。

相公也!"

清中叶以前,满族流行抱见礼,这种礼只限于亲人久别重逢或分别时,但不限男女,行礼时,双方无论是同性还是异性,皆抱腰接面,后由于汉族文化的影响,清中叶后,满族尚觉此礼不够雅观,渐渐改行汉族执手礼;清代,每年逢冬至日,家家户户都要相互拜贺尊长,无论男女,都要换上新衣互相作揖,拜贺,家家幼小都要向尊长行跪拜,称为"拜冬礼";"利是",俗称"红包"或"封包",包内裹着银钱,用于春节贺岁,相见互送吉利,还用于婚嫁时的聘礼或赏物,称为"利是礼",清末出现的"利是封"印制十分精美,红纸上印有金字或图案,相见送以"利是封包",不仅体面,而且显得特别吉利。

图29 《韩熙载夜宴图》中的叉手礼仪

在鸦片战争以后相当长的一段时间里,传统的社交礼俗和祭典礼俗,包括称谓、见面礼等仍在社会上占据主导地位,人们见面要行作揖、拱手、跪拜、请安等礼,与此相适应还有一套"大人""老爷""太太""老太太"等称谓。民国以后,在沿海通商地区,受西方平等观念影响,先是在新式知识分子内部,逐渐采用握手、鞠躬等见面方式,并且用"先生""女士""小姐""同志"取代了先前的称谓,反映出近代社会人与人之间的平等关系,脱帽、靶躬、握手、鼓掌等新礼俗逐渐成为中国通常的"文明仪式"和"文明礼",反映出社会礼俗的进步趋向。

三、飞帖通名告主人

宋俗宴请,主人必先期寄送请帖,如范成大《两司帖》即为其代表作:"语二十二日午间具家饭,款契阔,敢幸不外,他迟面尽。右谨具呈。二月日。中大夫、提举洞霄宫范成大札子。"收到者是否能去一般也回札说明,如答应赴人饮食之约,就不能迟到,否则主人悬望,贻误众客,就是失礼的举动。

宋代接待宾客的礼仪大致有求见、谒见或召请、约见两类。"士夫间相谒,一般当先投刺求谒,得阍者投递后始见客"①,故又有"刺谒"之称,有的还得事先预约。古代用竹,用木刻上自己的名字,交给要谒见的人,谓之"刺",后代发明纸,用纸写上自己姓名也谓"刺",周密的《癸辛杂识·送刺》亦作如是云:"节序交贺之礼,不能亲至者,每以束刺签名于上,使一仆遍投之,欲以为常。""投刺"在古代由人或步行,或乘车马送达,贵者富者自然不必亲自劳驾,当官的派公差,商贾望族差仆人,文人学士遣书童,就是普通老百姓中的户主也将此事交与小辈后生去送。投刺的人到对方门外招呼,有主人出来接固然好,下人接也可以,一般交了刺就走,南宋学者曾慥在《类说》中就记录过一个"陶谷易刺"的故事,可以说是迄今为止关于新年投刺最早的文字记载了。陶谷是唐朝末年的一位著名学者,说有一年春节,有友人差人前来投刺,陶谷以酒肴盛情款待,他发现来人投刺的许多人家都与自己亦有往来,而他却正为无人投刺而犯愁,于是他就悄悄地进行调换,来人酒足饭饱后便抱刺匆匆离去并一一投出,未觉有异,其所投多为陶谷之刺。北宋的门状是同辈朋友间谒见之状,叶廷王圭《海录碎事·人事》云"未有板刺,无容拜谒",指写在版上的名刺,此宋人相见通礼。

图30　投刺

宋代周辉所写的《清波杂志》里记载,宋代士人也有贺年投刺风习,有一读书人,令人牵着马,每到一门就喊数声,留一刺字表示来过,这就是宋代贺年的新方式了。古代贺年片,都是主人亲笔书写,一张贺年片,往往就是一帖精美的书法作品,然而让人遗憾的是,当年泛滥成灾的东西如今却存世极少,真可谓一"刺"难求。明人陆容在《菽园杂记》中记载道:"拜年……如东西长安街,朝官居住最多,至此者不问识与不识,望门投刺,有不下马或不至其门,令人投刺者。"由此可见,古时的投刺太滥,近乎是广为散发,这也就难怪"吴中四才子"之一的文徵明在《元日书时》中叫苦感叹说:"不求见面惟通谒,名刺朝来满敝庐。我亦随人投数纸,世情

① [宋]洪迈:《夷坚丙志》卷七《阴司判官》,载《夷坚志》,北京:中华书局,2006年。　　　　　045

嫌简不嫌虚。"投刺人多是在门外把贺年片投入箱中,也被称作"望门投刺",富贵人家,因为前来投刺的实在太多,迎来送往,应接不暇,为省事起见,就在门外挂个箱子接受各方投刺,图吉利便称之为"接福",也有的在家门口挂个红纸袋接受投刺,名曰"门簿"。投刺人因为任务繁重、时间紧迫而往往在门口喊几声,将刺投入箱内就匆匆离去,待得主人应声出门时,已不见了投刺人的踪影,民间有"送帖的比兔子跑得还快"的说法,因此,贺年片还得了个别称,名曰"飞帖"。追求华而不实的虚荣的社交礼仪,这是市民生活的一大弊病,但它又在无形中改变了人们的生活习俗。

削竹木用来书写姓名为"刺",至后,改用纸,又称"名纸",唐代李裕贵盛时,时人始用"门状",在明代,虽仍有人称名帖为"刺",但已通行"名帖"一称,递名帖是明代官场或在乡士大夫交际的常仪,类似于如今的名片,其作用无非是"通姓名于主人而为之先容者也"①。根据功能的差异,明代名帖可分为拜帖、请帖、揭帖、说帖和副启。凡是官员或地方绅士之间的互相拜访,或者门生晋进座师,地方绅士谒见父母官,均需要递上拜帖,如小说《梼杌闲评》第一回说到,总理河务朱衡到达地方时,泗州知州前来拜见,"传进帖来,上写着'眷生'的称呼"。《金瓶梅》第76回说及巡抚侯蒙前去西门庆家,递上了一个双红署名"友生侯蒙"的单拜帖。拜帖内容比较简单,一般为署名、称谓,如《金瓶梅》第49回说到宋御史前去拜访西门庆,投了个宛红单拜帖,上书:"侍生宋乔年拜。"

请帖又称邀帖,凡是官场请酒,或地方绅士聚饮,一般均先发请帖,朱国祯在《涌幢小品·名帖》上说,他曾在董遐周家中见到一个同门"邀帖",为阮函峰请客时所发帖子,帖中阮函蜂自称"年侍生",名下有一"等"字,说明主人并非阮函峰一人,名上写"早临"二字,居中,其意是催客人尽快赴宴,右又写"速"字,其意与"早临"同。《梼杌闲评》第45回也记录了一个侯国兴邀请崔呈秀的请帖,上写"谨詹十五日,薄治豆觞,为家母舅预庆,恭候蚤临。愚表弟侯国兴顿首拜",其中"蚤临"两字,即早临意,大概为当时请帖套语。

在明代,揭帖又指贴于通衢路口墙上的告示或启事,这里所说的揭帖是从拜帖中派生出来的,无封套,实则是一种拜帖之后所附的礼帖,如《金瓶梅》第30回说到西门庆家人来保前往京城,给蔡太师送生辰纲,先递上一封揭帖,后取出"上太师寿礼帖儿"。在明代官场,凡是替人居中说情,一般也递上自己的名帖,这种帖子称为"说帖",明代常见的"脚色手本",大概也与

---

① 万历《通州志》卷二,载《天一阁藏明代方志选刊》,上海:上海书店出版社,1990年。

说帖相同,脚色手本起源于汉代的"为谒"①,在上面应该写上自己的爵、里,也就是官位与籍贯。

上述所谓的名帖,又称"柬"。一般说来,柬书名,启书事,所以用副启名,既已有了名柬,再使用副启,究其原因,就是因为"有所私,避之耳"②,也就是为了便于在副启中说私事,以掩人耳目,起初的副启体制,长短与全柬同,用蓝色花格,至崇祯年间,改用红条格,而蓝色花条格,只有居丧时才用。根据名帖的规制或尺寸大小,又可分为单帖、全帖、单红、双红几种,至于名帖的质地,更是随时或根据个人爱好而不断改变,起初同辈互相拜访,一律单帖,即使京城的大僚交际,也只有第一次用全帖,随后就改用单帖,遇到吉庆,则改用单红帖。

四、茶果待客话往昔

宋人宴请宾客之风极盛,无地不有,无时不行,成为人际交往中最常见的方式。北宋东京和南宋杭州酒楼茶肆之盛,从孟元老《东京梦华录》和吴自牧《梦粱录》中可见,都市为臣僚士大夫期约友会聚之处,宋代士大夫的聚会曾留下许多佳话,如叶梦得《避暑录话》卷一载,韩维守杭,"每入春,常设十客之具于西湖,且以郡事委僚吏,即以湖上",为宴客可置公务于不顾,"十客具"也成为请人赴宴的代名词,米芾则邀客为山林之饮,颇具野趣,其《竹前槐后诗帖》云"雅兴欲为十客具,人和端使一身闲"③,陈与义《临江仙·忆洛中旧游》词所云"忆昔午桥桥上饮,坐中多是豪英"④,成为宋代文化景观中的一抹亮色。

图31 〔明〕戴儒巾、穿大袖衫的士人

1.见客服色

宋人见客一般都穿常服,但须衣冠端正,朱熹说"士大夫常居,常服纱帽、皂衫、革带,无此则不敢出",但致仕闲居则可以随便些,如吕希哲称"京洛致仕官与人相接,皆以闲居野服为

---

① [明]郎瑛:《七修类稿》卷二七《辩证类·名号甬》,上海:上海书店出版社,2009年,第294页。

② [清]王弘撰:《山志初集》卷一《书式》,北京:中华书局,1998年,第28页。

③ 李克主编:《中国书法全集》,第38册,崇贤馆出版,2013年,第484页。

④ 唐圭璋:《全宋词》,北京:中华书局,1986年,第1070页。

礼,而叹外郡或不能然"①,可见是仅行于两京的见客服色。

北宋士大夫平常家居喜爱穿道服,因其宽松,脱着方便。道袍是明代士人主要的便装款式,是指交领、大袖、衣身两侧有内摆的长身式外衣,范仲淹还为其同年许琰书有《道服赞》,但以此见客则视为失礼,王铚《默记》卷下有载:

> 范文正守杭州,极下士。王荆公兄弟时寄居于杭,平甫尚布衣少年也。一日,过苏见希鲁,以道服见之,平甫内不能平,时时目其衣。希鲁觉之,因曰:"范希文在杭时,着道服以见客。"平甫对曰:"希文不至如此无礼。"②

图32　明代道服

陆游说北宋"置酒饮客,终席不褫带",南宋初,礼"稍废",后"又不讲",只有胡铨仍坚持"每与客饮,至劝酒,必冠带再拜"③,《朱子语类》也记载,两宋宴客风尚之变云:"初见以衫帽,及宴,亦衫帽,用大乐。酒一行,乐一作,主人先西爵,遂两手捧盏侧劝客。客亦西爵,主人捧盏不移,至乐罢而后下。及五盏歇坐,请解衫带,著背子,不脱帽以终席。……此亦可见前辈风俗,今士大夫殊无有衫帽者。"所谓前辈,指崇宁、大观公元(1102—1110年)间钱塘(治今浙江杭州)名士待客风俗,礼数周到,"今"则指南宋,席间可宽

① [宋]黎靖德编:《朱子语类》卷九一,北京:中华书局,1986年。

② [宋]王铚:《默记》,《唐宋史料笔记丛刊》,北京:中华书局,1981年。

③ 陆游:《老学庵笔记》卷七,《历代笔记丛刊》,北京:中华书局,1979年,第91页。

衣解带,比较随便。

宋代士人服饰以襕衫为尚,形制为白色细布,下有一横襕,腰缀襞积,另有紫衫、凉帽衫等,紫衫本为军校服饰,因穿着比较简便,成为士大夫的常用服装,以后成为文武官员的便服。凉衫,形制如紫衫,亦称白衫,先是官庶便服,后来成了丧服。帽服,帽以乌纱,衫以皂罗,为士大夫交际常服,士人服装除圆领之外,大多为大袖交领,也有对襟的。

2.待客礼仪

宋代客至设茶,辞则点汤,乃天下通俗,据说恐谈话过久伤气,故点汤,点汤又成为逐客的代名词,如魏泰《东轩笔

图33　〔宋〕松阴论道图(局部)

录》卷五记载了一个骇人听闻的故事:陈升之拒绝胡枚"求荐","遽索汤使起",胡将汤三奠地,不欢而散,未久,即自杀身亡。袁文认为南宋过分讲究点茶汤,反导致失礼,其说云:"近世则不然,客至点茶与汤,客主皆虚盏,已极好笑。而公厅之上,主人则有少汤,客边尽是空盏,本欲行礼而反失礼。此尤可笑者也!"[1]宋人亦多以茶果待客,李彭《日涉园集·寄陈无惑》曰"不忘茶果期,烟扉聊一访",洪迈《夷坚支乙》中也记载当时一位姓焦的人"倾家出迎,具茶果延伫"。

北宋待客"礼数极周详郑重",南宋则"苟简"无体,朱熹还指出"族长至己家,必以族长坐主位,无亲疏皆然",平时燕居,"父子同座亦得,惟对客不得"。确实,宋初窦仪"家法整肃",其五子中有四子皆从官以上,第四子位居参政,但"每对客座","皆侍立",无独有偶,陈省华,其三子中两

图34　赵佶绘:听琴图(局部)

① [宋]袁文:《瓮牖闲评》卷六,上海:上海古籍出版社,1985年,第57页。

人状元及第，位居宰执，但父"每对客，三子列侍，客不自安"，故司马光《涑水家仪》称："凡为人子者，有宾客不敢坐于正厅。"司马光最重礼仪，他主张与宾友相接，当正襟危坐，故对张尚书"凡与宾友相接，常垂足危坐"，特别推许，宋人因为普遍使用椅子，待客方式也从席地的盘足坐而发展到"垂足坐"。另外，"凡为人子者，出必告，反必面，有宾客不敢坐于正厅，升降不敢由东阶，上下马不敢当厅，凡事不敢自拟于其父"，作为儿子，出入都须向父母请示、汇报，家中有客人不能坐在正厅当中。

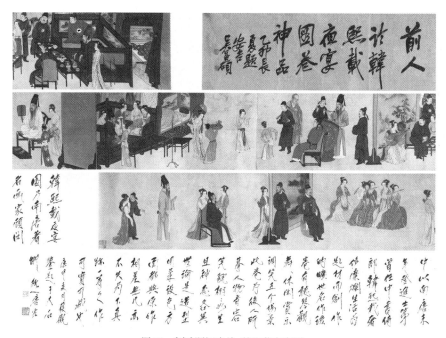

图35 〔宋〕顾闳中绘：韩熙载夜宴图

图36 〔南宋〕夜宴图（局部）

五、迎朋送友情无限

古代交通不便,人们较少出行,外出一次一般也需要很长时间,与家人联络也极不方便,途中风餐露宿,且时有凶险,因此,古人在离别之时总是充满忧伤和悲愁,在迎接朋友或家人回归时又是欣喜万分,关于出行和迎客都有很多讲究。

1.出行礼仪

宋人有行前祭神的习俗,宋人的行神主要可以分为陆地行神和水上行神两种,其中陆地行神有梓潼君①、五通神、紫姑神等,水上行神有天妃②等,苏轼《泗州僧伽塔》诗云:"我昔南行舟系汴,逆风三日沙吹面。舟人共劝祷灵塔,香火未收旗脚转。回头顷刻失长桥,却到龟山未朝饭。至人无心何厚薄,我自怀私欣所便。耕田欲雨刈欲晴,去得顺风来者怨。若使人人祷辄遂,造物应须日千变。"这种行前祭神的习俗,在古代称为祖道,它在张择端《清明上河图》中有生动的描绘:《清明上河图》中部的平桥与高大的咚咚鼓楼之间,有一辆两个人前拉后推的重载独轮车,车前还有一头瘦驴使劲地蹬地牵引着它,在车上满载的物品上边有一条宽边的布幅遮盖着,这块布幅上面布满了文字花纹,另外还有一把大伞挂在这辆车上,这种车就是宋代都市中常见的串车,这辆串车的后面紧随着一行人,一人牵着一头蹇驴,他的后面跟随着一个仆从,仆人挑着行装,为防止阴雨天气,挑担一头也挂着一把伞,这伞的形状与串车所挂的那把伞略同。骑驴人的侧后方有三个衣着皂袍的人,两人恭立,摊手作送别状,另一个人单膝跪地,他的前面侧倒着一只黄羊,跪地之人仰面望着骑驴之人,口中好像还念念有词,而骑驴之人则回首顾盼,眼中流露出依依惜别之情。他们的行动、言语引起了周围人的关注,在他们的侧后方,有两个挑担的人回首张望着他们,另有两个人面向他们有议论,还有两个人侧视着他们在小声嘀咕些什么。据孔庆赞先生研究,这是典型的"祖道"祭祀场景,首先,祖的地点正在大门之外,这正

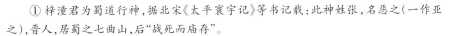

---

① 梓潼君为蜀道行神,据北宋《太平寰宇记》等书记载:此神姓张,名恶之(一作亚之),晋人,居蜀之七曲山,后"战死而庙存"。

② 据文献记载及民间传说,天妃原为五代时闽王统军兵马使,莆田湄洲人林愿第六女,北宋建隆元年(公元960年)出生。少能言人祸福,且能乘席渡海,云游岛屿,人称龙女。雍熙四年(公元987年)升化后,常穿朱衣飞翻海上,故民间设庙祀之,号通贤神女。庆元二年(公元1196年),泉州首建天妃宫(即妈祖庙)。北宋宣和年间,路允迪奉命出使高丽,中途遭遇大风,八只船中有七只沉溺,独路允迪一舟因有"湄州神女"保佑完好无损。于是,路允迪出使回来后,上奏于朝,朝廷赐庙额为"顺济",正式列入国家祀典。

如今天送客送出大门外一样；其次，所用祭品正是古代祖道时常用的黄羊或黄狗；再者，跪地之人正在祝告，而骑驴之人正在回首倾听，面露依依惜别之情，特别值得注意的是，乘驴者正是宋人所说的"策蹇重戴"的远游士人的典型形象。①

宋人出行还有择日的习俗，陆泳《吴下田家志》载"出入忌月忌日"，敦煌出土的《雍熙三年(公元986年)历书》也载："正月……二十日己丑火开，岁对九焦九坎疗病、嫁娶、出行吉。"《马可波罗行纪》在记载南宋都城临安风俗时说："如有一人欲旅行时，则往询星者，告以生辰，卜其是否利于出行，星者偶若答以不宜，则罢其行，待至适宜之日。人信星者之说甚笃，缘星者精于其术，常作实言也。"②意思是说南宋临安城的人出行前都要请占星者占卜，若适宜则出行，不适则不出行。但也有不信于此的，如《邵氏闻见录》记述说"(邵)康节先公出行不择日，或告之以不利则不行。盖曰：'人未言则不知，既言则有知，知而必行，则与鬼神敌也'"。③

3.送别礼仪

古人送亲人、友人远行，有饯别送行、持金赠行、诗词送行和壮行等形式。饯别又称饯行、送行，又称为祖席，其俗在宋代颇为盛行，如《醉翁谈录》辛集卷二载"魁行，桂为祖席郊外，仍赠以诗……"，梅尧臣有诗曰："古人相送赠以言，今人相送举以酒，酒行殷勤意岂，酒罢踌躇悲更有……"。当时的人送亲朋好友远行时，往往要在城门外或郊外设送行酒宴，如宋王辟之著《渑水燕谈录》载："初，范文正公贬饶州，朝廷方治朋党，士大夫无敢往别。王待制质独扶病饯于国门。"《五总志》曰："蔡元长自成都召还过洛，时陈和叔为留守，文潞公以太师就第，饯行于白马寺。"陆游《入蜀记》载："(乾道)六年闰五月十八日，晚行，夜至法云寺，兄弟饯别，五鼓始决去。"《清平山堂话本》卷一《柳耆卿诗酒江楼记》："这柳耆卿诗词文采，压于才士，因此近侍官僚弃敬者，多举孝廉，保奏耆卿为江浙路管下余杭县宰。柳耆卿乃辞谢官僚，别了三个行首，各各饯别而不忍舍，遂别亲朋，将带仆人，携琴、剑、书箱，迤逦在路。"《青琐高议》前集卷十《王幼玉传》还记载了一对恋人分别时的情景，说东都士人柳富与名妓王幼玉相恋，"富因久游，亲促其归。幼玉潜往

---

① 孔庆赞：《〈清明上河图〉中的"祖道"祭祀场景》，刊于《开封师专学报》，1998年第4期。

② 冯承钧译：《马可波罗行纪》第二卷第一五一章《蛮子国都行在城》，上海：上海书店出版社，2000年。

③ [宋]邵伯温：《邵氏闻见录》卷一九《唐宋史料笔记丛刊》，北京：中华书局，1983年，第315页。

别,共饮野店中。玉曰:'子有清才,我有丽质,才色相得,誓不相舍,自然之理。我之心,子之意,质诸神明,结之松筠久矣。子必异日有潇湘之游,我亦待君之来。'于是二人共盟,焚香,致其灰于酒中共饮之。是夕,同宿江上。翌日,富作词别幼玉,名《醉高楼》。词曰:'人间最苦,最苦是分离。伊爱我,我怜伊。青草岸头人独立,画船东去橹声迟。楚天低,回望处,两依依。后会也知俱有愿,未知何日是佳期?心下事,乱如丝。好天良夜还虚过,辜负我,两心知。愿伊家,衷肠在,一双飞。'富唱其曲以沽酒,音调辞意悲惋,不能终曲,乃饮酒相与大恸。富乃登舟"。古人惯以诗表情达意,含蓄哀婉,今人才得见如此经典的佳作。

图37 〔清末〕傅抱石绘:折柳送别图

持金赠行是指亲朋好友送别时,赠以路费,如高登《辞馈金》诗序曰:"顷罢官临庆,士民丐留不果,乃相与持金赆行。勤勤之意,既不可却,复不当受,因请买书郡庠,以遗学者。作诗谢口。"辛弃疾帅浙东时,曾为刘过壮行色,而且还送上一千缗钱作为其路费。

宋代重文,故以诗词送行之俗也颇为盛行,这种诗词当时的人称之为送行诗、送行词,如《鹤林玉露》乙编卷二《迁谪量移》载:"吕子约谪庐陵,量移高安,杨诚斋送行诗云:'不愁不上青霄去,上了青霄莫爱身。'盖祖杜少陵送严郑公云:'公若居台辅,临危莫爱身。'然以之送迁谪流徙之士,则意味尤深长也。"周密《齐东野语》卷十一《蜀娼词》记载了蜀地一位歌妓的词云:"欲寄意,浑无所有,折尽市桥官柳。看君著上征衫,又相将放船楚江口。后会不知何日又,是男儿,休要镇长相守。苟富贵无相忘,若相忘有如此酒。"也凄凄婉婉地道出了送别时的依依不舍之情。

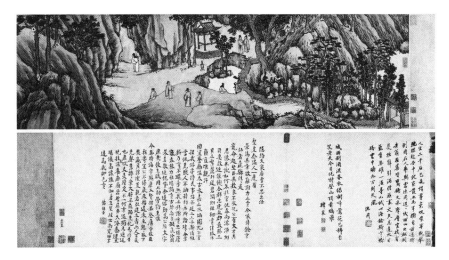

图38 〔明〕沈周绘：虎丘饯别图

宋代出行时还有壮行之俗，届时亲人或朋友往往要为出行之人设酒壮行，如《湖海新闻夷坚续志》后集卷二《送夫入学》载："宋嘉熙戊戌，兴化陈彦章混补试中。次年正月往参大学，时方新娶，其妻作《沁园春》以壮其行，词曰：'记得爷爷，说与奴奴，陈郎俊哉。笑世人无眼，老夫得法，官人易聘，国士难媒。印信乘龙，夤缘叶凤，选似扬鞭选得来。果然是，西雍人物，京样官坯。送郎上马三杯，莫把离愁恼别怀。那孤灯只砚，郎君珍重，离愁别恨，奴自推排。白发夫妻，青衫事业，两句微吟当折梅。彦章去，早归则个，免待相催。'一时传播，以为佳话。"迎送宾客之礼，《事林广记》言之甚详：

> 长者来见，先闻之则具衣冠以俟。若门外下马或徒行，则出迎于门外。若不及入门下马者，据所至迎之。退则送上马，徒行则送于大门外。敌者来见，俟展刺，具衣冠，据所在出迎，退则送上马。若徒行，则送于中门外。无中门，则送于大门可也。少者来见，俟展刺，具衣冠，将命者出请。宾入，主人迎于庭下。既退，或留就阶上马，则送其上马；或出外上马，则送之于门。①

这里的长者，指父执辈，年龄大十岁以上；敌者，指平辈亲友，龄相差不足十岁；少者，指晚辈，年龄小十岁以上者。在一些士大夫家中，一般以行亲情礼为主，并无多少客套，如顾东桥与其弟和一个叫王子新的一起吃饭，不久，王子新起身告辞，顾东桥送至门槛外，命一童子说"看七老爹出门"，并不远送，就入座，而王子新也径去。后来，士大夫家，即使兄弟之间，也流行迎

---

①［宋］陈元靓：《事林广记》卷四《前集》，北京：中华书局，1999年。

送之礼,以客礼相待。

　　总之,传统礼制对社交礼仪历来有十分细密而严格的规定,古代城市官场礼仪是以官品的高低定上下,那么城市民间礼仪则以长幼或身份的高下定尊卑,如明初规定:"凡乡党序齿,民间士农工商人等平居相见及岁时宴会谒拜之礼,幼者先施。坐次之列,长者居上。十二年令,内外官致仕居乡,惟于宗族及外祖妻家序尊卑,如家人礼。若筵宴,则设别席,不许坐于无官者之下。与同致仕官会,则序爵;爵同,序齿。其与异姓无官者相见,不须答礼。庶民则以官礼谒见。凌侮者论如律。二十六年定,凡民间子孙弟侄甥婿见尊长,生徒见其师,奴婢见家长,久别行四拜礼,近别行揖礼。其余亲戚长幼悉依等第,久别行两拜礼,近别行揖礼。平交同。"① 显而易见,古代的社交礼节非常强调尊卑长幼的等级差别,严格禁止违背礼教、上下混淆的现象,奉行的是以下两条准则:一为人伦的长幼之序,凡是平日里相见揖拜之礼,必须是"幼者先施",也就是幼者先向长辈行礼,而在宴会之时,凡是座次的排列,也是长者居上;二为主仆之间的贵贱之别。凡是佃户遇到田主,就不论年龄的大小,一概用"少事长"之礼,只有双方是亲属,才不拘泥于主、佃之礼,而仅仅行亲属之礼,而当主仆关系与亲情关系相混淆时,则以亲情为主,从而体现了儒家传统礼仪的实质。

　　宋代以后,随着人际关系和社会交往的诸多变动,人们的社交礼仪也发生了一系列变化,如明初规定的相见之礼渐趋废弛,人们不再严格遵守原先的规定,以幼犯长,以卑僭尊的现象在社会交往中时有所见,如王可立在《建业风俗记》中描述南京的情况,"又云嘉靖中年以前,犹循礼法,见尊长多执年幼礼。近来荡然,或与先辈抗衡,甚至有遇尊长乘骑不下者"②,"嘉定一带,数十年前,后辈见前辈必严重之,有行义者奉以为楷模。迩者渐成侮老之习,即不得不貌敬者,背复姗笑。浮薄群处,议论风生,多不依于名教而意未必然,或假非义之义阳相标榜"③,杭州地区,原先"后生见前辈,俨然以先生长者之礼事之,坐必旁,行必随,会聚学宫,毋敢轻戏笑,其风甚古。嘉靖十年以后,督学使者较艺老成沦落,而弱齿简拔低昂,轻重不觉,前贤畏后生矣。陵夷至今,少者肩舆入学宫,见前辈多不下者,前辈安心受之,不以为

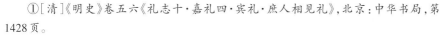

　　①[清]《明史》卷五六《礼志十·嘉礼四·宾礼·庶人相见礼》,北京:中华书局,第1428页。

　　②[明]顾起元:《客座赘语》卷五"建业风俗记"条,北京:中华书局,1987年,第169页。

　　③万历《嘉定县志》卷二《疆域考下·风俗》。

异,盖相忘于敝俗而不能挽矣"①,从诸耆老所做的前后对比,可以看出社交礼节的等级失序已达到何种程度。与人交往,彬彬有礼,不论是出于内心真情,还是遵从外在规范,皆不成问题,最可忧的是,既无真情,又不守规则,仅将社交礼节作为纯粹的形式,因某种需要而与人交往时不得不然,这才是"僭礼乱乐",淆乱世道人心的根源。综观明代中晚期以后的人际交往,为名为利者甚众,违背传统礼仪更成为普遍的社会风气,人际交往违背古制和社交礼节的尊卑失序折射出的,正是传统人际关系的变异和社会等级秩序的动摇,故于世道人心的感叹,绝非凭空而发。

① 万历《嘉定县志》卷二《疆域考下·风俗》,上海:上海书店出版社,1990年。

福寿延绵：育诞礼仪

古代中国是一个宗法社会，在中国的传统观念里"不孝有三，无后为大"，人们特别重视传宗接代，由于新婚是孕育新生命的开始，所以民间在婚姻缔结之初就寄寓了求子的期待，古代男女婚配前要请算命先生看双方八字和属相，最重要的莫过于能否生子。生育是人生的起点，一个婴儿的降生，不仅标志着一个生命的到来，更标志着一个家庭的添丁，一个家族势力的增长。中国传统观念认为，乞子亦好，得子亦好，都绝非是某个人的事，代表的是整个家族的利益，简而言之，生育礼俗绵延不衰，至清更趋繁杂的因由，则在于"家族至上"观念的左右，因此，民间十分看重生育寿诞时的各项礼仪。

一、祈子催生传香火

古代科学不发达，产育也会遇到许多困难，甚至造成悲剧，产育习俗反映了人们的良好愿望及对妇婴的关心爱护。民间生育礼俗名目繁多，主要有未孕期的祈子礼，妊娠期的催生礼，婴儿降生后的诞生礼，3天后的三朝礼，满月后的剃头礼，周岁时的抓周礼等。

1.祈子礼

妇女能否生育直接关系着自己的家庭和社会地位，古代如果妇女不能生育，尤其是不能生儿子，丈夫则有权利休妻，故妇女在婚嫁后，总是想方设法祈求神灵保佑自己能生儿子，于是各种祈子法也便相应出现了。求子习俗，顾名思义就是婚后不孕的夫妇为了达到怀孕的目的而进行向神祈祷、实行巫术等仪式的民俗，按照手段求子习俗可以分为向神灵祈子、由旁人送子、性生殖崇拜与性行为模拟巫术，常见的有如下几种：

祈求保佑生育之神。影响较大的是信奉送子观音，如清赵翼《陔余丛

考·观音像》载："许洄妻孙氏临产,危苦万状,默祷观世音,……遂生男。"①在江南至福建、广东、台湾等地,都相信送子观音,以至无儿女者都到观音庙里去偷佛桌上供奉的莲灯,或佛座下放着的观音穿的绣鞋,生了儿女怕长不大,也送到观音庙里寄名。此外,北方信奉的碧霞元君,南方一些地方信奉的临水夫人、金花娘娘、子孙娘娘,以及被认为有全知全能的妈祖等,都被看作保佑生育之神。

图39　摸门钉祈子

选自王弘力著:《古代风俗百图》,辽宁美术出版社,2006年。

偷瓜送子。在贵州地区,每当中秋节晚上,便有人去地里偷瓜,并故意让瓜主人知道,以惹其怒骂,而且认为被怒骂得越厉害越好。将瓜偷回后,要给其穿上新衣,绘上眉毛等,做成婴儿模样,然后用竹轿抬送,敲锣打鼓地送到无子人家。不孕妇女当夜将瓜放在床上,伴睡一夜,次日清晨将瓜煮熟吃下,认为自此可怀孕生子。与此相联系的祈子法还有吃瓜送子、送瓜得子等,这种习俗与生育联系起来,便出现了"瓜瓞绵绵""瓜熟蒂落"等成语。

麒麟送子。在我国古代,麒麟一直被视作仁兽和吉祥的象征,聪颖杰出的孩子则被称为麒麟,如《晋书·顾和传》说:"和二岁丧父,总角便有清操,族叔荣雅重之,曰:'此吾家麒麟'。"②庆贺人生儿子,也称喜得麟子,这样便产生了求拜麒麟可生育得子的习俗。胡朴安的《中华全国风俗志》一书载,湖南一带"妇女多年不生育者,每于龙灯到家时,加送封仪,以龙身围绕妇人一次,又将龙身缩短,上骑一小孩,在堂前行绕一周,谓之麒麟得子"。③在浙江一带,女子婚后一两年仍不怀孕者,男家亲朋便要在阴历正月十六日晚,扎糊一婴儿,用玻璃灯绘"麒麟送子",敲着锣,打着鼓,在鞭炮声中将要孩送到不孕妇女的床榻,主人要为送要孩的人倒糖茶水,当客人喝完茶水后,要将茶碗倒扣,认为这样可生男孩。此外,旧时江南还流行拜睡佛祈子的习俗,

①[清]赵翼:《陔余丛考》卷三十四《观音像》,北京:商务印书馆,1957年,第739页。

②[唐]房玄龄等:《晋书》卷八十三《顾和列传》,北京:中华书局,1974年,第2163页。

③胡朴安:《中华全国风俗志》,石家庄:河北人民出版社,1986年,第169页。

现在新婚夜送枣子、花生、莲子以及祝语,也表现出这一心理特征,有的地方则偷拔一船桩用红纸包裹,象征婴儿送给不孕妇女,还有的地方则从庙里买一泥塑娃娃带给不孕妇女。

图40 麒麟送子图(屏风)

图41 〔清〕青花麒麟送子纹缸

2.催生礼

催生礼就是孕妇分娩前的礼仪。检阅各种文献典籍,宋代以前,在生育方面未见有催儿礼的记载,所以,催生礼俗的产生应该是从宋代开始的,并被后世继承、发展,其内容也越来越丰富。宋代民间妇人怀孕,进入临产一个月内,娘家要送一份礼至婿家为女催生,《东京梦华录》《梦粱录》对此都有具体记载,如《东京梦华录》卷五《育子》载云:"凡孕妇入月于初一日,父母家以银盆或鋋或彩画盆,盛粟秆一束。上以锦绣或生色帕覆盖之,上插花朵及通草帖罗五男二女花花样,用盘合装送馒头,谓之分痛。并作眠羊、卧鹿羊生果实,取其眠卧之义。并牙儿衣物绷籍等,谓之催生。"①妇人生育于家庭来说,添丁增口是喜事,而对妇人本人则是次灾难,所以从《东京梦华录》的这段记述及所送礼物中可以看到,催生礼既有祝贺的喜庆色彩,又有更多地祈求女子顺利分娩、母子平安的祝愿,这是北宋都城东京地区的催生礼。宋室南渡,大批北方士大夫大家族也随之南移到两浙路,故《梦粱录》所记南宋杭城民间行催生礼的顺序、内容与北宋东京地区基本一致,汴京和杭州习俗相似,都是娘家送礼,用各种物事表达希望产妇顺产,多产子,又有男又有女的愿望。送各种食物为孕妇增加营养,增强体力,至于画羊、鹿等取其眠卧之意,生产以后人争送粟米、炭醋之类,因为炭醋均有止血功能,可以帮助产妇安全渡过产月,只是《梦粱录》所记送至婿家的食品中有"以彩画鸭蛋一百二十枚",这里特用蛋作为催生礼物,一直延续到今天全国各地,据说因蛋是椭圆形,极易滚动,鸡鸭生蛋十分便捷容易,所以民间催生送蛋,是"通过想象性的模拟行为,来达到为产妇催生的目的"②,同时,它与其他食物一样,是给临产孕妇滋补身体之用。清末杭州一带仍有此俗,当孕妇产期将临时,女家于达月的朔日,派人将喜蛋、桂圆及襁褓送至男家,送者随身还要携笙一具,一边吹着,一边进门,以象征催生之意,也有用红漆筷子10双,或以洋红染的竹筷10双,一并送往男家,取快生快养之意③。

二、洗儿抓周寄祝福

1.诞生礼

当婴儿降生后,孕妇至亲在极小范围内举行为新生儿祝福、为孕妇驱邪的仪式。浙杭一带,男家要携喜蛋、酒菜到外婆家报喜,若得男则送去单数

①[宋]孟元老:《东京梦华录》卷五《育子》,北京:中华书局,1982年,第152页。

②郑晓江等编:《中国生育文化大观》第六章《催生礼及传统的分娩(接生)习俗》,南昌:百花洲文艺出版社,1999年。

③《浙江风俗简志》,杭州:浙江人民出版社,1986年,第43-44页。

喜蛋,若得女则送去双数喜蛋,接着,外婆家回送双倍喜蛋、衣裙。男家在得到这些喜蛋后,要将它分送给亲友,仍以男单女双之数区分,亲友则回以火腿、白鲞、核桃、桂圆、红糖、索面之类,称为"汤盆儿"。

"百家衣"是在婴儿出生之后,为保佑其健康成长,防止病魔纠缠婴儿,由家长亲友向四邻逐户讨取红、黄、蓝、白等各色零碎布块,缝制成衣,称"百家衣"或称"敛衣",认为这样就能消灾祛邪,顺利成长,《云仙杂记》说:"伊处士从众人求尺寸之帛,聚而服之,名曰敛衣。"[1]也有人认为这种习俗,是佛教僧服"百衲衣"的民俗化,因按佛教戒规,僧尼衣服应采用人们弃置之破碎衣片缝制而成,这是为婴儿祈寿的衣服,在全国各地都有流行,清翟灏的《通俗编·服饰·百家衣》中说"百家衣,小儿文裸也"[2],民间认为,穿上百家衣,可使婴儿长命富贵。

"百家锁"是一种祈求孩童吉祥如意、健康成长的挂件,民间认为,挂上此锁,可将婴孩的灵魂锁住,免得被鬼怪蹑走,给孩子戴长命锁,是从古代系长命索之风俗演化而来。长命索又称长命缕、续命缕、百索等,始于汉代,最初,是在端阳时将此系在手臂上,以祈长命、消灾,《荆楚岁时记》载:"五月五日,以五彩丝系臂,名长命缕。"[3]至后代,小儿满周岁时,渐挂于颈项,《留青日札》载:"小儿周岁,顶带五色彩丝绳,名曰百索。"[4]再到后来做成锁片,以"锁住"生命,于是发展为长命锁,并在其上刻上"长命富贵""长命百岁"等字样。有些地方还出现"化百家锁"的习俗,即如同僧道化缘一样,由孩子家长挨家挨户索要铜钱,然后凑钱给孩子打长命索。在江西地区,化百家锁要先用白米七粒、红茶七叶用红纸包起,总计有二、三百包,散给亲友,收回时亲友各须备数十文、数百文不等,婴孩的家人将这些铜钱搜集起来,购银锁一个,挂在婴孩的颈上。锁正面刻着"百家宝锁",反面刻着"长命富贵",以此防病避灾。这种办法比较烦琐,故又有一种简便办法,即任唤一个乞丐,以百余文或二、三百文换其子钱百文(取其讨之于百家之意),然后用以购买锁片,此称凑百家锁。在台湾、福建等地,还流行"加锁脱锁"的风俗,孩子周岁时,家家到寺庙向专门保佑孩子的女神(如妈祖、观音等)许愿,然后用锁片、银牌、古钱等串于红线套在孩子颈上,谓之加锁,到孩子16岁时,便到神前用面线、粽子等供祭、拜谢一番,若是向织女神加锁的,则在每年七夕之夜,

①[后唐]冯贽:《云仙杂记》卷四《敛衣》,上海:商务印书馆,1941年,第31页。
②[清]翟灏《通俗编》卷二五《服饰·百家衣》,北京:中华书局,2013年,第527页。
③[梁]宗懔:《荆楚岁时记》,太原:山西人民出版社,1987年,第50页。
④[明]田艺蘅:《留青日札》,上海:上海古籍出版社,1992年。

向织女神祭拜后脱锁。

婴儿生下后，家人将胎盘置瓦瓷内，深夜将瓷埋在树下、床下或路口，让千人踩万人踏，表示刚生下的孩子命贱，日后可无病无灾。古人将诞生仪式定在诞生后三日，俗称"三朝"。宋时的"三朝"为婴儿行"落脐炙囟"仪式，表示新生儿进入人生阶段。清末，三朝要烧太均纸，烧此纸是为了拜谢太均娘娘送子的恩典，并为婴儿举行洗三仪式，清崇彝的《道咸以来朝野杂记》中有录"三日洗儿，谓之洗三"①，洗儿时，浴盆中放上喜蛋和金银饰物等。洗完后，取喜蛋在婴儿额角摩擦，以避生疮，用金银饰擦之，以免婴儿受惊吓，然后，取婴儿父亲的鞋一只，碎缸片一块，肉骨一根，与婴儿合称，俗称"上称"，取意为婴儿长大后有刚（缸）骨，继承父志。这一日，还要用红带将婴儿双手系上，以象征孩子将来必定安静，不会胡为。唐玄宗时，杨贵妃把安禄山收为义子，还曾在宫中为其行"洗儿礼"，为时人诟病。

2.命名礼

孩子出生后，总要有人为之取名，那么，在中国传统习俗中，由谁来取名最有权威呢？原始社会初期，由母亲为孩子取名，因为当时的人们仅知其母而不知其父，母亲为之命名乃责无旁贷，《史记·周本记》说到周的始祖后稷，

图42　清代儿童

其名曰弃，正是他母亲姜嫄为之取的。到了屈原时代，已经确立了父亲为孩子取名的绝对权威，《离骚》云：父亲仔细揣测我的生辰，于是赐给我相应的美名。父亲把我的名取为"正则"，同时把我的字叫作"灵均"。春秋战国时期已确定了主要由父亲为子女命名的规则，在《左传》及西汉戴圣编定的《礼记》中都有详细的总结，从此，"父为子女名"的习俗在中国历史上一直占据着主导地位，并延续至今。

除了父亲为子女取名外，谁还能担任这个角色呢？首先是祖辈。《礼记·内则》："凡父在，孙见于祖，祖亦名

---

　①［清］崇彝：《道咸以来朝野杂记》，北京：北京古籍出版社，1982年。

之,礼如子见父。"①南北朝时宋人王镇恶,生于一个不吉利的日子——五月五日,传说此日生,男害父、女害母,于是,他祖父给孙子取名曰镇恶。文天祥原名云孙,鲁迅本名周樟寿,都是其祖父取的。实际上,祖母也常常为孙子取名,《宋书·袁粲列传》曰,"袁粲字景倩,陈郡阳夏人,太尉淑兄子也。父濯,扬州秀才,蚤卒。祖母哀其幼孤,名之曰愍孙"②,而袁粲之名是他后来改的。《旧唐书·李百药列传》记:"李百药字重规,定州安平人,隋内史令、安平公德林子也。为儿童时多疾病,祖母赵氏故以百药为名。"③其次是皇帝取名。由于我国古代皇权和忠君思想的存在,皇帝也好为非皇族之人取名,这里说的是最初的命名,并非改名,例如,宋孝武帝曾为王义恭之子命名曰伯禽,为颜竣之子命名曰辟疆,宋人王说《唐语林》卷一也载有皇帝命名之事:"马司徒之孙始生,德宗名之曰'继祖'。笑曰:'此有二意。'谓以索系祖也。"④《元史·耶律希亮列传》还载有皇后为人取名一事:"耶律希亮字明甫。楚材之孙,铸之子也。初,六皇后命以赤帖吉氏归铸,生希亮于和林南之凉楼,曰秃忽思,六皇后遂以其地名之。"⑤第三,由舅舅取名。清人钮琇《觚賸续编》卷三"名字前定"条:金文通是由舅舅取的乳名"德儿"。

在我国,还有拜干爷认义父、收义子认干儿的风俗,而干爷为干儿命名的礼仪也很讲究。首先要冠以干爷的姓,其次是必须取双字名,且此姓名只能由干爷干娘称呼,而平常仍使用原来的姓名。具体命名的过程,清代民间,民人两家欲结义,有认"干儿"之结交风俗,"干儿者,不论男子子、女子子皆有之。盖于十龄之内,认二人为义父义母,称之曰干爷干娘。吴俗曰过房,越俗曰寄拜。干爷为其命名,冠以己姓,曰某某某,必双名,两字也"。⑥至命名之日,徐珂在《清稗类钞·风俗类》"干儿"条里有记载,"命名之日,由干儿之父母率儿登堂,具馔祀祖,更以礼物上献干爷干娘,书姓名于红笺,于其四角并著吉语,腠以金银饰物、冠履衣服、珍玩、文具、果饵。自是而年节往来,彼此辄互有所馈,长大婚嫁,干爷干娘赠物亦必甚丰"⑦,其结合之原因

①李学勤主编:《十三经注疏·礼记正义》卷二八《内则》,北京:北京大学出版社,1999年,第867页。

②《宋书》卷八九,列传第四九,《袁粲》,北京:中华书局,1974年,第2229页。

③《旧唐书》卷七二,列传第二二,《李百药列传》,北京:中华书局,1975年,第2571页。

④[宋]王说:《唐语林》,北京:中华书局,1987年,第43页。

⑤《元史》卷一八〇,《耶律希亮》,北京:中华书局,1976年,第4195页。

⑥[清]徐珂:《清稗类钞》风俗类《干儿》,北京:中华书局,1984年,第2192页。

⑦[清]徐珂:《清稗类钞》风俗类《干儿》,北京:中华书局,1984年,第2192页。

有二,一是迷信,害怕孩子夭亡;另则为"势利",甲乙二人彼此本为友矣,而乙见甲之富贵日渐增盛也,益思有以交欢之,且欲附于戚党之列","夸耀于他人也"①。

命名的礼仪本是件十分郑重而讲究的事情。早在先秦时期,就有史书记述命名的礼仪了,西汉戴圣编定的《礼记》就对春秋战国时期命名的礼仪作了详尽总结,《内则》篇在记叙太子命名之礼时说道:婴儿出生以后,在第三个月底,选择吉祥之日命名。这一天,婴儿要剪去头发,仅留一鬐。男孩和女孩的头发怎样留,也很有讲究。母亲为婴儿沐浴而穿上新衣服后,携子拜见父亲。父亲进门后须向西而立,母亲抱子出,应站立东面,并由乳娘宣布种种规矩和礼仪,然后,由父亲握住婴儿的右手,逗笑婴儿后为之命名。夫妻之间还要互相答对,记下这一庄严的时刻,并由婴儿的老师向大家宣布正式的名字,接着还叙说了世子、庶子、庶人等命名的礼仪,大体相仿。

有的在婴儿出生三天后,替其洗身,并为之命名,此种习俗在《金瓶梅词话》和《醒世姻缘传》中都有清楚的交代,例如,西门庆的儿子官哥儿,就是洗三这天取的名。唐代还有满月命名的习俗,大诗人白居易的谈氏外孙女名叫"引珠",是农历11月24日生,到小年日即12月24日满月,作为外公的白居易,应俗受请而为外孙女取名,白居易《小岁日喜谈氏外孙女孩满月》诗云:"今旦夫妻喜,他人岂得知。自嗟生女晚,敢讶见孙迟。物以稀为贵,情因老更慈。新年逢吉日,满月乞名时。桂燎熏花果,兰汤洗玉肌。怀中有可抱,何必是男儿。"清人沈钦韩《春秋左传补注》云:命名还有在孩子生日这天进行的,父亲听清孩子所喊叫的声音后,以律定其名。

寄名是流行于全国各地的育儿习俗。近人徐珂在其撰写的《清稗类钞·风俗》中载道:"惧儿夭殇,……且有寄名于神鬼,如观音大士、文昌帝君、城隍土地,且及于无常。是也,或即寄名于僧尼,而亦皆称之曰干亲家。"②也就是说当婴儿出生后,家人担心他有不测,或夭亡,或多病,于是,将孩子在神或僧道前寄名为弟子(但不剃发出家),以求长命。此俗明代就已有之,清代更为流行。寄名时,其父母要携带小儿到庙里烧香,先得小儿生辰八字具文书奏名于神前,并用红布制成一袋,将小儿的出生年月日写好放在其中,然后悬挂于神橱上,俗称"过寄袋"。接着,僧道要为小儿取名,并将道髻、道衣以及刻着"金玉满堂"或"长命百岁"的银项圈,或锁形饰物,或符箓赐给小儿,小儿呼僧为"寄爷"。寄名后的三年内,每逢年终,寺僧要备饭菜送给小

①[清]徐珂:《清稗类钞》风俗类《干儿》,北京:中华书局,1984年,第2192页。
②[清]徐珂:《清稗类钞》风俗类《干儿》,北京:中华书局,1984年,第2192页。

儿家,小儿家人要给僧钱,待到小儿成婚后,再将"过寄袋"取回,谓"拔袋",从此结束寄名关系。

今天,同名的现象越来越多,谁来命名的格局也发生了重大变革,新生儿出世后,爷爷奶奶、爸爸妈妈,甚至外祖父外祖母、姑姑舅舅纷纷参与,集思广益,献计献策而集体为之取名的,已不算什么新鲜事,且来得更民主。另外,取名咨询服务公司成立之后,请专家命名、向电脑咨询,也不失为明智之举,且更具现代化和开放的味道。

3.满月礼

婴儿降生三十天叫"满月",《梦粱录》详细地记载了这一习俗:"至满月,则外家以彩画钱,或金银钱、杂果,及送彩缎珠翠自角儿食物等,其家大展洗儿会。亲朋俱集,煎香汤于银盆内,下洗儿果彩钱等,仍用色彩绕盆,谓之围盆红。尊长以金银钗搅水,名曰搅盆钗。亲宾亦以金钱银钗撒于盆中,谓之添盆。盆内有立枣儿,少年妇争取而食之,以为生男之徵,浴儿落胎发毕,以发入金银小合,盛以色线结络之,抱儿遍谢诸亲坐客,抱入姆婶房中,谓之移窠。"[1]婴儿满周岁,开筵作庆,举行"抓周礼",宋人称"试阵",就是在幼儿面前放各种实物,有盘盏,盛果木饮食、官浩、笔砚、算秤、针线、经卷等,让小儿拿取,以先拿的物为日后前途的征兆。

图43 〔宋〕妃子浴儿图

①[宋]吴自牧:《梦粱录》卷二十《育子》,台北:商务印书馆,1939年,第189页。

图44 洗儿

　　婴儿满月后,不仅要办满月酒席,还要给婴儿剃头,让别人抱之。婴儿剃下的头发不得随意弃掉,要搓成团状,用红绿花线穿好后,挂在堂屋高处,民间认为这样做,可使婴儿日后有胆有识。剃定头发后,婴儿要穿红着绿,由旁人抱走,在街上兜一喜圈,除抱者外还有一持伞人,专为婴儿遮挡,逛喜圈必须过一小桥,以示孩子能健康成长,将来胆大过人,此一日,亲朋所送礼物多为帽或粉制糕团,帽上缀着银饰,有寿星、兽头及金玉满堂、长命富贵字样,宋代这一新生儿满月沐浴剃发的礼俗,一直延续到后世。

图45 满月剃头

　　孕妇足月分娩后,亲戚友朋要赠送"粟米炭醋之类",而婴儿出生第三天,要对其进行落脐灸囟,同时,要对新生儿沐浴。据《东京梦华录》与《梦粱录》记载,不管是北宋东京,还是南宋杭城,举行初生儿"洗儿"仪式都是在婴儿满月这一天。是日,产妇娘家要备好彩画钱或金银钱与各种果品,还有彩缎、珠翠、卤角儿食物等,送往婿家。婿家举行"洗儿会"仪式时,亲朋俱集,把煎好的香汤置于银盆或木盆内,并放入洗儿金银、枣子、葱、蒜等果物,盆的四周用数丈彩色缎匹缠绕,谓之"围盆红"。由家中尊长用金银钗搅拌盆内之水,名曰"搅盆钗",在场的亲友则以金钱银钗撒于盆中,称作"添盆",随着汤水的搅动,流速加快,盆内的枣子等果物也随着汤水一起旋转,这时一些新婚不久的少妇或婚后久不生育的妇人争着捡取竖立转动的枣儿吃,意为立即早生贵子。接着,给新生儿沐浴剃发,沐浴剃发后,要将盆内剃落的婴儿胎发装入金银小盒中,然后,由家人抱着婴儿向前来祝贺的亲友参拜、致谢、礼毕,将婴儿抱入姆婶或他人房中,谓之"移窠"[1],富室宦家则用此礼,贫下之家,则随其俭法。

留胎髦:这是流行于部分汉族地区的育儿习俗。满月时,要给婴儿前脑门留上约1~2寸大小的方形胎髦,以表示父母望子成龙之意,清《直隶通州志》载:"满月,男子剪发夹囟,谓之'留胎髦',祝曰:'敬尔发肤。'"髦,是比喻美俊杰出者的意思,留胎髦则象征着婴儿长大后会因此而成为世上的杰出人士、名人大家。在北方地区,小孩还留的一种发式叫"百岁毛",这种发式专门将婴孩脑袋后边的一撮头发留住,将其他部分的头发剃掉,而且这种发式为男孩发式。因家人担心婴孩会夭折,故留百岁毛以祈寿,并认为留了百岁毛的孩子好养活,不易闹病死亡。

另外,我国古代认为,婴儿出生百日是一关口,过此关就易成长,故在这一天,要延请亲友邻里庆祝新生儿过百日。在唐代,婴儿诞生百日举行"汤饼会",宋代承继这一习俗,《东京梦华录》称"生子百日,置会,谓之百睟"[2],《梦粱录》也记载有"生子百时,即一百日,亦开筵作庆"[3],可见,宋时这一礼俗也是非常盛行而隆重的。

4.周岁礼

小儿一周岁要举行周岁礼。另外,"抓周"命名的礼俗,也可上溯到南北朝,北齐颜之推的《颜氏家训·风操》中就有记载。不仅江南如此,北方也兴此风,蔡绳格《北京礼俗小记》:"小孩周岁抓周,设睟盘,中置文武农工各小器具,令其随意抓取,以卜其生平所向,福泽何如。"周岁礼是大礼,仪式十分隆重、热烈,富贵人家在中堂前铺上锦席,在堂上点燃香烛,小儿坐于堂中央,"其家罗列锦席于中堂,烧香炳烛、顿果儿、饮食及父祖诰、敕、金银、七宝

①[宋]吴自牧:《梦粱录》卷二十《育子》,台北:商务印书馆,1939年,第189页。
②[宋]孟元老:《东京梦华录》卷五《育子》,北京:中华书局,1982年,第152页。
③[宋]吴自牧:《梦粱录》卷二十《育子》,台北:商务印书馆,1939年,第189页。

玩具、文房书籍,道释经卷,秤尺刀剪,升斗、戥子,彩缎花朵,官楮钱陌,女工针线,应用物件并儿戏物,却置得周小儿于中座,观其先拈者何物,以为佳谶(征兆)"①,来试探其志趣爱好,卜定婴儿未来前途和职业,宋人称这一仪式为"拈周试晬"。《颜氏家训·风操》卷二记载:"江南风俗,儿生一期,为制新衣,盥浴装饰,男则用弓矢纸笔,女则刀尺针缕,并加饮食之物,及珍宝服玩,置之儿前,观其发意所取,以验贪愚廉智,名之为试儿。"②据此可知,"拈周试晬"的习俗唐时已有,宋代则更加盛行。据说,宋初帮助太祖平定江南、西蜀的大将曹彬,"周晬日,父母以百玩之具罗于席,观其所取。武惠(曹彬)王左手提干戈,右手取俎豆,斯须取一印,余无所视。后果为枢密使相,卒赠济阳王,配享帝食"③。清代这一礼俗仍然延续,没有太大变化,《红楼梦》第二回有宝玉周岁时,其父贾政要他抓周的情节,说贾政"要试他将来的志向,便将那世上所有之物摆了无数,与他抓取。谁知他一概不取,伸手只把些脂环钗环抓来"④,结果气得贾政直骂贾宝玉将来定是个酒色之徒,对其大失所望。"拈周试晬"的习俗充满着祖父母、父母们对自己孩子的关心,寄托着他们对

图46　抓周

小儿的无限希望,也更能营造出一种欢乐喜庆的气氛,所以这一习俗一直流传到后世,如钱锺书周岁那日,其父按无锡当地的习俗,置杂物让他去抓取,他抓的是一本书,因此取名"锺书"。时至今日,孩子过周岁生日时还有"抓周"礼仪,但并不十分认真,大多当作一种游戏而已。

隋唐以前,鲜见有庆贺生日的活动,仁寿三年(公元603年),隋文帝曾颁布诏令,要全国人在自己生日这一天"断屠",以报答父母养育之恩德。⑤贞观十七年(公元643年),唐太宗也在自己生日时对近臣说:"今日是朕生日。俗间以生日可为喜乐,在朕情,翻成感恩。……《诗》

①[宋]吴自牧:《梦粱录》卷二十《育子》,台北:商务印书馆,1939年,第189页。
②[宋]许嘉璐:《颜氏家训选译》卷二《风操》,成都:巴蜀书社,1991年。
③[宋]文莹:《玉壶清话》卷一;《宋史》卷二五八《曹彬传》。
④[清]曹雪芹:《红楼梦》第二回,北京:人民文学出版社,2008年,第28页。
⑤《隋书》卷二《高祖纪下》,北京:中华书局,1973年,第49页。

云：'哀哀父母，生我劬劳。'奈何以劬劳之辰，遂为宴乐之事！"[1]从这两条例证中可知，直到这时仍然没有大规模的庆生活动，"断屠"也好，"感恩"也罢，主要用意都是缅怀父母的恩情，生日宴乐则被斥为不经，但从"俗间以生日可为喜乐"可知，民间庆贺生日已比较常见，到了盛唐时，庆贺生日的活动越来越普遍，规模也越来越大。

三、男冠女笄庆成人

成年礼是一种古老的习俗。在古代部落社会中，曾流行过一种"成丁礼"，氏族中的未成年者，可以不参加生产、狩猎活动，也不必参加战争，氏族对他们有哺育和保护的责任，但当他们成年后，氏族则要用各种方式测验其体质与生产、战争技能，以确定其能否取得氏族正式成员的资格。成年礼象征着一个未成熟孩子的死去，一个成熟的、强有力的成人的再生，是人生的关键转折。随着社会的发展和进步，成年礼中的种种考验渐渐消失，有些仅存一些象征表现。

加冠礼是古代汉族男子的成年礼俗，作为人生礼仪的重要组成部分之一，流行于全国大部分地区。"加冠"（女子"加笄"），即依次加以数项具有象征意义的冠帽，并换上相应的衣裳，故名"冠礼"。男子成年礼比之女子成年礼要隆重、盛大得多，同时，经过成年礼后的男子，其所享受的社会权利，在家族中的地位，以及责任、义务也要比女子大且高。冠礼的举行实际上是一种对家族和社区的公开宣告：某人已进入成人行列，既享受成人的权利，有资格参加祭祀、聚饮等重大活动，可以谈婚论嫁，也须尽成人的责任和义务。在生活环境相对封闭的上古、中古时期，人们社会活动的范围有限，人际交往的频率不高，这种宣告的必要性和重要性是显而易见的，因而冠礼一直很受人重视。《仪礼·士冠礼》对冠礼的仪式程序就有非常具体而详细的记载，其后，历代王朝均以冠礼作为传统礼仪的组成部分，并做出种种规定，如明朝洪武元年，就对品官与民间士庶的冠礼都有明确规定。

1.男子冠礼

儒家认为，人的成长离不开学习，不同的年龄段有不同的学习内容，《礼记·内则》说，六岁，教以数目与四方之名；八岁，教以礼让，示以廉耻；九岁，教以朔望和六十甲子；十岁，离开家庭，住宿在外，向老师学习"书计"（文字）、"幼仪"（侍奉长者的礼仪），以及有关礼的篇章和日常应对辞令；十三岁，学习音乐、诵读《诗经》，练习称为《勺》的舞蹈（文舞）；十五岁之后称为

①《贞观政要》卷七《礼乐》，济南：齐鲁书社，2010年，第247页。

"成童",练习称为《象》的舞蹈(以干戈为道具的武舞),以及射箭和御车。经过七年的学习,也就是到了二十岁,已经具备了一定的文化知识基础,而且血气强盛,身体发育成熟,能够独立面对社会,此时可以为之举行成年礼,因此,《礼记·曲礼》说"男子二十冠而字"[1]。成年以后,还要进入更高层次的学习,《礼记·冠义》说:"责成人礼焉者,将责为人子、为人弟、为人臣、为人少者之礼行焉。将责四者之行于人,其礼可不重与?"[2]意思是说,举行这一仪式,是要提示行冠礼者:从此将由家庭中毫无责任的"孺子"转变为正式跨入社会的成年人,只有能履践孝、悌、忠、顺的德行,才能成为合格的儿子、合格的弟弟、合格的臣下、合格的晚辈,成为各种合格的社会角色,唯其如此,才可以称得上是人,也才有资格去治理别人。

冠礼既然如此重要,在仪式中就会有特别的体现。首先,举行冠礼的日子要通过占筮的形式来选择,不得随意决定,选择吉日的仪节称为"筮日",之所以要选吉日,《冠义》说是为了"求其永吉",希望冠者从此有一个良好的开端。冠礼是家庭继承人的成年礼仪,是关系到家族传承和发展的大事,古时如此郑重的仪式,必须在家庙进行,有着以祖先的名义行礼的含义。日期确定后,作为冠礼的主人(将冠者的父亲),要提前三天通知各位同僚、朋友,邀请他们届时前来观礼,这一仪节称为"戒宾",戒是告知、通报的意思。主人再次通过占筮的方法,从所通报的僚友中选择一位德高望重的人担任加冠的正宾,这一仪节称为"筮宾"。冠礼之日,正宾必须到场,否则不能成礼,所以,人选一经确定,主人要提前一天前往正宾家中作特别邀请,除此之外,还要特邀一位"赞者",即协助正宾加冠的助手。

冠礼的主体部分,是由正宾依次将缁布冠、皮弁、爵弁等三种冠加于将冠者之首。冠礼先加缁布冠,缁布冠实际上是一块黑布,这是最初的冠,是为了教育青年人不忘先辈创业的艰辛。周代贵族生活中已经不戴缁布冠,所以冠礼之后就搁置不用。其次是加皮弁,皮弁的形制类似于后世的瓜皮帽,用白色的鹿皮缝制而成,与朝服配套穿戴,地位要比缁布冠尊。最后加爵弁,"爵"通"雀",爵弁所用质料与雀头的颜色(赤而微红)相似,故名。爵弁是国君祭祀等庄重的场合戴的,地位最尊。三次加冠,将地位最卑的缁布冠放在最前,地位稍尊的皮弁在其次,而将爵弁放在最后,每加愈尊,是隐喻

---

①李学勤主编:《十三经注疏·礼记正义》卷二《曲礼上》,北京:北京大学出版社,1999年,第55页。

②李学勤主编:《十三经注疏·礼记正义》卷六一《冠义》,北京:北京大学出版社,1999年,第1615页。

冠者的德行能与日俱增，所以《冠义》说："三加弥尊，加有成也。"[1]冠礼的重要内容之一，是进行容体、颜色、辞令的教育，其中有很深的含义，《冠义》说："礼义之始，在于正容体，齐颜色，顺辞令。容体正，颜色齐，辞令顺而后礼义备。以正君臣，亲父子，和长幼。君臣正，父子亲，长幼和，而后礼义立。"[2]因此，赞者、正宾才不厌其烦地为之梳理头发、扶正帛巾，并且让他展示体貌。

冠礼完毕，冠者要拜见有关的尊长及兄弟等。首先拜见母亲，并献上干肉，以表敬意，这一过程中，作为儿子的冠者只对母亲拜一次，而母亲却拜了两次，这是上古时代妇人对成年男子的拜法，称为"侠拜"，这一礼节如今在我国已经失传，但在韩国依然保留着。冠者拜见母亲、兄弟等，是表示在家中从此以成人之礼相见，所以《冠义》说："见于母，母拜之；见于兄弟，兄弟拜之；成人而与为礼也。"[3]冠者回家脱去爵弁服，换上玄冠、玄端和雀色的蔽膝，手执一只雉，前往拜见国君。见面时，要将雉放在地上，不能亲手交给国君，因为亲手授受是尊者与尊者之间的礼节。礼毕，再执雉分别去拜见卿大夫和乡先生，所谓"乡先生"，是指退休还乡的卿大夫，这是冠者首次以成人的身份拜见国君、乡大夫、乡先生，乡大夫、乡先生接见冠者时，要对冠者有所教诲。

冠礼的过程实际上是有关各方人士进行信息交流的过程，冠礼的举行，正好为周围地区的人们（包括较远地区的亲属）提供了一个相互见面、交流信息的机会，特别是主家的子弟即将步入成年人行列的消息，就在冠礼举行的过程中被发布了出去，这样一来，那些有"适龄"姑娘的人家就可以及时捕捉信息，找媒人牵线搭桥。同时，冠礼过程也是个交际过程，是冠者及其家庭成员与其他相关社会成员交往的仪式。在冠礼举行的过程中，主人（冠者的父兄）与宾客（加冠的主宾、助手与观礼的众宾等）之间的交流，是不同家庭间的交往，三加、宾醴冠者、宾字冠者则是主宾与冠者之间的交往，冠礼仪式结束后，刚刚加冠的青年去见国君、卿大夫、乡先生等更是受冠者与所属社会团体上层的交往，目的在于求得上层人士的承认，为自己将来的发展铺平道路。此外，还有受冠者与自家成员之间的交流，如见母、见兄弟姑姊等。

2.冠礼变迁

①李学勤主编：《十三经注疏·礼记正义》卷六一《冠义》，北京：北京大学出版社，1999年，第1615页。

②李学勤主编：《十三经注疏·礼记正义》卷六一《冠义》，北京：北京大学出版社，1999年，第1614页。

③李学勤主编：《十三经注疏·礼记正义》卷六一《冠义》，北京：北京大学出版社，1999年，第1615页。

　　周至汉,从宫廷至民间都非常重视冠礼。南北朝到隋唐,冠礼一度废而不行。柳宗元在答韦中立的书信中谈到,冠礼,数百年来人不复行,从唐到宋,"品官冠礼悉仿士礼而增益,至于冠制,则一品至五品,三加一律用冕。六品而下,三加用爵弁"(《明集礼》),可知唐宋时代曾在品官中实行过冠礼,按照品阶高下,加不同的冠。宋代的一些士大夫痛感佛教文化对大众层面的强烈冲击,造成固有文化的迅速流失,主张要在全社会推行冠、婚、丧、祭等礼仪,以此弘扬儒家文化传统。如司马光认为废除冠礼,使得人情轻薄,自幼至长不知成人之道,从而造成严重的社会问题,所以,在他的《书仪》中制订了冠礼的仪式,规定:男子年十二至二十岁,只要父母没有期以上之丧,就可以行冠礼。此外,还根据当时的生活习俗,将三加之冠做了变通:初加巾,次加帽,三加幞头。《朱子家礼》沿用了司马光《书仪》的主要仪节,但将冠年规定为男子年十五至二十,并从学识方面提出了相应的要求,"若敦厚好古之君子,俟其子年十五以上,能通《孝经》《论语》,粗知礼义之方,然后冠之,斯其美矣"。[1]据《明史》,明洪武元年诏定冠礼,从皇帝、皇太子、皇子、品官,下及庶人,都制订了冠礼的仪文。

　　然而,自宋元以来,冠礼的重要性因人们生活环境的变化已有所下降。《明史》中有关皇帝、皇太子、皇子行冠礼的记载很多,说明在皇室成员中依然保持着行冠礼的传统,"然自品官而降,鲜有能行之者,载之礼官,备故事而已",[2]可见在官员和民间已经很少有人行冠礼了。明代,民间冠礼并非完全按照古礼施行,有些甚至废而不行。在一般商人家庭,通常是在行冠礼这一天,在私家拜祖先及父母,又在公堂拜尊长及同辈,致祝颂之语,"以存牺羊之意",[3]财力稍乏的家庭,不能行礼,不过请至亲一人,禀告祖先,就算行了冠礼,至于那些贫困家庭,就更简便,只是在祖先前告拜。行礼内容,也与古礼不同,有些子弟到了十余岁,自置一冠,甚至彼此送字送号。另外,网巾为明代所创,于是在民间又流行以戴网巾代替行冠礼的习俗。[4]

　　至明代中晚期,人们的社交范围空前扩大,人际联系更加密切,冠礼原有的社会功能渐次丧失,因而不再为人重视,大量的明代文献皆提到,普通人家不行冠礼已是十分常见的现象,即使循守礼制的士大夫之家,也往往删

①[宋]朱熹《朱子家礼》,上海:上海古籍出版社,2010年,第889页。

②《明史》卷五四,志第三十,《礼八》,北京:中华书局,1974年,第1385页。

③程春宇:《士商类要》卷四《立身持己》I载杨正泰《明代驿站考》附录,上海:上海古籍出版社,1994年,第337-356页。

④[明]吕维祺:《四礼约言》卷一《论冠》,四库全书存目丛书,济南:齐鲁书社,1997年。

繁就简,变古出新,乃至草草了事。顾起元记述南京一带诗礼之家的冠礼,称:"冠礼之不行久矣。耿恭简公在南台为其犹子行冠礼,议三加之服,一加用幅巾、深衣、履鞋,二加用头巾、蓝衫、绦靴,三加用进士冠服、角带、靴笏。然冠礼文繁,所用宾赞执事,人数甚众,自非家有大厅事、与力能办治者,未易举行。故留都士大夫家,亦多沿俗行礼,草草而已。"①张瀚记述其家行冠礼的情形:"子舆氏曰:'丈夫之冠也,父命之。'此礼重成人之始,世俗废置不行久矣。余于子孙将冠,必先告于家庙,稍放三加冠礼,既令其长跪受训,始令谒于家庙,次令拜尊长,不邀大宾,亦仿古礼之遗意也。"②张瀚家是坚持行冠礼的,但也是稍仿古礼而行之,至于其他人家,多已"废置不行"了。

类似情况在其他地区也普遍存在,如嘉兴地区,"子年十二三辄蓄发,年十七八突然加弁其首以出,绝不知行冠礼。女子笄则受翁姑糇饵之馈,名曰'上头礼'。男子宦族士流间有行冠礼者,止于张筵燕客,三加之仪概乎未有讲者"。③可见,江南民间士庶之家即使有少数行冠礼的,其仪式也完全不合古制,或僭用品官专用的进贤冠,或行过冠礼甚至结婚生子后,为应童子试而重新束成两角的儿童发式,其废置与混乱可以想见。在北京,冠俗方面还有古代的遗意,除士大夫家庭外,一般平民百姓家庭不专门举行冠礼,只是在嫁娶的时候,男家派人替新妇上髻,女家遣人为新婿冠巾。此前,各家根据家中财力状况,准备服饰,派一人礼送对方家中。可见,明代北京的冠俗基本已不单独举行冠礼,而是将它附属于婚礼时一并举行。在南京,冠礼久已不行。耿定向在任职南京都察院时,曾为其兄弟之子行过冠礼,用的是"三加之服"。一加用幅巾、深衣、履鞋;二加用头巾、蓝衫、绦靴;三加用进士冠服、角带、靴笏。可见,冠礼的过程相当繁复,所用宾赞执事,人数很多,只有家里有大的客厅或者有财力之家,方可举行,非一般平民百姓家所能承办。而从行三加之礼的过程来看,也是寄子弟以科举仕进的希望,并非简单的行成人之礼。在杭州,冠礼早废置不行,有些家庭遇到子弟当冠时,仿照古礼遗意,先告于家庙,稍仿三加冠礼,让子弟长跪受训,并拜谒家庙,再令他们拜见家长,至于邀大宾之礼,则已一概省而不用。吕柟在被贬山西解州判官时,曾令民间行过冠礼,也相对较为简单,其仪式如下:设一饭,请来冠的宗亲或邻居三五人,在一起会食。冠者跪,由识字之人明明白白地给他

福寿延绵：育诞礼仪
FUSHOUYANMIAN YUDAN LIYI

①[明]顾起元:《客座赘语》卷九"礼制"条,北京:中华书局,1987年。
②[明]张瀚:《松窗梦语》卷七《风俗纪》,北京:中华书局,1985年。
③崇祯《嘉兴县志》卷一五《政事志·里俗》,上海:上海书店出版社,1990年。

讲说他已经成人的话,再令冠者谒神主,拜父母。①

满人入主中原后,政府颁定的礼仪制度发生很大变化,虽然还有五礼的名目,但长期作为"嘉礼之重者"的冠礼不再出现在"嘉礼"的细目之中。清中期以后,多移至娶妇前夕,有钱的豪门大户多在娶妇前3日举行加冠礼,贫户则在娶妇前1日举行,在行加冠礼时,尊长要为加冠者起字、号,书悬于壁,亲友醵金来贺,加冠主家要于是日宴请宾客,与前代不同的是,清代加冠不行自古流传的"三加"(即先加淄布冠,次加皮弁,再加爵弁)之礼。

3.女子笄礼

女子许嫁,即可行笄礼,取表字,如果年已十五,即使没有许嫁,也可以行笄礼。笄礼的年龄小于冠礼,一般是十五岁,因此,许嫁的年龄是十五岁,如果女子迟迟没有许嫁,则可以变通处理,《礼记·内则》郑玄注说:"其未许嫁,二十则笄。"②笄礼的仪节,文献没有记载,学者大多认为应当与冠礼相似,到了宋代,一些学者为了推行儒家文化,构拟了士庶女子的笄礼,司马光的《书仪》以及《朱子家礼》都有专门的仪式,大体是由母亲担任主人,笄礼行之于中堂,执事者用家内的妇女婢妾充任,席以背设栀栝总首饰置桌子上,冠笄盛于盘中,上面蒙以帕,由执事者执之。主人于中门内迎宾,宾致祝词后为之加冠、笄,赞者为之施首饰,宾揖笄者,适房,改服背子。既笄,所拜见者仅限于父及诸母、诸姑、兄姊,其余仪节都与男子冠礼相同。

四、鹤发童颜寿无疆

寿诞是人生中的重要活动之一,寿诞称为生日、生朝、生辰、生申等,生申是宋人对生日的美称。古代有做寿、庆寿、祝寿等礼俗,寿分正寿、散寿两种,所谓正寿,就是遇整十之年祝寿,如逢六十、七十、八十、九十、百岁生日,则更要大操大办,其他之年的生日,就称散寿。

上古时期,人们例以生日感怀父母生育之恩,实无设宴待客,为自己祝贺的举动,顾炎武考论寿诞之礼的源起认为:

> 生日之礼,古人所无。《颜氏家训》曰:"江南风俗,儿生一期,为制新衣,盥浴装饰,男则用弓矢纸笔,女则刀尺针缕,并加饮食之物及珍宝服玩,置之儿前,观其发意所取,以验贪廉智愚,名之为试儿。亲表聚集,

① [明]吕柟:《泾野子内篇》卷二二《太常南所语》第二九,北京:中华书局,1992年,第225页。

② 李学勤主编:《十三经注疏·礼记正义》卷二八《内则》,北京:北京大学出版社,1999年,第871页。

因成宴会。自兹以后，二亲若在，每至此日，常有饮食之事。无教之徒虽已孤露，其日皆为供顿，酣畅声乐，不知有所感伤。梁孝元年少之时，每八月六日载诞之辰，常设斋讲。自阮修容（元帝所生母）薨后，此事亦绝。"是此礼起于齐、梁之间。逮唐、宋以后，自天子至于庶人，无不崇饰。此日开筵召客，赋诗称寿，而于昔人反本乐生之意，去之远矣。[1]

不过，寿礼在唐初仍未流行。《贞观政要》卷七《论礼乐第二十九》载："（唐）太宗谓侍臣曰：'今日是朕生日。俗间以生日可为喜乐，在朕情，翻成感思。君临天下，富有四海，而追求侍养，永不可得。仲由怀负米之恨，良有以也，况《诗》云：'哀哀父母，生我劬劳。奈何以劬劳之辰，遂为宴乐之事！甚是乖於礼度。'因而泣下久之。"由此可见，当时生日思恩的观念仍对人们具有很大影响。直至唐玄宗始置"千秋节"庆贺寿诞，历朝皇帝定其生日为诞节才沿为惯例，而王公贵戚、达官显宦，乃至民间士庶庆贺生日的现象也逐渐流行起来。

图47　寿星　　　　　图48　福禄寿星图

做寿之风之所以能够愈刮愈烈，愈搞愈奢，一方面在于人们对生的恋求和对死的恐惧，为了战胜这种恐惧，亦为了在精神上达到延长寿命的目的，

①［清］顾炎武著，黄汝成集释：《日知录集释》卷一三"生日"条，上海：上海古籍出版社，2006年。

福寿延绵·育诞礼仪

FUSHOUYANMIAN YUDAN LIYI

人们在信仰神灵的前提下,采取种种补救措施,以祈寿,长生不死。祈寿还有一个目的是"度关""禳灾",民间相传,50岁、55岁、66岁、73岁、84岁为关口,是死神引领的岁数,有俗语说"人活五十五,阎王数一数","六十六,乱刀斩","七十三,八十四,阎王不叫自来投"等,正因为这些寿数是生死之坎,故民间于此寿日做寿也异常隆重,有的地方还要大办三天。

1.贺寿礼仪

如何维系宗族内的血缘之情和伦常关系?明人高兆麟设立的"生日会"部分回答了这一问题。生日会的最大特点就是重视宗族内的"添丁"与"成人"。凡是遇到族内某房添丁,就将其出生年、月、日登记在簿,随后发单到各房各家,敛上份子钱,举行庆贺。而族人的成人入会仪式,也是相当重要的事情,凡是某人生下几个儿子,某人几岁,都要开载在簿上,以便查考,等到他16岁时,就让他敛份入会,永为定例,这就是"生日会",其实就是同族内的祝寿之会。凡是遇到生日,就向族人派份子钱,最多出五分银子,次者出三分,最少出二分,尤其是遇到族中祥长的生日,子侄辈必须竭诚登堂祝寿,如不到,必罚银五钱。凡遇散寿,则照数捐份;若遇正寿,则于常份之外,再加一倍。民间祝寿习惯,一般有"宁可人不到,而份要到"之说,这句话的意思是说,为人祝寿,随份子而送上一份寿礼是最要紧的,而是否亲自登门祝寿,则并不重要,这种习俗显然反映了民间祝寿习俗有徒具形式或虚美之嫌。生日会却与民间俗例不同,专门注重聚人,纵然份子可以不到,人不可不到,份子钱不到,仅罚银五分,若人不到,就要罚银一钱。生日会当然有联络族内成员感情的用意在内,但更多的还是希望通过"常常相聚",达到一种"意气联属"的目的。

宋代,人们在庆贺生日时,往往还要在孩子额头上用红笔写"八十"的字样,以祈祷长生不老,如刘克庄《乳燕飞·寿千官》词:"风流八十,是人间妆点,孩儿眉额。再著三星添上面,又是一般奇特。"丁察院《万年欢·寿两国夫人胡氏》词:"指明年八十,儿额先记。"翁溪园《踏莎行·寿人母八十三》词:"鹤发童颜,龟龄福备。孩儿书额添三字。"

江南人家对寿诞之礼尤为讲究,俗以宾客盈门、场面风光为荣,达官显宦还借此大量收取寿礼,而普通人家也往往以赠送寿礼为联络感情,巴结权贵的重要手段。陈继儒记其老师何绳翁"己未登七袠,远近祝者累累,以戊午岁先期至,三邑孝廉计偕南宫,则诣堂酌大斗而后别,此盛典曩时所未有也",又如"许太公七十时,远近祝者布堂下,琅函宝轴,妆□而进之,……大集宾客者数日夜,始得罢",①实际上,江南文人别集中"寿序"之多,也说明了祝寿之风的兴盛。除缙绅之家外,工商市民的寿筵排场也不小,通俗小说中有关的描写甚多,冯梦龙笔下开生药铺的李克用即是典型的一例,书中写道:"那员外道:'妈妈,十三日是我寿诞,可做一个筵席,请亲眷朋友闲要一日,也是一生的快乐。'当日亲眷、邻友、主管人等,都下了请帖。次日,家家户户都送烛、面、手帕物件来。十三日都来赴筵,吃了一日。次日,是女眷们来贺寿,也有廿来个。"②

　　明清之季,特别是清代,是做寿风发展的鼎盛期。做寿的规模,做寿的频繁程度,做寿的普及性,贺礼的档次、价值、形式的多样化,都大大超过了前代,如60岁和80岁生日庆贺礼,其规模十分隆重,豪门大户要设寿堂,燃寿烛,结寿彩;寿星要着寿衣,坐于中堂,接受亲友、晚辈的祝贺和叩拜。《红楼梦》中贾母80寿辰寿期长达8天之久,8日间宁国、荣国二府一直"悬灯结彩,屏开鸾凤,褥设芙蓉;笙箫鼓乐之音,通衢越巷"③,足见其规模之大。《上海研究资料》一书中记载了同治年间上海知县叶廷青为母亲做寿的情况:寿日前两天,衙门内便已很热闹,大堂、二堂、花厅、签押、房账等处张挂灯彩,晚上请知宾,寿日前一天为预祝,寿日那一天为正寿,26日为谢客,27日结束。正寿筵席分上下两等96桌,其客轿随役、厨夫、茶夫等勤杂人员吃面共2050碗,仅吃一项花费大洋1088块,钱411千815文。就做寿的内容来看,还增加了创造喜庆氛围的演戏内容,这一风习在官宦人家、盈实富户中比较流行,主要剧目有《瑶池会八仙庆寿》《祝圣寿金母献桃》《众天仙庆寿长生会》《贺升平群仙庆寿》等。普通人家因经济实力较弱,故做寿也较简单,通常是在家中设一寿堂,晚辈向长辈送些寿礼,至于亲友送礼的多少则取决于该长辈的知名度、威望和家中的经济实力,送罢礼,晚辈和来客要向寿者拜寿,最后,吃一碗寿面了事。

　　2.奢繁寿礼

　　以酒、茶祝寿之俗,在民间也颇为普遍。酒因与"久"谐音,有祝贺长寿之意,故时人称祝寿之酒为寿酒,当时,寿酒以桂花酒最为流行,如黄庭坚有诗云:"欲将何物献寿酒,天上千秋桂一枝。"也有以茶为礼的,《后山谈丛》卷

福寿延绵:育诞礼仪

FUSHOUYANMIAN YUDAN LIYI

　　①陈继儒:《白石樵真稿》卷六《寿绳翁何老师七十序》《寿灵泉许太公七十序》,《四库禁毁书丛刊本》,北京:北京出版社,1997年。

　　②冯梦龙:《警世通言》卷二八《白娘子永镇雷峰塔》,北京:人民文学出版社,1956年。

　　③曹雪芹:《红楼梦》第七一回,北京:人民文学出版社,2008年,第978页。

三载："文正李公(昉)既薨,夫人诞日,宋宣公时为从官,与其僚二十余人诣第上寿,拜于帘下,宣献,曰:'太夫人不饮,以茶为寿。'探怀出之,注汤以献,复拜而去。"①另外,由于宋代民间信仰佛道的风气较浓,故送檀香雕造的观音像或佛像的现象也极为普遍,缂丝则有群仙拱寿、蟠桃献寿、瑶池献寿等图。

宋代还有以老人寿星图为祝寿之礼的,如魏泰《东轩笔录》卷八《陈恭公再罢政》载:"陈恭公(执中)再罢政,判亳州,年六十九。遇生日,亲族往往献《老人星图》以为寿,独其侄世修献《范蠡游五湖图》……"②寿星图通常还画有松柏。以百寿字作贺礼的现象也颇为常见,据清代钱曾《读书敏求记·字学百寿图》载道,南宋绍定时静江令史渭于夫子岩刻百寿字。受道教长生观念的影响,龟鹤被时人认为是长寿的象征,常被用作生日时的贺礼。如《云斋广录》卷三载龙图阁待制钱觊府日,尝遇诞辰。其僚属尽以乌龟、白鹤为献,用表祝寿之意。送礼除送诗词、寿图外,还以实物作为贺礼,如苏轼生日时,其女婿王子立除寄诗表示祝贺外,还寄好茶二十一片。王安石为相时,"每生日,朝士献颂诗,僧道献寿。舆皂走卒,皆笼雀鸽就宅放之,谓之放生"。如果是权贵生日,则送礼品的更是纷集。

明代中晚期,生日祝寿的风气已很盛行,朱国祯记述罗洪先60岁时,门人欲为他祝寿,他写信推辞说:"今世风俗,凡男妇稍有可资,逢四五十谓之满十,则多援显贵礼际以侈大之。为之交游亲友者皆曰:'某将满十,不可无仪也。'则又醵金以为之寿。至乞言于名家,与名家之以言相假者,又必过为文饰以传之,而其名益张。凡此皆数十年以来所甚重,数十年以前无有是也。……"罗洪先基于传统观念,认为生日应是怀念父母之恩的悲伤日子,做寿收礼,是"忘哀而为乐,非君子宜行",③但从他的话中可以看出,当时做寿收礼,求取名家贺词以扬名的现象十分普遍。当时的葡萄牙人伯来拉于16世纪曾来到中国,对中国的风俗有细致的观察,他记道:

> 他们也有庆祝生日的习惯,那天他们的亲友按惯例携带珠宝或金钱去献礼,再得到盛大的欢迎作回答。他们的皇帝过生日,全国要同样

①[宋]陈师道:《后山谈丛》卷三,上海:上海古籍出版社,1989年,第25页。

②[宋]魏泰《东轩笔录》卷八《陈恭公再罢政》:中华书局,1983年,第88页。

③[明]朱国祯:《涌幢小品》卷一七"罗先生"条,北京:文化艺术出版社,1998年。

盛宴庆贺。①

　　清代，一般人家通常送寿桃、寿联、寿幛、寿面等，而豪门大户的寿诞，所送贺礼不仅名目繁多，而且十分贵重，《红楼梦》描叙贾母80大寿送礼情景时有这样一段文字："自七月上旬，送寿礼者便络绎不绝。礼部奉旨：钦赐金玉如意一柄，彩缎四端，金玉杯四个，帑银五百两。元春又命太监送出金寿星一尊，沉香拐一只，伽南珠一串，福寿香一盒，金锭一对，银锭四对，彩缎十二匹，玉杯四只。余者自亲王驸马以及大小文武官员之家凡所来往者，莫不有礼，不能胜记。堂屋内设下大桌案，铺了红毡，将凡所有精细之物都摆上，请贾母过目。"②

　　明代开始一般寻常无闻之人，到了六七十岁，"必广征诗文，盈屏累轴"，借此贺寿。当时之人不拘老少，每岁生日，就大张宴乐。除了用诗、文给人祝寿之外，在民间还盛行用羊、酒替人上寿，又有一种祝寿桃糕，上面往往插有八仙。文人雅事，则用鸠杖、竹麈、箨冠、阱鹿替人祝寿。民间流传着一则笑话，可见当时以酒替人上寿之俗，笑话载：有一士人家贫，打算替他朋友上寿，无从得酒，就只拿水一瓶。称觞时，对朋友说：请以歌后语为寿，曰："君子之交淡于水。"朋友应声道："醉翁之意不在酒。"

　　3.寿诗寿序

　　宋代以后，流行一种以寿幛祝寿或请人写寿文之俗，这种诗称为"寿诗"，一般都请有名望的人为之。明代，寿诗几乎已经到了泛滥成灾的地步，明人姚旅记道："今为亲上寿，率十数金为锦幛，然惜重币，求文只持数钱，索学究笔，借一显贵姓名夸耀戚里。"③意思就是不惜花重金请显贵为自己的亲人写寿诗，借以攀附在亲戚朋友中夸耀，这则记载所指，当然仅是指民间一般的富户人家。其实，在

图49　〔清〕黑白玉雕寿星摆件

---

　　①伯来拉：《中国报道》，载[英]博克舍(C.R.Boxer)编注、何高济译：《十六世纪中国南部行纪》，北京：中华书局，1990年，第11页。

　　②曹雪芹：《红楼梦》第七一回，北京：人民文学出版社，2008年，第978页。

　　③[明]姚旅：《露书》卷九，福州：福建人民出版社，2008年，第200页。

一些交游甚广的士大夫家族,为亲祝寿,还是可以请到当时的名家写祝寿之文。

寿诗虽在宋代相当兴盛,但还没有编纂成集,寿诗大量刻入文集甚至单独成集传世,还是晚明的事。据归庄的记载,凡是一些富厚之家,只要男子不为盗、妇女不至淫,子孙不至于不识一丁,到了六七十岁,必定会发出一个征诗之启,向远近闻名甚至不相识的人求贺寿之诗,启中往往诬称妄誉,只要是不盗之人,就称为"李、杜齐名",只要是不淫之妇女,就称为"钟、郝比德",甚至于一些略能执笔效乡里小儿语之人,也被妄称为"屈、宋方驾"。为女性写寿诗也是明代开始兴起的,明末清初人魏礼言说:"古无寿人之文,而女妇尤少概见。至有明始盛。"一些诗人,或是碍于情面,或是为丰厚的润笔所诱,就写上客套之语略微应酬,原本是贺甲之寿诗,改上一言半句,又用来贺乙或贺丙之寿,不过这好歹还算是自己所写之诗。钱谦益在明末是文坛宗主,向他求寿诗的人很多,钱氏苦于应酬,就在案头放一本胡应麟的集子,选择稍微近似的,随时套用,这是因为胡的集子里这方面的客套很多。祝寿之诗,多请他人撰写,但也有人自己在寿日写上一首自寿诗,以示自祝,如明代著名思想家陈献章在61岁时就写了一首诗为自己祝寿。

郎瑛说:"挽诗盛于唐,非无交而涕也;寿诗盛于宋,渐施于官府,亦无未同而言者。近时二作不论识与不识,转相征求,动成卷帙,可耻也!"[1]意思是说:唐代流行作诗为亡人悼念,一般只有交往深厚的人才写,宋代民间流行作寿诗,渐渐流行于官府,但也是熟识的人才如此,现在(指明代)不管认识不认识,有没有交往,都到处请人写挽诗、寿诗,动不动就能编纂成卷,真是可耻啊!以前写挽诗和寿诗是亲朋挚友间表达情谊,而现在则变成了借显贵欺世盗名的行为。

4.阳寿阴寿

寿有阳寿与阴寿之别。在明代,死者之忌日,已经清楚地分为"生忌"与"死忌"两种,死者死亡之日,就是"死忌",又称"暗忌";而死者出生之日则为"生忌",也就是"明忌"。生前生日有做寿之习,那么,死后遇到生忌之日,也会给死者做寿,称为"暗寿",如江西南昌的朱氏宗室,尤其看重"明忌","亲死者遇十生日,如五十、六十之类,犹追寿焉,族人具礼谒贺,一如存日"。[2]明代,小儿生日称为"周岁"、但人死以后,则称"周年"。吉凶之间的称呼,从不混淆。古人推步起于戌,故以岁为始,而周年,也就是期年,包括一年的

①[明]郎瑛:《七修续稿》卷三《义理类》,上海:上海书店出版社,2001年。

②[明]姚旅:《露书》卷八,福州:福建人民出版社,2008年,第181页。

四时。

　　阴寿，或者叫"冥寿"，就是给死人过生日，祝寿，姚旅《露书》："南州宗室谓亲死日为暗忌，生日为明忌，宗中极重明忌。"[①]亲死者遇日生日，如五十、六十之类，犹追寿焉，族人具礼谒贺，和生前一样。做冥寿时，其子孙都必须穿着彩服，要设寿堂，宗族、亲友要送纸扎锭，登堂拜祝，有的地方还要演戏娱宾。在江浙一带，做冥寿分在家做和在寺院做两种，在家做的冥寿，其仪式如同阳寿，除送糕桃烛面外，须加纸元宝 10 副，糖茶 2 杯，而不送鞋袜，送红轴者，上书"仙乡不老，佛国长青"字样，亦有单写一"庆"字者，家中不拜忏，席用荤菜、素菜均可。在寺院做的冥寿，必拜忏，做水陆道场，或 1 日、3 日、7 日不等，以圆满之日为正日。最隆重的为拜水陆道场，由 49 个和尚，拜忏七七四十九天，事毕，追荐者的牌位可放在寺院中的根本堂，以承受香火。如此大兴冥寿之风，不仅是祖先崇拜宗教意识的反映，也是中国孝道的反映，同时，更是民间信奉灵魂不死观的十足反映。

　　民间祝寿之俗大多势利，人们背离传统的报恩观念，盛行寿诞之礼，设宴召客，赠送礼物，其实在一定程度上已将其作为提高自己社会地位，扩展社会联系和影响的重要手段，因而意义并不局限于庆贺生日本身。明代文人归庄记录下来的一则故事，已将这种势利之俗进行了明显的揭示：明崇祯十七年（公元 1644 年），嘉定县有三位老翁寿登八十，分别是东门顾老翁、李老翁与北门陈老翁，其中顾、李两位老翁，其子一为尚书，一为副使，于是当地之人争相替这两位老翁贺寿。顾、李两位老翁的生日相差不远，而且居第又相望，故旬日之中，全城之人，无不挈榼提壶，盛备筐篚、币帛，齐向东门而去。于是，东门之街，轿相接，肩相摩，两家门庭若市。与此相反，北门的陈翁家中却是门可罗雀，很少有人到家祝寿，不是全城人不识陈翁，也不是人们不知道陈翁年已八十，而是陈翁无子做官。同时寿日，一是热闹非凡，一是寂寂无闻，势利之俗，让人深为感叹！

---

① [明]姚旅：《露书》卷十三，福州：福建人民出版社，2008年。

二姓之合：婚姻礼仪

  人类婚姻的发展经过了漫长的历史时期,也经历了多种婚姻形态,原始社会的人们处于杂乱的群婚状态,后来又演变为族内婚、族外婚、对偶婚。西周时,尽管一夫一妻制已经基本确立,但"在男女生活上、婚姻形态上更是自由、活泼与放任"①,为了移易这类陋俗,儒家制定了婚配的礼仪以规范婚姻行为,历朝历代,上自皇帝贵族,下至平民百姓,对婚姻礼仪都极为重视。

  婚礼属五礼中的嘉礼,嘉是善、好之意,《周礼·春官·大宗伯》讲:"以嘉礼亲万民"②,就是说嘉礼主要是规范人们日常生活事宜的礼仪,其目的是为了百姓生活和谐有序,而婚冠之礼仅列于饮食之礼之后,可见古人对其重视程度。婚姻涉及两姓联姻的质量和稳定性,涉及宗族是否昌盛,所以《礼记·昏义》说,"昏礼者,将合二姓之好,上以事宗庙,而下以继后世也,故君子重之"③,"昏礼者,礼之本也"④,中国的传统观念认为,婚姻并不是两个人感情升华的结果,而是两个家庭力量的联合,上承孝道以祀宗庙,下继后代而延香火的大事,这和现代人的婚姻观相去甚远,但中国传统的婚姻礼俗依然有很多为我们所继承。

  先秦时期,婚礼被认为是异姓之间的联姻,目的是繁衍宗族,家家都有,人人必经,因此无喜可贺,无乐可举,男女互赠礼物就表示婚姻关系确定,婚

---

  ① 杨向奎:《宗周社会与礼乐文明》,北京:人民出版社,1992年,第216页。

  ② 李学勤主编:《十三经注疏·周礼注疏》卷一八《大宗伯》,北京:北京大学出版社,1999年,第467页。

  ③ 李学勤主编:《十三经注疏·礼记正义》卷六一《昏义》,北京:北京大学出版社,1999年,第1619页。

  ④ 李学勤主编:《十三经注疏·礼记正义》卷六一《昏义》,北京:北京大学出版社,1999年,第1620页。

礼一般都是比较简朴的。从西周开始，上层社会的婚姻被赋予越来越多的政治色彩，原来纯属于男女个体之间的关系扩大成了重要的社会关系，相关礼仪也日趋完善。从汉代起，婚礼就不断朝着奢靡的方向发展，汉宣帝曾下诏说，"夫婚姻之礼，人伦之大者也；酒食之会，所以行礼乐也"，指责某些官员"禁民嫁娶不得具酒食相贺召"①是苛禁，此后，帝王及皇室成员婚礼的规格便不断攀升，到了唐代，民间婚礼也开始大肆铺陈挥霍，封建政府曾用《士昏礼》为规范加以干涉，但成效不大。宋代都城彻底打破了唐代都城的坊、市界限，经济的发展刺激着城市的发展，市民阶层兴起，积习滞重的婚姻观念和婚姻礼仪都相应地发生了较大的变化与增损。南宋朱弁撰《曲洧旧闻》记载：

> 范讽知开封府日，有富民自陈："为子娶妇已三日矣，禁中有指挥令入见。今半月无消息。"讽曰："汝不妄乎？如实有兹事，可只在此等候也。"讽即乞对，具以民言闻奏，且曰："陛下不迩声色，中外共知，岂宜有此？况民妇既成礼而强取之，何以示天下？"仁宗曰："皇后曾言，近有进一女，姿色颇得，朕犹未见也。"讽曰："果如此。愿即付臣. 无为近习所欺而怨谤归陛下也。臣乞于榻前交割此女，归府面授诉者。不然，陛下之谤，难户晓也。且臣适已许之矣。"仁宗乃降旨。取其女与讽。讽遂下殿。②

这个故事是说北宋仁宗朝，东京（今河南开封）有一富户为儿子娶了媳妇，刚过三天，就被皇宫中一位指挥官命令入见，结果，半个月还不见人回来，富户上告到开封府。开封府尹范讽为此面奏皇帝说：民妇已按礼仪成婚，而皇帝您却强行抢夺，以后再拿什么教化天下人呢？仁宗闻言立刻降旨，将该女子交给范讽带回，透过这件事看，即使是皇帝也要摆出一副尊重婚俗的样子，中国古代讲究礼仪，尤其事关人伦大事的婚俗更是马虎不得。范讽所说的"礼"，即是民间普遍流行的纳采、问名、纳吉、纳征（徵）、请期、亲迎这一婚礼程式。

明清时期，传统礼仪更是受到了巨大冲击，各种礼俗都发生了不同程度的变异，虽然传统婚礼中的核心和基本礼仪程式仍然得以保留，但出现许多旧俗改观现象，或由繁入简，或新旧合璧，尤其是到了明中叶以后，随着社会商品经济的发展，人们价值观念的改变，社会上出现了追求婚姻自由，性生

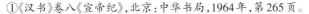

①《汉书》卷八《宣帝纪》，北京：中华书局，1964年，第265页。

②[宋]朱弁：《曲洧旧闻》卷一，历代史料笔记丛刊，北京：中华书局，2002年。

二姓之合·婚姻礼仪
ERXINGZHIHE HUNYIN LIYI

活美满,个性解放以及纳妾盛行等时尚,对传统的婚姻伦理观念形成了严重的挑战。

一、父母媒妁定终生

1.非媒不娶

古代议婚,男女双方一定要通过媒人来交接而不能直接接触,之所以有这样的规定,是为了避免男女草率苟合,因此郑玄注《士昏礼》说是"皆所以养廉耻",反之,如果男女私订终身,就会受到家庭和社会的耻笑且不被承认,《孟子》说"不待父母之命、媒妁之言,钻穴隙相窥,逾墙相从,则父母国人皆贱之"[①],《礼记》讲"男女非有行媒,不相知名"[②],没有媒人,任何婚姻都不成,即使强霸妇女的财主也要使强媒硬保,否则名不正言不顺,由此可见媒人的重要性。关于媒人,传说中以女娲氏为"神媒",《通鉴》云女娲氏"与太昊同母,佐太昊正婚姻,以重万民之判"。《周礼,媒氏》也说女娲氏,"掌万民之判",据注:判,半也,意思是说媒人是用来作合夫妇的。

至宋代,以"说媒"为业者形成了某种特色和景观,甚至出现了官媒,《东京梦华录》载,北宋东京"其媒人有数等,上等戴盖头,着紫背子,说官亲宫院恩泽;中等戴冠子,黄包髻背子,或只系裙手,把青凉伞儿,皆两人同行"[③],可见当时媒人也是分等级的。订婚的各个步骤都有媒人参与,《文公家礼》议婚条规定"议昏,必先使媒氏往来通言",若女方许诺,"次命媒氏纳采、纳币",乃至订婚的婚书仍需"凭媒写立",经由媒人签字、画押方有效力。媒人的报酬"谢媒礼"是当时社会、官方认可的报酬,一般由男方负担,时人有言:"从来媒人那有白做的!"[④]媒人利用丰富的社会经验和伶牙俐齿在男女双方间来往穿梭,在社交活动多受限制的封建社会,其穿针引线,铺路搭桥的作用不能一概否定。现代社会,即使婚配双方是自由恋爱,也常常要在订婚和结婚时请一位媒人或中间人,在聘礼、嫁妆及婚礼程式等事宜中进行周旋和调解。

① 万丽华、蓝旭译注:《中华经典藏书·孟子》卷六《滕文公下》,北京:中华书局,2006年,第127页。

② 李学勤主编:《十三经注疏·礼记正义》卷二《曲礼上》,北京:北京大学出版社,1999年,第51页。

③[宋]孟元老撰·邓之诚注:《东京梦华录注》卷五《娶妇》,北京:中华书局,1982年,第145页。

④[明]冯梦龙:《醒世恒言》卷九《陈多寿生死夫妻》,海口:海南出版社,1993年,第140页。

可是旧时媒人的地位都不高,因为媒人多半唯利是图,为了赚钱可以信口雌黄,坑蒙拐骗,到女家说男家不求备礼,而且帮助出嫁遣之资,到男家则厚许其所迁之贿,而且虚指数目,轻信了这些媒人的话而成了婚的人,往往后悔莫及,夫妻反目,乃至离婚,造成了许多婚姻悲剧,这也是艺术作品里常将媒人塑造成丑角或反面角色的原因。宋话本《种瓜张老》中就给媒人画了一幅讽刺肖像:

> 开言成匹配,举口合和谐。掌人间凤只鸾孤,管宇宙孤眠独宿。折莫三重门户,选甚十二楼中?男儿下惠也生心,女子麻姑须动意。传言玉女,用机关把手拖来;侍香金童,下说辞拦腰抱住。引得巫山偷汉子,唆教织女害相思。[①]

媒人还常隐瞒婚配双方的真实情况,比如年龄、长相等,把"俊的矜夸,丑的瞒昧"[②],宋话本《小夫人金钱赠年少》讲了这样一则故事:东京一位拥有十万资产、年过六旬的张员外,孑然一身,便想续弦,于是委托张媒、李媒说亲,但是条件苛刻,他一要人才出众,二要门户相当,三要有十万贯房奁。两位媒人明知不可能,肚里暗笑,口中却答应这三件事都容易。结果,她们把张员外的年纪瞒了三四十岁,和女方说了,又到张宅讲定财礼。成亲那天,女方才知是位鬓发皆白的老员外,叫苦不迭,后悔已晚。

明代婚礼一般已多用"媒人"或"庚帖",代替古代的问名礼。明代民间结亲,只是选择吉日,约媒人同往一拜,很简便,有些甚至家长不亲往对方家中,专派媒人前往说合,这种媒人,多由妇人充任,专门替人做媒,不知大体,骑两头马说话,所以又称作"媒婆"。媒婆,在明代属于三姑六婆之一,民间婚礼不可或缺,但口碑却不佳,明代散曲家陈铎有一首《媒人》歌曲,专门揭露这些做媒人的惯用伎俩,歌曲道:

> 这壁厢取吉,那壁厢道喜,砂糖口甜如蜜,沿街绕巷走如飞,两脚不占地。俏的矜夸丑的瞒昧,损他人安自己。东家里怨气,西家里后悔,常带着不应罪。[③]

后来许是被媒人骗的害怕了,城市中出现了"相亲"的礼俗。

2.相亲礼仪

宋代以后,风气日渐开化,婚姻中有了一定的自主权,城市中甚至出现

---

①程毅中辑注:《宋元小说家话本集》,济南:齐鲁书社,2000年,第278页。

②陈铎:《滑稽余韵》,载路工编:《明代歌曲选I》,上海:上海古典文学出版社,1956年,第9页。

③同上。

了"相亲"的风俗,"相亲"或叫"相媳妇",也叫"过眼",是由男方亲人或媒人上女家去看,也有男子亲自去看的,宋人江休复所著《江邻几杂志》记:"京师风俗,将为婚姻者,先相妇。"相媳妇的地点往往在酒楼、园圃这类环境雅致的地方,如果是男女双方亲自相见,还要互相敬酒,男的喝四杯,女的喝两杯,颇有些今天自由恋爱的味道,《梦粱录》记载:"男家择日备酒礼诣女家,或借园圃,或湖舫内,两亲相见,谓之相亲。……如新人中意,即以金钗插于冠髻中,名曰插钗。若不如意,则送彩缎二匹,谓之压惊,则姻事不谐矣。"①《东京梦华录》也记:"若相媳妇,即男家亲人或婆往女家看中,即以钗子插冠中,谓之'插钗子';或不入意,即留一两端彩段,与之压惊,则此亲不谐矣。"②文学作品中对这一礼俗更有生动、详细地描写,宋话本《西山一窟鬼》中写道:

> 王婆道:"干娘,……你便约了一日,带了小娘子和从嫁锦儿来梅家桥下酒店里等。我便问教授来过眼则个。"干娘应允,……到那日,吴教授换了几件新衣裳,放了学生,一程走将来梅家桥下酒店里时,……到得楼上,陈干娘接着。教授便问道:"小娘子在那里?"干娘道:"孩儿和锦儿在东阁儿里坐地。"教授把三寸舌尖舐破窗眼儿张一张,喝声彩不知高低,……自从当日插了钗,离不得下财纳礼,奠雁传书。③

也有利用赶庙会、赶集、看戏等机会,由媒人暗中指点,父母偷偷地相看未来的女婿或媳妇,但古代相亲和现代有本质不同,一般都是男子占有主动权,还是含有男强女弱的意思。

一对从不相识的青年男女,因在东京的一个茶坊逢面,四目相视,俱各有情,那女孩儿心里暗暗喜欢那男子,便以买糖水为由说道:"我是不曾嫁的女孩儿。"那男孩儿也有爱慕女孩儿之意,也以买糖水回应:"我不曾娶浑家……"话本作者借一盏甜蜜蜜的糖水,传递出男女双方一见钟情、互相求爱若渴的心意,而且背景选在人烟繁阜、拥挤不堪的市井中间,也是那么大胆和热烈,这在宋代以前的城市婚俗中是极少出现的。

3.择偶标准

从汉末到魏晋时期,婚姻极重门第,贵族世家为维护士族血统,严禁与

---

①[宋]吴自牧撰:《梦粱录》卷二十《嫁娶》,台北:商务印书馆,1939年,第185页。

②[宋]孟元老撰、邓之诚注:《东京梦华录注》卷五《娶妇》,北京:中华书局,1982年,第144页。

③程毅中辑注:《宋元小说家话本集》,济南:齐鲁书社,2000年,第213-214页。

庶族通婚,否则便被视为大逆不道,随着士族的腐朽与衰落,门第婚开始松动,士庶不婚受到冲击,财婚在社会中盛行起来,《颜氏家训·治家篇》说"近世嫁娶,遂有卖女纳财,买妇输绢,比量父祖,计较锱铢,责多还少,市井无异"①,由此可见当时财婚之盛。如果有大量钱财行聘,即使是地位较低的庶族,也可以与士族联姻来提高自己的社会地位,明人谢肇感慨:"今世流品,可谓混淆之极。婚姻之家,惟论财势耳。有起自奴隶,骤得富贵,无不结姻高门,缔眷华胄者"②,其实打破以血统和家世作为择偶标准的变化,不能不说是当时社会的一大进步。

　　宋代,这一婚姻观念的转变尤为明显,"将娶妇,先问资装之厚薄;将嫁女,先问聘财之多少"已成为最基本的婚俗第一步,然后再立契约,"以求售其女",所以"世俗生男则喜,生女则戚"。"下财礼"时男女双方也要倾其所有,有钱人家送聘礼,以送"三金"为时髦,即金钏、金镯、金帔坠,送不起金器的家庭,用"银镀"的代替,另外还有高级衣裙、珠翠首饰、丝绸、花茶果物等,送礼到此还不算完,到迎亲的前三天,男家开始送催妆花髻、销金盖头、花扇、花粉盘、画彩线果等物品,女家则回送罗花幞头、绿袍、靴笏等,直到成亲的前一天"下财礼"才告一段落,城市中的富室一次新婚最低程度要有"半千质具",最后竟致攀比之风蔓延!王安石嫁女到蔡家,慈寿宫赐一珠褥就值数十万钱。南宋景定年间,九品郑姓将仕郎之女庆一娘许嫁给万知县之子,仅资装费钱就高达十万五千贯,随嫁五百亩田尚不算在内。通过以上一高一低两例,可以推想婚姻论财已成为一种普遍的风气,在厚嫁之风的影响下,为下聘财损资破产,乃至嫁娶失时、不能成礼的特别多起来。以金为主的财物聘礼闪烁着一派富贵气象,反映了商品货币经济在宋代城市婚姻中占有无可争辩的主导地位,诚如时人所说:"古人重嘉耦,今人重财婚。"

　　①[北齐]颜之推:《颜氏家训》卷一《治家篇第五》,四部备要本,北京:中华书局,2001年,第13页。

　　②[明]谢肇:《五杂组》,上海:上海书店出版社,2001年,第291页。

二姓之合:婚姻礼仪
ERXINGZHIHE HUNYIN LIYI

图50　十里红妆
现藏宁波古代婚嫁博物馆

图51　古代婚嫁中用于抬聘礼的木箱

　　婚姻重资财的现象也反映在"铺房"的礼俗中。亲迎之前，由男家备床席桌椅，女家备被褥帐幔，女家出人去男家铺设房奁器具，摆珠宝首饰等，谓之铺房，《东京梦华录》记"前一日女家先来挂帐，铺设房卧，谓之'铺房'"①，

---

①［宋］孟元老撰、邓之诚注：《东京梦华录注》卷五《娶妇》，北京：中华书局，1982年，第144页。

这一礼俗随即演变成了女家炫耀嫁妆的机会,由娘家陪送的衣服首饰等物,按礼应先锁入箱柜以备后用,而当时京城往往将陪送的衣服珠宝首饰等物一概陈设在外,借以炫耀富贵,公主出嫁的房奁还由皇帝降旨许官员去参观,司马光在《书仪》中曾讥讽这一现象曰,"此乃婢妾小人之态,不足为之",这显然也和城市经济的发展密切相关,后世流行的女子陪嫁嫁妆想必是源于这一习俗。

明代特别强调不同社会等级之间的差别,不但仕宦旧族颇以阀阅自重,婚嫁必求素对,门当户对,倘非其偶,不屑与婚,不允许以下僭上、贵贱混淆,因而竭力提倡婚配的门当户对,严令禁止不问门第,专论聘财以及良贱通婚等现象。洪武五年(公元1372年),朱元璋下诏称:"古之婚礼,结两姓之好,以重人伦。近代以来,专论聘财,习染奢侈。宜令中书省集议,定制颁行遵守,务在崇尚节俭,以厚风俗。违者,论罪如律。"①明初制定的《大明律》对良贱通婚者的处罚规定也十分严厉,然而至明代中晚期,朝廷的训令已成一纸具文,婚姻不问门第只论钱财的现象日益普遍,市井编氓以及暴发户之辈,嫁子娶妇,往往也以攀缘内族大户为荣。对这种情况,明代李祯昌在其著作《剪灯余话》中记载了这样一个故事:齐仲和"尝往来武平项子坚家为馆客。子坚故微,骤然发迹,欲光饰其门户,故婚姻皆攀援阀阅,衒耀于人。名家右族之贫穷未振者,辄与缔姻,此则慕其华腴,彼则贪其富贵"②,由此当时风尚可见一斑。万历时人谢肇淛曾揭示说:"今世流品,可谓混淆之极。婚娶之家惟论财势耳,有起至奴隶,骤得富贵,无不结姻高门,缔眷华胄者。"③如苏州地区,"婚丧过侈,至有须产嫁女,贷金葬亲者";④杭州一带,"婚娶颇多论财,近年有士大夫嫁娶者穷极靡丽,与嘉、湖敝俗相征逐。士论皆以为非,此尤失礼之甚者"。⑤

"婚以富贵相高而左旧族"现象的大量涌现,足以说明联姻须门当户对的传统观念已遭到猛烈冲击,择婿嫁女的标准在震荡中发生了深刻变化。陈寅恪先生在论及魏晋南北朝的社会文化时指出,门阀士族维系其社会地位的两项主要手段是婚与宦,这一状况在宋代已出现一定变化,因而郑樵有

二姓之合・婚姻礼仪
ERXINGZHIHE HUNYIN LIYI

①[明]李东阳:《大明会典》卷七一《礼部二十九·婚礼五》"庶人纳妇"条,扬州广陵书社,2007年。

②[明]李祯昌:《剪灯余话》卷五"平灵怪录"条,古本小说丛刊(第五辑),北京:中华书局,1990年。

③谢肇淛:《五杂俎》卷一四《事部二》,上海:上海书店出版社,2001年。

④万历《长洲县志》卷一《风俗》,影印本,台北:台湾学生书局,1987年。

⑤万历《杭州府志》卷一九《风俗》,台北:成文出版社,1983年。

"取士不问家世,婚姻不问阀阅"之语①,其所称之家世、阀阅,是指血缘门第。

但这并不意味门第观念的消逝,宋人同样重视门第,只是衡量门第的标准由血缘转化为业缘。尽管宋人也有婚姻论财的现象,但在颇为完善的科举制度下,贫贱下士完全可以通过"不问家世"的取士来改变自己的身份地位,因此宋人结亲尤注重对方的政治前途及其现实的社会地位,而非血缘门第的高贵,"榜下择婿"之风盛极一时,即为典型的例证。②

直至明代中晚期,金钱才在婚姻关系中充分显示其空前的魅力,联姻之"流品"才真正达到"混淆之极"的程度。金钱至尊猛烈冲击等级隔绝的同时也会引发其他一系列的社会弊病,有其诸多负面因素,然而,不能不看到问题的另一面,即唯有打破不同社会阶层之间等级森严的鸿沟、壁垒,人们才可能向生而平等的近代社会迈进,唯有摆脱以等级礼制为核心的传统婚姻制度的桎梏,人们才可能去追求男女间的自由结合和真挚情爱,从这层意思上说,婚姻中出现的"淆乱",所折射出的其实是社会架构及其规范的变迁,其意义不可等闲视之。事实上,在婚姻论财的同时,以才择婿的事例也时见记载,万历时人顾起元所述"吴公择婿"的故事,即为典型的一例:武进入周金出身低微,却因才华出众,在尚无功名之时即得达官赏识,择为女婿。③毫无疑问,此类事例,包括小说、戏剧中大家闺秀慕贫寒书生的学问、人品而"私订终身后花园"的描写,惟唯有在士农工商界限趋于模糊,社会等级观念有所淡化的明代中晚期,方有可能较多出现。

二、三书六礼大婚成

1. 冠笄后婚

中国古代有冠笄之礼,即到一定年龄,为男子加戴冠冕,将女子发辫盘至头顶,用簪子插住,笄即簪子,《礼记·内则》说:男子二十举行冠礼,开始学礼,三十而成家。女子十五举行笄礼,二十而嫁,因特殊原因,最迟二十三岁而嫁④。冠笄之礼可视为古代男女的成年礼,礼成之后就有了婚配的资格,《周礼·地官·媒氏》说"令男三十而娶,女二十而嫁"⑤。中国古代男女的婚龄

---

① 郑樵:《通志》卷二五《氏族略第一》,杭州:浙江古籍出版社有限公司,2007年。

② 张邦炜:《婚姻和社会——宋代》,成都:四川人民出版社,1989年,第149‐156页。

③ 顾起元:《客座赘语》卷七"吴公择婿"条,北京:中华书局,1987年。

④ 李学勤主编:《十三经注疏·礼记正义》卷二八《内则》,北京:北京大学出版社,1999年,第870‐871页。

⑤ 李学勤主编:《十三经注疏·周礼注疏》卷一四《媒氏》,北京:北京大学出版社,1999年,第361页。

并不固定,不同历史时期也有差别,男子一般在十五岁至二十岁之间,以十六岁为多,女子一般在十三岁至十七岁之间,以十四岁为多,宋代士大夫家庭的子女较一般平民的婚龄要略高,用现在的话说就是当时的高门富户常常有剩男剩女。明代洪武元年制定,禁止庶人百姓指腹、割衫襟为亲,凡庶人娶妇,男子年在十六岁,女子年在十四岁以上者,可以听任婚娶。《大清通礼》规定官员士庶结婚要等到男十六岁,女十四岁方可进行①,而实际女子平均初婚年龄为十八岁,男子平均初婚年龄为二十一岁至二十四五岁。成年男女用婚礼使之恩爱相亲,《周礼·春官·大宗伯》说"以婚冠之礼,亲成男女"②,而婚礼还要经过一系列严格的、繁琐的礼仪才能得到家族和社会的认可,中国传统婚礼中始终贯穿着父母之命、媒妁之言、男尊女卑等观念。

2.三书为约

中国传统婚礼中的"三书"即聘书(定亲之书)、礼书(礼物清单)和迎亲书(迎娶新娘之书)。聘书也叫定贴、"细帖子",即定亲之书,是男女双方正式缔结婚约,纳吉(过文定)时用;礼书即过礼之书,是礼物清单,当中详列礼物种类及数量,纳徵(过大礼)时用;迎亲书即迎娶新娘之书,结婚当日(亲迎)接新娘过门时用。

议婚之初,男方通过媒人以口头或书面形式向女方求婚,在媒人的主持下,双方议亲人先起个"草帖子",或者"讨一个利市团圆吉帖",看看吉利否、无克否,再由媒人带给男女双方。若双方见草帖后彼此满意,再告诉媒人交换"细帖子",也叫"定帖",上面写着男家曾祖、祖父、父亲三代名讳、职业、议亲的是第几位男子,何时所生,父母在不在堂,家有多少财资,主婚的是哪位尊长等,《东京梦华录》中载"凡娶媳妇,先起草帖子,两家允许,然后起细帖子,序三代名讳,议亲人有服亲田产官职之类"③,若女方有意,也同样将自己的情形写明,"以草帖子通于男家,男家以草帖问卜,或祷忏,得吉无克,方回草帖,亦卜,吉,媒氏通音,然后过细帖"④,所谓"得吉无克"就是男女当事人属相生辰相和不相克,这时两家把定帖放在彩色绸缎或布衬着的盘子里,选个日子送给对方,这就表示此事可谈,有缔结婚约的可能。

明代法律规定了合格婚姻存在的必要条件:首先,两家必须订立婚书,

---

① 《大清通礼》卷二四《嘉礼》,早稻田大学图书馆藏,线装古籍。

② 李学勤主编:《十三经注疏·周礼注疏》卷一八《大宗伯》,北京:北京大学出版社,1999年,第468页。

③ [宋]孟元老撰、邓之诚注:《东京梦华录注》卷五《娶妇》,北京:中华书局,1982年,第143页。

④ [宋]吴自牧:《梦梁录》卷二十《嫁娶》,台北:商务印书馆,1939年,第185页。

对男女双方的基本情况,诸如残疾、老幼(年龄)、是否是庶出、过房或乞养,都要明白告知。婚书一旦订立,就不再允许反悔;其次,即使订立了婚书,但也必须依礼婚娶;第三,在某种程度上说,双方的"私约",有时也具有法律效力;第四,即使没有订立婚书,但女方若已经接受了男方的聘礼,那么在法律上也是证明了这桩婚姻的存在;第五,作为卑幼之人,无论是仕宦在外,还是经商在外,其个人的婚姻决无自主权,必须接受"父母之命",这样,也就有了"主婚"之人。法律规定,凡是男女的嫁娶,都必须由祖父母、父母主婚,如果祖父母、父母均已死亡,就由其他亲长主婚,所谓的其他亲长,主要是指伯叔父母、姑、兄、姊之类,如果丈夫已亡,携带女儿再嫁,那么其女儿就可以由其母亲主婚。照例说来,作为卑幼者根本无权自娶,但法律显然也网开一面,承认那些事实婚姻,如作为卑幼者因为在外做官或经商未经长辈主婚,却自己做主在外成婚,虽说不合法律上的规定和民间的礼数,但法律同时也承认了这种婚姻,允许其"仍旧为婚",而不是离异别娶。

在传统社会,婚书一定,双方就有婚姻存在的法律效力,除非男方另写休书,将婚姻予以解除。明代,民间百姓只要临时请人从中选择婚书样式,并加以填充姓名之类,即可告成。引一份婚书如下:

> 主婚房长某人,有弟侄某人近故,弟媳妇愿守:志,奈家贫日食无措,兼以弟侄棺衾银两无可计划理还。凭媒某人氏议配某人为婚,本日受到聘银若干两,分还棺衾及买地砌完葬某人外,即听从某宅,择吉过门成婚。此系两愿,再无言说。今欲有凭,故立婚书存照。①

这是一份新近丧夫媳妇再嫁婚书,完全是格式化的,从中可以看出,明代民间所行婚书,包括下面这些内容:一是主婚人的姓名,二是婚姻双方的姓名,三是媒人的姓名,四是聘银的多少,五是择吉成婚。婚书是双方成亲的法律凭证,所以下面理应有主婚人、媒人、男女双方的签名。

3.六礼议婚

中国传统婚礼必经六道手续,即纳采、问名、纳吉、纳征、请期和亲迎,被称为"六礼",核心内容是议定婚姻,婚姻"六礼"一直延续到唐代。宋代,朱熹主张把"六礼"简化为纳采、纳币和迎亲三礼,又相沿到清代。宋代以来,民间士庶对婚礼的礼仪程序有所简省,将"六礼"归并为纳采、纳征、亲迎三

---

① 这份婚书,原载《新刊翰苑广记补订四民捷用学海群玉》,收入陈学文《明代契约文书考释选辑》,见王春瑜主编《明史论丛》,北京:中国社会科学出版社,1997年,第381页。

礼。对此,私修礼书和官定礼制,皆予以认可。①明朝有关婚礼的规定大体沿袭宋代,品官之家仍用"六礼",民间士庶则可简省。不过,对婚礼过程中的具体仪式,即便是从简的庶人婚礼,官方礼制仍有非常明确而严格的规定。②

纳采,后世称为"提亲",采是采择、选择的意思,是女方谦虚的说法,意思是自家女儿不过是聊备男家选择的对象之一。男方先请媒人到女方家提亲,得到允诺后,就派媒人到女家致辞,并送上礼物——雁,雁一定要活的,女家若同意议婚,就收纳其礼物。为什么要用雁作为礼物呢?这也是有讲究的,《白虎通》说:"取其随时而南北,不失其节,明不夺女子之时也。又是随阳之鸟,妻从夫之义也。又取飞成行,止成列也,明嫁娶之礼,长幼有序,不相逾越也。"③也就是说,古人认为大雁是一种贞洁而且遵守秩序的动物,同时为"随阳之鸟",寓意夫唱妇随,纳采时名义上是男方给女方送礼,但是这礼中已经蕴含了男尊女卑的观念。明代纳采所用酒牲果品,随各地风俗而不同。至于礼银,上户不过3两,中户不过2两,下户不过1两。

问名,男方提亲后,即由媒人询问女子父母的姓氏,以了解对方的血缘关系,避免出现同姓婚配的情况。中国人很早就认识到"男女同姓,其生不蕃"④,因此将"不取同姓"作为礼制规定下来,《礼记·曲礼》云:"取妻不取同姓,故买妾不知其姓,则卜之。"⑤避免同姓婚配、近亲繁殖是为了保持族群的优生,是社会进步的表现,娶同姓为妻是违反礼制的行为,要受到舆论抨击,历史上有一个很著名的例子:鲁哀公十二年(公元前483年)夏五月甲辰,昭公的夫人孟子卒。孟子姓吴,照理应称"吴孟子卒",可《春秋》却写作"孟子卒"⑥,原因何在?《左传》说,"昭公娶于吴,故不书姓",《公羊传》《谷梁传》也都说是"讳娶同姓",原来吴国是周太伯的后裔,与鲁国是同姓之国,昭公违反了"同姓不娶"的规定,是失礼的行为,出于为尊者讳的考虑,所以隐去

①《宋史》卷一一五《礼志十八·嘉礼六·士庶人婚礼》,北京:中华书局,1977年。

②《大明会典》卷七一《礼部二十九·婚礼五》"品官纳妇"条、"庶人纳妇"条,上海:上海古籍出版社,续修四库全书本。

③[清]陈立撰:《白虎通疏证》,北京:中华书局,1994年。

④ 李学勤主编:《十三经注疏·春秋左传正义》卷一五,僖公二十三年,北京:北京大学出版社,1999年,第411页。

⑤ 李学勤主编:《十三经注疏·礼记正义》卷二《曲礼上》,北京:北京大学出版社,1999年,第52页。

⑥ 李学勤主编:《十三经注疏·春秋左传正义》卷五九,北京:北京大学出版社,1999年,第1664页。

"吴"姓,只称"孟子"。

男方得知女子姓氏和出生日期后便要占卜,如果得到吉兆,就派使者到女家通报,称为"纳吉",也称文定、送定或定聘,纳吉照例仍要用雁。古人十分迷信命运主宰婚姻,因此纳吉之礼事关重大,据马可·波罗所说,元朝的杭州一带"儿童诞生,其亲立即记录其生庚日时,然后由星者笔录其生肖。儿童既长,经营商业,或出外旅行,或举行婚姻,须持此纸向星者卜其吉凶。有时所卜甚准,人颇笃信之。此种星者要为巫师,一切公共市场中为数甚众。未经星者预卜,绝不举行婚礼"①。如此当然不乏为了达到目的买通术士造假的事例,所以有识之士常对此提出批评,清朝小说《镜花缘》就指出"此皆愚民无知,造此谬论"!

庚帖就是由算命人根据男女双方八字加以测算,看是否适合婚配。明代婚礼中,庚帖也十分流行,如上海人潘允端为他的大公子议婚,他的夫人"必欲求庚帖,积十余纸,取其最佳者然后拜允"②。这种婚姻只论庚帖,不问女子的性情如何,但求命好,危害无穷,明代已有人看出女家买通算命人伪造庚帖的可能性,如上面提到的那位潘允端见到自己的夫人如此重视庚帖,就笑道:"苟用命好,则女家用百文钱找街头谈星学者,辄能差排吉曜,供我所求。"另一个叫张孟奇的人在答亲友议婚书的书信中,也说:"庚帖,造命也。命曰造,便当造之。必欲得小女庚帖,迟迟数月,俟有精于推命者,令其造一八字,极富、极贵、多男,方送来,如何? "闻听两人醒世之言,实可给相信八字者当头一棒!

纳吉之后就要行纳徵之礼。纳徵,又称纳币,《通鉴》上说:太古男女无别。太昊始制嫁娶,以俪皮为礼,据注:俪,偶数也,后世的纳币,大概起源于此。纳徵相当于后世的订婚,"徵"是成的意思,也就是说双方的婚姻关系由此确定,民间俗称"完聘""大聘"或"过大礼"等。古礼纳徵男方送的聘礼是名为纁的浅红丝绸和束帛、鹿皮两张,后财物日渐增多,贫富之家不等,但都是尽力而为,数目取双忌单,后来这项礼仪还采取回礼的做法,即女方象征性地将聘礼中的一部分送还。明代凡纳徵,所用钗币酒牲,一般也随各地风俗,至于礼银,上户不过15两,中户不过10两,下户不过5两。送礼的人,须管待酒饭,不必多给银钱。明代,民间聘礼、妆奁,均因各地风俗不同而有所差异,在北京,大体为先选吉日,前去相亲,留下簪花、戒指、巾帕之类,表示

①［意］马可·波罗著、冯承钧译:《马可波罗行纪》第一五一章,上海:上海书店出版社,1999年,第358页。

②李延昰:《南吴旧话录》卷下,上海古籍出版社,1985年,第190－191页。

婚姻之意,然后行小茶礼,[1]物品只用羹果,或四盘,或六盘,甚至十六盘,以家中财物丰俭而定,又有大茶礼,勋戚富贵家用金珠、玉石,费可达百千金。在南京,民间行聘礼,也行纳币之礼,所送抬盒中用柏枝及丝线络果作长串,或剪彩作鸳鸯,有时鸳鸯也用糖浇成,或者用万年青草、吉祥草,以此为"吉庆之兆"。据《通志》所载,后汉之俗,聘礼之物有30种之多,分别为玄纁、羊、雁、清酒、白酒、粳米、粽米、蒲华、卷柏、嘉禾、长命缕、胶、漆、无色丝、合欢铃、九子墨、金钱绿、得香草、凤凰、含利兽、鱼、鹿、乌、九子妇肠、燧、钻,共计28种,此外,又有丹,为五色之荣;青,为东方之始。《西阳杂俎》也载纳采九事,分别为合欢、嘉禾、阿胶、九子蒲、朱华、双市、绵絮、长命缕、干漆。可见,南京民间聘礼相沿仪物,也是渊源悠久。

　　订婚后就要确定成婚日期,男方通过占卜选择良辰吉日定为婚期,这一礼仪称为"请期",民间俗称"看好儿",一般都选大利月、农历双日,或者三、六、九日,嫁娶月份也不能和男女双方的属相犯冲。为了表示对女家的尊重,要派媒人到女家请求指定婚期,女家主人会推让说:"还是请夫家决定吧",于是,媒人便将已卜定的吉日告诉女方,但若遇"三族之不虞",即父昆弟、己昆弟和子昆弟中有人死丧,还在服丧期中则要改婚期。明代,请期不分上、中、下户,一般只派人通书而已,不用礼物。

　　最后就是亲迎了,这是婚礼的核心。以上五项仪节都是由男方委托媒人到女家进行,而且都是在早晨行事,唯独亲迎是由新郎亲自前往女家,而且时间是在"昏"时。儒家认为阳动阴静,而且女子羞涩,因此必须由男子主动上门娶妻,这一思想成为中国人普遍的心理定式和文化特征之一。那么,古代娶妻为什么要在昏时呢?梁启超、郭沫若等学者认为,昏时成婚是上古时代抢婚习俗的孑遗,因为抢婚需要借助夜色的掩护。而儒家对此礼俗则有新的哲学诠释:新郎到女家迎亲,新娘则随之到夫家,含有阳往阴来之意,昏时是阴阳交接之时,所以说,"必以昏者,取其阴来阳往之义",新婿于昏时而来,所以叫"昏"(先秦文献写作"昏",后世写作"婚"),新娘则因之而去,所以叫"姻",这就是后世"婚姻"一词的来历。不管时代如何变化,亲迎始终作为中国婚礼中最重要的礼仪而被广泛遵守,在今天的婚礼中依然顽强地保留着,无论是大陆、港台,还是旅居世界各地的华人,新郎都会在大喜之日亲自到新娘的府上迎亲,阔气的新郎用高级轿车组成的车队迎亲,贫寒的新

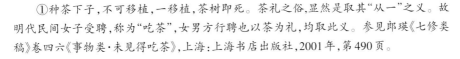

①种茶下子,不可移植,一移植,茶树即死。茶礼之俗,显然是取其"从一"之义。故明代民间女子受聘,称为"吃茶",女男方行聘也以茶为礼,均取此义。参见郎瑛《七修类稿》卷四六《事物类·未见得吃茶》,上海:上海书店出版社,2001年,第490页。

二
姓之合·婚姻礼仪
ERXINGZHIHE HUNYIN LIYI

郎则用自行车或者毛驴,工具不同,但内涵却相同,这是古礼今用的典型例证之一。

图52　古代迎亲场景

图53　新娘花轿

婚礼到迎亲日方达到高潮,极其隆重,习俗的路数也特别多。从宋代开始,婚礼极尽铺张,并要尽量营造喜庆热闹的气氛,迎亲的排场更是不能减省。亲迎这天一大早,女家在祢庙①为祖先的神灵设席祭祀,新娘戴着发饰,在房中面朝南而立,等待丈夫的到来。新郎出发迎亲之前,父亲要有一番教导,之后新郎要乘坐漆车,率领迎亲人马前往女家接亲,随行者分乘两辆副车,从役们手持烛炬,在马前开道照明。富有家庭的迎亲队伍带有花瓶、花烛、香球、妆奁、裙箱、衣匣、交椅等,有的还雇用乘马的歌女及鼓吹的乐队前来助兴。新郎到达门外时,新娘的父亲出门迎接,并导引他进门。上堂后,新娘的父亲在阼阶上面朝西而立,母亲在房外面朝南而立。新郎离开之前要向岳父行再拜叩首之礼,然后走下西阶,出门。女儿出房,跟从新郎从西阶下堂,这时,父母会告诫女儿对公婆恭敬从事,恪守妇道,并赠以衣服、发簪等物,让她日后见物思今,永志不忘,母亲要最后一次为女儿"施衿结帨",整理穿戴,诸母姆子则告诫不要忘记父母的教训。新娘登上迎亲的车,新郎驱车前进,车轮转动三圈后,由车夫代替新郎驾车,新郎乘自己的漆车先回家,再在家门外等候新娘。

图54　龙凤珠翠冠
北京定陵出土实物

---

① 祢,近也。祢庙即父庙,或称考庙。《左传·襄公十二年》:"同宗於祖庙,同族於祢庙。"

二姓之合·婚姻礼仪
ERXINGZHIHE HUNYIN LIYI

图55　凤冠
湖北蕲春蕲州明刘娘井墓出土

图56　戴凤冠、穿霞帔的明朝皇后
选自南薰殿旧藏《历代帝后像》

男家迎亲队伍到后，女家要以酒款待，并给他们彩缎，然后作乐催妆，催促新人上车，然而随从的人却迟迟不肯起程，吵嚷着要喜钱，给了喜钱人们才肯动身，这就叫"起檐子"，《东京梦华录》记："至迎娶日，儿家以车子或花檐子发迎客引至女家门,女家管待迎客,与之彩段,作乐催妆上车檐,从人未肯起,炒咬利市,谓之'起檐子',与了然后行。"①待娶亲队伍回到男家,新娘子下轿之前,又有"拦门"的习俗,即"迎客先回至儿家门,从人及儿家人乞觅利市钱物花红等,谓之'拦门'"②,乐官、伎士们所念的拦门词都是吉利的戏谑之语,而新娘及司礼人等还要答拦门诗。③"起檐子"发生在女方家门前,"拦门"则是男方家门前的仪式,在迎客和从人纷纷吵嚷着索要喜钱、礼物的过程中,一方面渲染了结婚的热闹喜庆场面,更重要的是,它不失为将婚事向众人宣布的一种最佳方式,作为男女两家共同的喜事,无论是新郎娶亲还是新娘嫁人都希望得到他人的关注,使婚姻得到社会的认可与支持。迎娶新妇的仪式复杂而热烈,充满着欢乐的气氛,除起檐子、拦门外,还有撒谷豆、铺毡、跨鞍等礼俗,新娘下车轿之后,要脚踏青布条或毡席而过,不得踏地,意在免得触了晦气,之后,男家一人捧镜倒行,引新娘跨鞍或从秤上过,象征新娘一生平平安安,再后,新娘便可进入新房了,新房的正中,要悬挂一个帐幔,俗称"坐虚帐"。新娘进入新房要径直坐在床榻上的蒲团之上,俗称"坐富贵",目的主要是为驱煞避邪、祈求新人平安、多子多福,之后新娘子就可以入洞房了。

图57　新娘脚踏青布

①[宋]孟元老撰,邓之诚注:《东京梦华录注》卷五《娶妇》,北京:中华书局,1982年,第144页。

②[宋]孟元老撰,邓之诚注:《东京梦华录注》卷五《娶妇》,北京:中华书局,1982年,第144页。

③徐吉军、方建新、方健等:《中国风俗通史·宋代卷》,上海:上海文艺出版社,2001年,第381页。

迎亲之俗，各地也有所不同，但男方迎亲之时，总有新郎好友一人随行，俗称"伴郎"。在北京，新妇过门，初出轿时，新郎将马鞍放在地上，让新妇跨过马鞍，称为"平安"。新妇进房以后，让一个阴阳先生高唱催妆诗，用诸果遍撒新房，称"撒帐"妇，家用饮食供送其女，或加服饰、酒礼，遍拜女婿的众亲。随时举行宴会，有"做三朝""做单九"或"做双九"几种。过一月，女家迎婿及女回门，留在女家，过一月才回。

想象那浩浩荡荡的迎亲队伍，一路之上，吹吹打打，前呼后拥，新郎春风满面，新娘含羞带怯，招来观者如堵，好不热闹，一对陌生男女的命运从此捆绑在一起，有温暖的婚床等待着他们，更有养老育儿的重任等待着他们，未来是晴雨交加、悲喜交织的漫漫人生路……

图58 迎亲时的场景

三、牵巾结发洞房夜

"洞房花烛夜"自古被视为人生一大乐事，新娘入洞房之后，新婚的喜宴便可开席了，男女双方的宾客好友相继入座，人们举杯畅饮、觥筹交错、欢声笑语，毫不吝啬地将赞美和祝福送给新婚夫妇及其家人，而新郎和新娘还要经历一系列复杂、甜蜜而又充满寓意的礼仪。

1.拜堂撒帐

婚礼中，新郎和新娘要行参拜之礼，主要的参拜仪式有拜天地、拜家庙和夫妇交相互拜，宋代习俗是"婿于床前请新妇出，二家各出彩段，绾一同心，谓之'牵巾'，男挂于笏，妇搭于手，男倒行出，面皆相向，至家庙前参拜毕，女复倒行，扶入房讲拜，男女各争先后对拜毕"[1]，宋话本《快嘴李翠莲记》

---

[1] [宋]孟元老撰、邓之诚注：《东京梦华录注》卷五《娶妇》，北京：中华书局，1982年，第144页。

中写到,翠莲下轿"本宅众亲簇拥新人到了堂前",朝当日喜神的方向站定,"且请拜香案,拜诸亲。合家大小俱见毕"①,而参拜父母则要在次日早晨进行。

图59　新婚夫妇拜天地

　　新夫妇交拜礼毕后,女向左,男向右,面对面坐于床上,妇女(必为全福妇女)以金钱彩果撒掷,称为撒帐,宋代京城的风俗是"就床,女向左,男向右坐,妇女以金钱彩果散掷,谓之'撒帐'",②宋话本《快嘴李翠莲记》记,翠莲下轿行过参拜礼后,便有:先生念诗赋,新郎在前,新娘在后,先生捧着五谷随进房中,新人坐床,先生拿起五谷,念道:

　　撒帐东,帘幕深围烛影红。佳气郁葱长不散,画堂日日是春风。
　　撒帐西,锦带流苏四角垂。揭开便见嫦娥面,输却仙郎捉带枝。
　　撒帐南,好合情怀乐且耽。凉月好风庭户爽,双双绣带佩宜男。
　　撒帐北,津津一点眉间色。芙蓉帐暖度春宵,月娥苦邀蟾宫客。……③

这是我国记录最早的撒帐词,常为提及。

3.却扇盖头

洞房里,新郎终于要见到新娘的庐山真面目了,《世说新语·假谲》说晋

①　程毅中辑注:《宋元小说家话本集》,济南:齐鲁书社,2000年。
②　[宋]孟元老撰、邓之诚注:《东京梦华录注》卷五《娶妇》,北京:中华书局,1982年,第144页。
③　程毅中辑注:《宋元小说家话本集》,济南:齐鲁书社,2000年。

人温峤的堂姑母委托温峤为其女儿物色夫婿,几天后,温峤说已经物色好,门第与身世不低于自己,婚礼时,新娘用手拨开纱扇,发现新郎就是温峤,这就是"却扇"一词的出典,南北朝庾信有《为上黄侯世子赠妇》诗云,"分杯帐里,却扇床前",也是用温峤娶媳妇的典故,唐代,却扇已经成为普遍的礼俗,《资治通鉴》记载,唐中宗景龙二年,赐婚御史大夫窦从"内侍引烛笼、步障、金缕罗扇,自西廊而上,扇后有人",两人相对而坐之后,中宗命窦从"诵却扇诗数首,扇却,去花易服而出",胡三省的注说,"唐人成婚之夕,有催妆诗、却扇诗",新娘要等新郎作了却扇诗之后,才肯除去挡脸的扇子,确实很有文人婚礼的情趣,于此也可见唐代诗风之盛。直到宋代,才出现了如同今日的盖头,宋代吴自牧《梦粱录》卷十二记当时婚礼要请男家一位福寿双全的女亲,用秤杆或纺梭挑起新娘的盖头,后来,变为由新郎亲手掀起盖头,唐封寅的《封氏闻见记》说"近代婚嫁有障车、下婿、却扇及观花烛之事",上自皇室,下至士庶,莫不皆然。

4.共牢合卺

在新房里,有侍者交替为新郎、新娘浇水洗手,赞礼者为新人安排好了新婚第一餐的馔席,这餐饭菜很简单,进食带有礼仪的性质,吃得也不多。古人食俗有些类似今天的份餐制,各种食物每人一份,所以新郎、新娘的席前,主食黍和稷,以及调味用的酱、菹(腌制的冬葵菜)、醢(螺酱)、湆(肉汤)都是各有一份,而鱼俎(zǔ,古代祭祀时放祭品的器物、切肉或切菜时垫在下面的砧板)、豚俎、腊俎(风干的全兔)仅有单独的一份,放在两人的饭菜之间,供新郎、新娘一起食用,这一安排称为"共牢而食","牢"就是俎或者俎里的食物。

图60　合卺

"合卺"这个词对现代人而言是陌生的,不过"交杯酒"一词大家却非常熟悉,其实"交杯酒"的礼俗就是古代"合卺"之礼的演变。"卺",一种瓠瓜,味苦不可食,俗称苦葫芦,多用来做瓢,古代结婚时人们要在婚礼中把一个匏瓜剖成两个瓢,新郎、新娘各拿一个饮酒,就叫"合卺",据说卺酒异常苦涩,夫妻二人同饮卺中苦酒,象征两人今后要同甘共苦,患难与共。"合卺"始于周代,《礼记·昏仪》云:"共牢而食,合卺而酳,所以合体同尊卑,以亲之也。"[1]宋代东京在"合髻"之后也要行"合卺"之礼,"用两盏以彩结连之,互饮一盏,谓之'交杯酒'"[2],"交杯酒"一词也是出现于宋代,宋代有"合卺诗"云:

> 玉女朱唇饮数分,盏边微见有坏痕。
> 仙郎故意留残酒,为惜馨香不忍吞。

新人从素昧平生到成为结发至亲,在仪节上不能没有一个过渡,共牢而食、合卺而饮正是要体现夫妇一体、彼此亲爱的意思。在当今婚礼中,客人闹新房时有一个几乎是必不可少的节目,就是让新郎、新娘一起咬一颗糖或一个苹果,也是表示夫妇从此结为一体,这正是"共牢而食、合卺而饮"的遗风余韵。

5.结发之礼

新婚夫妇还要举行"合髻"之礼。北宋东京的合髻仪式是"男左女右,留少头发,二家出钗段、钗子、木梳、头须之类,谓之'合髻'"[3],故合髻又称为结发,是象征夫妻二性合一、生死相随、患难与共、白头偕老的信物。这种仪式源于唐代,唐人李陵有诗云"结发为夫妻,恩爱两不疑",在宋代城市婚俗中得以完善,不过此礼只限于新人首次结婚,再婚者不用,"后世初婚嫁者,以男女之发合梳为髻,谓之结发"[4],人们常说的结发夫妻也就是指原配夫妻,娶妾与续弦等都不能得到结发的尊称。也有学者考证认为"结发"之俗其实是一种巫术,古人认为身体发肤,受之父母,是不能轻易损伤的,新婚之时男子将自己的头发给新娘乃是破例之事,一缕头发在我们现代人看来不算什么,但古人看来却非同小可,头发即可代表其本人,男女将发结在一起,如果

① 李学勤主编:《十三经注疏·礼记正义》卷六一《昏义》,北京:北京大学出版社,1999年,第1619页。

②[宋]孟元老撰、邓之诚注:《东京梦华录注》卷五《娶妇》,北京:中华书局,1982年,第144页。

③[宋]孟元老撰、邓之诚注:《东京梦华录注》卷五《娶妇》,北京:中华书局,1982年,第144页。

④ 陈鹏:《中国婚姻史稿》,北京:中华书局,1990年,第262页。

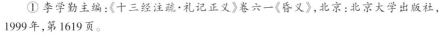

丈夫不忠,妻子就可利用头发施行巫术使男子回心转意,"他俩的发亲近,就可以使他俩的心,他俩的魂,也非常亲近"。①

　　中国传统的信仰习俗,诸如巫术、祈禳、祭祀、禁忌等,对传统的婚礼仪式也有很大影响。唐宋以前,婚礼过程中的仪式、仪物多含有驱邪辟祟的寓意,如唐代迎新妇须"以粟三升填臼,席一枚以覆井,枲三斤以塞窗,箭三只置户上";②宋代亲迎时,也盛行各类厌胜之举,《东京梦华录》卷五《娶妇》记载:"新妇下车子,有阴阳人执斗,内盛谷豆、钱果、草结等,咒祝望门而撒,小儿辈争拾之,谓之'撒谷豆',俗云厌青羊等杀神也。新人下车檐,踏青布条或毡席,不得踏地,一人捧镜倒行,引新人跨鞍、蓦草及秤上过。"其镜亦为驱邪之具。③至明代中晚期,各类明显具有巫术厌胜含义的仪式逐渐消失,江南人家所用的婚礼仪物,唯求华丽体面、欢快热闹,且多赋以喜庆、祝吉的用意,先前的巫术成分已被转化成淡忘,如叶梦珠记述松江一带的情况:"婚礼隆杀,以予所见,大概如常。独迎新彩轿日异。当崇祯之初,与服止用蓝色绸,四角悬桃红彩球而已。其后用刺绣。未几而纯用红绸刺绣。又未几而用大红织锦或大红纱绸满绣。舆上装缀用大镜一面当后,或左右各一,后用数小镜缀于顶上,更觉轻便饰观。今俱用西洋圆镜,大如橘柚,杂於五彩球中,如明星煌煌,缀彩云间,华丽极矣!"④前代用以驱邪的铜镜,此时或为西洋玻璃镜所取代,而且已成为纯粹的装饰品。顾起元记述南京人家的婚礼仪物:"金陵人家行聘礼,行纳币礼,其笲盒中用柏枝及丝线络果作长串,或剪彩作鸳鸯,又或以糖浇成之,又用胶漆丁香粘合彩绒结束,或用万年青草、吉祥草,相诩为吉庆之兆。"⑤其中有些物品为汉唐以来所习用,但时人已多不知晓其最初的巫术含义。⑥

---

　　① 江绍原:《中国人的发爪与接触巫术》,载《二十世纪中国民俗学经典·信仰民俗卷》,北京:社会科学文献出版社,2002年,第20页。

　　② 段成式:《酉阳杂俎》卷一《礼异》,北京:中华书局,1981年。

　　③ [宋]孟元老撰,邓之诚注:《东京梦华录注》卷五《娶妇》。北京:中华书局,1982年,第144页。

　　④ 叶梦珠:《阅世编》卷二《礼乐》,上海:上海古籍出版社,1981年。

　　⑤ [明]顾起元:《客座赘语》卷九"礼制"条,北京:中华书局,1987年。

　　⑥ 段成式:《酉阳杂俎》卷一《礼异》记载:"婚礼纳采有合欢嘉木、阿胶、九子蒲、朱苇、双石、绵絮、长命缕、干漆九事,皆有词。胶漆取其固,绵絮取其调柔,蒲、苇为心可屈可伸也,嘉禾分福也,双石义在两固也。"可见,此类物品在汉唐时皆明显具有模拟巫术的用意。

四、新婚拜门敬姑舅

婚礼最后一个重要仪节是拜见舅姑,舅姑是古代对公公、婆婆的称呼。按古代的宗法观念,虽然夫妻已经同居,但如果不拜公婆祖先,还不能算作完备的婚礼。因此,在亲迎的次晨,新娘还要举行"谒舅姑(公婆)"之礼,新娘早早起身沐浴,穿戴整齐后,以新妇的身份拜见公公、婆婆。公公以主人的身份在阼阶上即席,婆婆以内主的身份在房门外的西侧即席。新娘捧着盛着枣、栗的竹篮,提梁上覆盖着巾,从西阶上堂,到公公席前行拜见礼,礼毕,将竹篮放在席上,公公抚摸竹篮,表示收下礼物。新娘又到婆婆席前行拜见礼,然后将另一只盛着干肉的竹篮放在席上,婆婆举起竹篮,表示收下礼物。接着,赞礼者代表公婆用醴酒向新娘致礼,表示接纳新娘为家庭正式成员,之后,新娘向公婆"馈特豚",就是进献一只煮熟的小猪,小猪经左右对剖之后,先一起放入鼎中,食前取出,分别盛放在公公、婆婆的俎上,这是表示新娘开始以媳妇的礼节孝敬公婆。最后,公婆设食款待新娘以及女家的有司等人,并赠给礼物。礼毕,公婆从西阶下堂,新娘从东阶下堂,这里含有"著代"的意思,表明新娘从此代替婆婆成为家庭的主妇,这是涉及家庭管理权交接的大事。宋代京城婚礼要在"次日五更,用一桌,盛镜台镜子于其上,望上展拜,谓之新妇拜堂。次拜尊长亲戚,各有彩缎巧作鞋枕等为献,谓之赏贺。尊长则复换一匹回,谓之'答贺'"。如果成婚时公婆已经去世,就只能在宗庙祭祀时另外用"奠菜"的礼仪拜祭公婆。周人实行四时之祭,春夏秋冬每季一祭,所以是每三月祭祀一次,这就是《士昏礼》说的"若舅姑既没,则妇入三月乃奠菜",到了宋代,人们认为三月一祭相隔时间太长,于是改为三日,遂成定格,流传后世。

新婚的第二日(或第三日、七日亦可),新郎须到岳父母家"拜门",第七日,新娘也要回娘家"洗头",《东京梦华录》记:"婿往参妇家,谓之拜门。有力能趣办,次日即往,谓之复面拜门,不然三日七日皆可。赏贺亦如女家之礼。酒散,女家具鼓吹以物迎婿还家。三日女家送彩缎油密蒸饼,谓之密和油蒸饼。其女家来作会,谓之女。七日则取女归,盛送彩缎头面与之,谓之洗头。"[1]《梦粱录·嫁娶》也记:"三日,女家送冠花、彩段、鹅蛋,以金银缸儿盛油蜜,顿于盘中……并以茶饼鹅羊果物等合送去婿家,谓之'送三朝礼'也。其两新人于三日或七朝、九日,往女家行拜门记,女亲家广设华宴,款待新

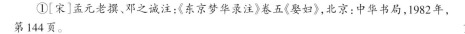

---

①[宋]孟元老撰、邓之诚注:《东京梦华录注》卷五《娶妇》,北京:中华书局,1982年,第144页。

婚，名曰会郎。"①清代钟毓龙《说杭州·婚姻·回郎》载"女家邀请亲之喜帖曰：某月某日小女于归，小婿即日庭谒。此即所友谓庭谒也。也名回郎。有单回郎与双回郎、灯彩回郎与不用灯彩之分……双回郎者，新娘亦去"，婚后"一月则大会相庆，谓之满月，自此以后，礼数简矣"。②

图61　女孝经图
现藏北京故宫博物院

五、晚清婚礼新风尚

　　光绪年间，在经济较为发达的地区西式婚礼渐有影响，19世纪末20世纪初，文明结婚形式在大城市及沿海通商口岸开始流行。文明结婚，除婚礼地点不在教堂，不用牧师主婚外，许多仪式大致从西礼中移植过来，虽然杂有中国传统婚礼的某些内容，但精神和形式上基本是西方化地反映出中国婚俗的变化，代表着晚清婚俗变化的正确方向。

　　文明婚礼"鉴于盲婚之病苦，礼文之繁缛，金钱之虚耗，从而改良之"③，婚礼多趋向简约，一般从议婚到成婚(即亲迎)经过三个阶段：订婚、纳聘、亲迎，旧礼中的坐花轿、拜天地、闹洞房、回门

图62　晚晴时期的结婚照

①[宋]吴自牧：《梦粱录》卷二十《嫁娶》，台北：商务印书馆，1939年，第186页。

②[清]钟毓龙：《说杭州·婚姻·回郎》，杭州：浙江人民出版社，1983年。

③丁世良主编：《中国地方志民俗资料汇编(中南卷)》，北京：北京图书馆出版社，1991年，第1004页。

等传统婚姻礼俗开始改革,一般采用奏乐、入席、证婚人宣读证书、各方用印、新郎新娘交换饰物、相对行鞠躬礼、谢证婚人、介绍人、行见亲族礼、行受贺礼、来宾演说等。

图63　民国时期婚礼场面

新式婚姻礼仪因其简约而受到人们的称羡,时人有论"梳一东洋头,披件西式衣,凡凤冠霞帔锦衣绣红鞋绿袜一概不用,便利一;昂然登舆,香花簇拥,四无障碍,无须伪啼假哭,扶持背负,便利二;宣传婚约,呼唤婚指,才一鞠躬,即携手同归,无俟相催请跪拜起义之烦,便利三"[1],在一些信奉西教之家,结婚时以教堂为礼场,请牧师主持婚礼,仪式也相当简单。的确,新式婚礼比较文明、方便、进步,首先"倡于都会商埠,内地亦渐行之"[2],在大都市的知识分子和学生中流行,后来在一般市民中也开始流行,成为当时的一种时髦。

婚礼的仪物和仪式所发生的上述变化,不仅反映出人们认识水平有所提高,而且说明市民阶层的生活情趣及其对家庭生活的美好愿望,正不断地渗入当时的婚礼程式,使之变得更富人情味,更加世俗化,这不能不说是社会的一种进步。

一姓之合·婚姻礼仪

ERXINGZHIHE HUNYIN LIYI

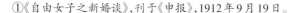

①《自由女子之新婚谈》,刊于《申报》,1912年9月19日。

②徐珂:《清稗类钞》第5册,北京:中华书局,1984年,第1987页。

缘情而作:丧葬礼仪

　　中国古代的丧葬礼仪之所以发达,主要是受儒家伦理道德体系的影响。严格依照礼法的规定举办丧葬仪式,不仅仅是孝道的集中体现,而且关乎死者后世子孙的命运,对于死者的家属而言,这是更具现实意义的考虑,甚至可以说,葬死者从某种意义上说是在为生者谋取福祉,司马光说:"今之葬书,乃相山川、岗畎之形势,考岁月日时之支干,以为子孙贵贱、贫富、寿夭、贤愚皆系焉。非此地、非此时不可葬也,举世惑而信之。"[①]可谓一针见血地道明了宋代葬俗的最终目的,丧葬直接关系到子孙未来的贵贱、贫富、寿夭、贤愚,其重要程度不言而喻,因而必须谨慎、精心地处理丧葬的每个细小环节,否则必会殃及生者。中国古代的丧葬礼仪体现等级分明,形式极其复杂,其中许多内容有国家法典规定,还有许多内容在民间相沿成俗。

　　家庭成员尤其是家庭地位较高者的死亡,由于伴随着死者政治权力、社会地位、个人财产的更替和转移,以及因祖先崇拜而形成的一系列信仰习俗,一直被视为家庭最为重大的事情之一,有"礼莫重于丧"之说。因为一般的礼仪一天或者几个时辰就结束了,而丧礼前后长达三年之久,而且仪节极为复杂,内涵也相当丰富。从《仪礼·士丧礼》中至为繁缛琐细的规定即可看出传统礼制对治丧礼仪的重视,丧葬与祭祀礼制是礼制建设中的一个重要方面,丧葬与祭祀礼仪中的等级规定有利于社会的整合,而家族墓祭与祠祭礼仪则是宋人家族团结的精神纽带,通过丧葬与祭祀礼仪,宋人确立了特定家族的地方权力场域,从而加强了对地方基层社会的控制。司马光所著《书仪》共十卷,其中六卷是丧仪,南宋朱熹所著《家礼》也有专门的一卷总结丧

---

①［宋］司马光撰:《司马文正公集略》卷二四《论·葬论》,南京:江苏古籍出版社,1996年。

礼，足见对丧葬礼仪的重视程度。中国古代的伦理道德体系中，"孝道"乃是人伦之根本行为规范之一，"孝莫大于安亲，忠莫先于爱主，人伦之本，无越于斯"[①]，这也是宋代士大夫的一种普遍看法，"安亲"包括的范围很广，在中国古代，绝大多数人都将死亡视为人生旅程的一种转换，常用的一种说法是从阳世到了阴间，而不是终结，因而亲人，尤其是长辈，无论是在世，还是去世，都应该竭尽全力尽孝。

宋代汉族葬礼大致分为土葬、火葬和水葬三种类型。土葬为古代汉族最常见的形式。宋代因人口增长迅速，贫者无地，又受佛教的影响，不仅僧侣多用火葬，而且盛行于民间，尤其在地狭人众的地区更是屡禁不止，《宋史》记载："今民俗有所谓火化者，生则奉养之具唯恐不至，死则燔爇而弃捐之，何独厚于生而薄于死乎？甚者焚而置之水中，识者见之动心"[②]，"贫下之家，送终之具，唯务从简，是以从来率以火化为便，相习成风，势难遽革"[③]，火葬既简便节约，又不占耕地，理应加以倡导，但这种丧葬方式冲击了儒家的传统礼制，改变了宋代社会的伦理道德，遭到了司马光的坚决反对，儒家把丧仪视为强化宗法意识的重要手段，试图通过丧礼的实施使伦理纲常得以不衰，使统治秩序得以维持，而火葬则完全将此弃置不顾，明代火葬依然流行，据史料记载，明太祖号称以孝治天下，曾"下火葬之禁"，主张"葬之以礼"，但很快火葬之俗就又重新抬头，一些开明的官员也主张因不同情况而采取不同的丧葬习俗，如绍兴二十八年，户部侍郎荣薿(拟)言，"州县休息之久，生聚日繁，所用之地，必须宽广。仍附郭近便处，官司以艰得之故，有未行摽拨者。既葬埋未有处所，而行火化之禁，恐非人情所安。欲乞除豪富士族申严禁止外，贫下之民并客旅远方之人，若有死亡，姑从其便，候将来州县摽拨到荒闲之地，别行取旨"[④]，皇帝准奏。

一、阴阳转换尽孝道

丧礼指殡殓死者、举办丧事、居丧祭奠等礼节仪式。同样是死，不同身份等级的人，叫法上就截然不同，《礼记·曲礼下》说："天子曰崩，诸侯曰薨，大夫曰卒，士曰不禄，庶人曰死。"丧礼的差别就更大了，总的说来有五六十种，非常复杂，主要分为初终、入殓、下葬三个步骤：

①［宋］陈颢、陈颐：《河南程氏文集》卷五《为家君上神宗皇帝论薄葬书》，载《二程集》，北京：中华书局，2004年，第527页。

②《宋史》卷一二五《志第七十八·礼二十八》，北京：中华书局，1977年，第2918页。

③《宋史》卷一二五《志第七十八·礼二十八》，北京：中华书局，1977年，第2919页。

④《宋史》卷一二五《志第七十八·礼二十八》，北京：中华书局，1977年，第2919页。

1.初终礼仪

古代讲究"寿终正寝""善终"，所以将死之人要居于正室，死者亲属要守在周围，"属纩以俟绝气"，"纩"是质地很轻的丝绵新絮，用以放在临终者口鼻上察验是否还有呼吸，如确已断气，则由家人拿着死者衣服，朝着幽冥世界所在的北方，高呼死者的名氏，呼唤死者回来，叫"复"，俗称"招魂"，意为挽回死者做最后的努力。宋代招魂是人刚咽气时，由专门的人或亲属拿着死者穿过的衣服爬到房顶上，或是在死者居住的房屋南面，挥舞死者的衣服，嘴上大喊三次"某人复"①，而妇女则呼出生时的"号"，然后将舞过的衣服覆盖在死者尸体之上，这大概是借尸还魂之意。"复"后，再验纩，确已断气，则开始哭丧。用"复"的衣服为死者穿上，然后用殓巾覆盖尸体，叫作"幠殓"。在尸体东侧设酒食，供死者鬼魂饮用，明清时称"倒头饭"。死者家属退去华丽衣饰，着素服，开始居丧，同时派人向死者上级、亲友报知死讯叫"报丧"，后世则以讣告形式发出。亲友闻讯前来吊唁，并赠送死者衣被，称"致襚"，死者家属要陪哭，并跪拜答谢。在堂前西阶树一旗幡，上书"某某之枢"，目的是让人知道死者是谁，叫"铭旌"，旗幡长短标明死者身份。用烧热的洗米水为死者洁身，并为死者修剪头发、指(趾)甲，叫"沐浴"。沐浴之后，要在死者口中放入珠、玉、米、贝等物，称"饭含"。周制天子饭黍含玉，诸侯饭粱含璧，大夫饭稷含珠，天子之士饭粱含贝，诸侯之士饭稻含贝。唐代皇帝饭粱含玉，三品以上官员饭粱含璧，四、五品饭稷含碧(绿玉)，六品以下饭粱含贝。明代规定五品以上饭稷含珠，九品以上饭粱含小珠，庶人饭粱含钱，以此祝愿死者黄泉路上衣食无忧。在堂前庭中设一块木牌，暂时代替神主，叫"设重"，晚上在堂上和庭中燃烛，称"设燎"，以便于死者亡灵享用供品。以上这些初终礼仪须在一日之内完成。

这时，死者的内外有服亲属及在丧礼中服务的人员都要去冠易服，"著素淡之衣"②，易服的基本原则是依据性别和与死者亲属关系的远近，通常情况下，死者是妻、子、儿媳、妾等去冠和上衣，披头散发，男子则脱得更多，且要赤脚，妇女不赤脚等，而有服亲等则要去掉华丽的装饰，"谓锦绣、红紫、金玉、珠翠之类"③。按照规定，死者亲生儿子三天不食，九月期亲三顿不食，大功、小功亲一顿不食，"亲戚邻里，为糜粥以食之，尊长强之少食可也"④，由于

①[宋]朱熹：《朱子家礼》卷四《丧礼》，上海：上海古籍出版社，2002年，第902页。
②[宋]司马光：《司马氏书仪》卷五《丧仪》，上海：商务印书馆，1937年，第49页。
③[宋]朱熹：《朱子家礼》卷四《丧礼》，上海：上海古籍出版社，2002年，第903页。
④[宋]朱熹：《朱子家礼》卷四《丧礼》，上海：上海古籍出版社，2002年，第903页。

三日不食，身体在极度悲伤之中是很难维持的，因而礼法做了相应的变通。报丧一般由"护丧"者在"丧主"的授意下进行，通常要通知远近的亲戚、朋友、同事等，这些人得报后陆续前来吊丧。

初终礼仪还包括设灵座、魂帛、铭旌。在遗体之南设一架子作为灵座，灵座之前设香炉、香合，摆放酒、果等祭品。以白色的绢做成"魂帛"，死者生前有画像，便可悬挂于灵座上，颇为类似现代的遗像，然而，很多人生前不曾有画像，因而宋代"魂帛"多种多样，民间甚至用衣冠做成人的形状，这种现象招致了司马光的批评：

> 士民之家，未尝识也，皆用魂帛。魂帛亦主道也。礼，大夫无主者，束帛依神，今且从俗，贵其简易。然世俗或用冠帽衣履装饰如人状。此尤鄙俚，不可从也。又世俗皆画影，置于魂帛之后，男子生时有画像，用之，犹无所谓。至于妇人，生时深居闺阃，出则乘辎軿，拥蔽其面，既死，岂可使画工直入深室，揭掩面之帛，执笔望相，画其容貌，此殊为非礼，勿可用也。[1]

司马光特别提到，大多数妇女在世之时几乎很难有画像，死后脸上又覆盖着帛，如果揭开来画其容貌，显然是非礼之事，因而民间只好用衣服、鞋等装饰"魂帛"，这是不可接受的做法。

2.小殓大殓

入殓分"小殓"和"大殓"。"小殓"是指为死者穿上入棺的寿衣，小殓之前，先把各种殓衣连同亲友所致之襚全部陈列开来。天子七日小殓，诸侯五日小殓，平民通常在死后次日举行，主要处置死者的遗物，宋代似乎更多的是衣物，"以卓陈于堂东北壁下，据死者所有之衣，随宜用之，若多，则不必尽用也"[2]，就是将死肖生前穿过的衣服安放在遗体的周围，用麻绳系牢，然后人家一起将遗体抬到"小殓"床上，死者的亲属等睹物思人，十分悲痛，自然又要进行祭奠。古代衣服有里曰"复"，无里曰"单"，小殓用的所有寿衣必是夹衣、绵衣，小殓时所有参加者都要不停地号哭，以示悲痛至极。小殓后用衾被裹尸，用胶布收束。民间殓衣多用绸子，以福佑后代多子多孙，忌用缎子，因其谐音"断子"，恐致"断子绝孙"。

大殓指死者入棺仪式，一般在小殓次日举行，即"小敛之明日，死之第三日也"，司马光解释说"三日而敛者，俟其复生也，三日而不生，则亦不生矣，

①［宋］司马光：《司马氏书仪》卷五《丧仪》，上海：商务印书馆，1937年，第54页。

②［宋］朱熹：《朱子家礼》卷四《丧礼》，上海：上海古籍出版社，2002年，第906页。

故以三日为之礼也。今贫者丧具或未办,或漆棺未干,虽过三日,亦无伤也。世俗以阴阳拘忌,择日而敛,盛暑之际,至有汁出虫流,岂不悖哉"①,意思是停留三日是为了等候死者再生,如果三天之内未能醒来,就不可能再生了,才能大殓入棺。在现实生活中,似乎并不是完全如此,尤其是在宋代,死者因为各种缘由过三日不大敛入棺的现象相当普遍,在司马光看来,如果是因为贫穷,无力置办"丧具",或是棺材油漆未干等,这些都是可以理解的,但事实上,宋代民间葬礼往往受到阴阳之术的左右,或是拘泥于各种禁忌,选择吉日举行大敛仪式,从而拖延了大敛时日,这些现象彻底背离了传统的儒家理论及其伦理道德体系。更为严重的是,宋代很多人在亲人去世后数年甚至数十年都不安葬死者尸体,而是将死者停放在佛教寺庙,朱熹指出,"今世俗多殡于僧舍,无人守视,往往以年月未利,逾数十年不葬,或为盗贼所发,或为僧所弃,不孝之罪,孰大于此"②,由此可见,不少宋人以"年月未利"为借口不埋葬死者尸体,在司马光和朱熹看来,这种行为是最大的不孝之罪。

大殓是死者与亲人最后一别,所以仪式非常隆重。入棺前要为死者着衣祭奠,小殓时着常衣,大殓时着官服,女子则凤冠霞帔。明代,入殓前有"浴尸"这一道程序,按照民间的说法,如果亲子能饮下替亲人尸体洗澡之水,那么死者就无入地狱之苦。③之后,主人主妇在执事人的帮助下,铺席执衾,亲自奉尸入棺,民间习俗,要在棺底铺上一层谷草,然后再铺一层黄纸,乞求死者灵魂能够高高地升入天堂。要用黄绫绣花棉褥,俗叫"铺金",褥子上锈海上姜牙、八仙过海等图案,目的是超度死者的灵魂升天成仙。盖棺时儿女应在场,如死者为女子,要等娘家人与之告别后,方可盖棺。棺内还要放金银铜钱等,富家讲究死者左手执金,右手握银,而穷人就只好放些铜钱了,盖棺之后,再次祭奠,已盛尸之棺称"柩",停柩称"殡",此后,死者家属分别按血缘关系的远近穿着不同等级的丧服,叫"成服",明代成服时,丧家要大设筵席,盛张鼓乐,广招亲宾,多的达十余日,少的也不下五六日。

宋代大敛有着较为固定的程序,先要准备好入殓的"衣衾",要求"衣无常数,衾用有绵者",把棺材放在堂屋正中偏西的位置,然后将死者从小殓床上移到棺材里面,"侍者与子孙、妇女俱盥手,掩首结绞,共举尸纳于棺中,实

---

①[宋]朱熹:《朱子家礼》卷四《丧礼》,上海:上海古籍出版社,2002年,第907页。

②[宋]朱熹:《朱子家礼》卷四《丧礼》,上海:上海古籍出版社,2002年,第907页。

③[明]文元发:《清凉居士自序》,载杜联喆辑录《明人自传文钞》,台北:艺文印书馆,1977年,第6页。

生时所落发齿及所剪爪于棺角,又揣其空缺处,卷衣塞之,务令充实,不可摇动,谨勿以金玉珍玩置棺中,启盗贼心。收,衾先掩足,次掩首,次掩左,次掩右,令棺中平满,主人、主妇凭哭尽哀,妇人退入幕中。乃召匠加盖、下钉、撤床、覆柩以衣。祝取铭旌,设跗于柩东,复设灵座于故处,留妇人两人守之"①。可知"大敛"仪式有几个要点,一是死者的子孙等一起将尸体抬入棺中,这是家属与死者之间亲情的表现;二是要用衣物填满棺材的缝隙,但不要将金玉等贵重物品装入棺材,以免盗贼发现而挖掘坟墓;三是死者的亲人凭吊,与死者遗体作最后道别;四是盖上棺材盖,并以钉子钉牢;五是派两名妇女看守灵座,这个步骤是非常奇怪的风俗,颇令人费解。

3.下葬礼仪

下葬是指埋葬死者的礼仪,《礼记》载"天子七日而殡,七月而葬;诸侯五日而殡,五月而葬;大夫、士、庶人三日而殡,三月而葬",秦汉以后,平民三、五天后就下葬。墓地是死者的最终归宿,墓地的选择是埋葬死者的头等大事,墓地要选在地势宽广,山清水秀的地方,以使死者安息地下,庇佑子孙。墓志铭要较为详细地叙述死者的生平、家族等内容,一般的程式为:某官姓名(妇人云某姓名妻,某封某氏),某州某县人,考讳某,某官某氏某封(惩官封者但云姓名或某氏)。某年月日生,叙历官迁次(妇人云年若干,适某氏,叙因夫、子致封邑,无官封者皆不叙)。某年月日终,某年月日葬(丈夫云娶某氏、某人之女、封某邑。)子男某某官女逋某官某人,上述内容通常就是宋代史料中常见的墓志铭。在下葬之前,还要准备好"碑志""明器"等物件,所谓"明器",也叫"冥器",就是随葬物品,宋代通常是用木料雕刻成日常生活用品,或是人物形象,"刻木为车马仆从侍女,各执奉养之物,象平生而小,多少之数依官品"②,可知是按照官品的高低在墓室中放入数量不等的木雕随葬物品,使死者能在阴间享受到同人间一样的生活。不过宋代一度流行薄葬,盛行瓮棺葬,就是把尸体火化后装入瓷瓮,明器也多为纸明器,因此,宋代墓葬里发现实物随葬品较少,而以纸作为明器的传统也保留至今。

下葬前一天,先举行"迁柩"仪式,即把灵柩迁入祖庙停放。第二天,灵车启行,前往墓地,叫"发引",后世称"出殡"。发引队伍由丧主带领,边哭边行,亲友执绋(牵引柩车的绳索),走在灵车之前,富贵之家仪仗繁多,往往由方相氏开道,乐队前导,旗幡高树,明器浩荡,纸钱飘飞,僧尼道士随行念经。出丧队伍经过之处,亲友可设"路祭"——搭棚祭奠。

①[宋]朱熹:《朱子家礼》卷四《丧礼》,上海:上海古籍出版社,2002年,第908页。

②[宋]司马光:《司马氏书仪》卷七《丧仪》,台北:商务印书馆,1936年,第49页。

缘情而作·丧葬礼仪 YUANQINGERZUO SANGZANG LIYI

　　灵柩到达墓地后，先行祭奠，然后由孝子执锹挖土，众亲友打墓穴。打好墓穴后，在墓穴的底部铺垫两根竹子或者剥了皮的光滑小杉树，把灵柩推进墓穴后再抽掉，下柩时家属男东女西肃立默哀，灵柩安放平稳后，主人及亲属痛哭，并抓起泥土扔向灵柩上，叫作"添土"，最后，筑土成坟，下葬完毕，丧主还要"反哭""虞祭"。

图64　清代的出殡仪式

图65　清代天津街道葬礼仪仗队

4."做七"和"百日"

人死以后,每隔七日就做佛事超度亡魂,一般称为"做七",以"五七"为重,至100天,家人再次对死者进行祭奠,至此,丧礼基本结束。这种习俗的出典,有以下两种说法:一种认为七是火之数,而火又主化,所以小孩生下来时,七日一变,逢七而祭,这是为了附和变化之数;而另一种则主张,人生49天而魄生,那么也必须人死49天才会魄散。至于人的魂魄为何遇七而散,也有其中的道理,假如人以甲子日死,则往下数到庚午正好是一七。甲,属木;庚,属金。金能剋木,午又冲子,称之为"天剋地冲所以,民间以人死魂魄遇七而散,至七七之日散尽"①,除了"做七"之外,如百日、期年、再期(即两周年)、服除,以及以后每年的七月十五、十周年、二十周年,称为"追荐"。

西汉以后,受佛教的影响,这些仪式都有佛道参与,宋代,一些富裕人家在为亲人焚尸时,要"具威仪",即请僧道在旁念经超度,为死者减罪拜福,以助超生。宋代一些知识分子不主张在丧葬中启用佛事,如《家礼》中专门有"不作佛事"一节,劝说百姓不要以佛教仪式来举办丧葬活动,事实上,北宋开国后不久,就下诏"开封府禁止士庶之家丧葬不得用僧道威仪前引"②,但这一行政命令并无多少效果可言。至北宋中叶,司马光看到的实际情况却是丧葬礼仪的每个环节中普遍存在佛事活动,"世俗信浮屠诳诱,于始死及七七日、百日、期年、再期、除丧、饭僧、设道场,或作水陆大会,写经造像,修建塔庙"③,宋代民间举办丧葬仪式时,只要经济条件允许,很少不请僧人或道士前来做法超度亡灵的,甚而至于大有演变成为娱乐活动的趋势,元代李有回顾了杭州市井之家举办丧事活动的状况,说"杭州市肆有丧之家,命僧为佛事,必请亲戚妇人观看,主母则带养娘随从,养娘首问来请者曰:有和尚弄花鼓棒否?请者曰:有。则养娘争肯前去,花鼓棒者,谓每举法乐,则一僧三四鼓棒在手,轮转抛弄,诸妇人竞观之以为乐,亦诲淫之一端也"④,僧人做法事的同时,其要弄花鼓棒的功夫(类似于现代的杂技)似乎更能吸引人,就连丧事之家的女主人也要去观看,参加丧礼者亦以此为乐。明代城市里仍流行在初丧之后三日或五日,请来僧道做佛事,称为"度亡",上从公卿大夫,下至庶民以及倡优下贱之家,莫不如此。

缘情而作:丧葬礼仪 YUANQINGERZUO SANGZANG LIYI

---

① [明]郎瑛:《七修类稿》卷一八《义理类·七七义》,上海:上海书店出版社,2009年,第187页。

② [宋]王栐:《燕翼诒谋录》卷三,北京:中华书局,1981年,第24页。

③ [宋]司马光:《司马氏书仪》卷五《丧仪》,台北:商务印书馆,1936年,第54页。

④ [元]李有:《古杭杂记》,台北:商务印书馆,1939年,第4页。

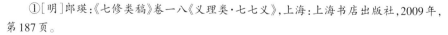

图66　〔清〕出殡队伍中的僧人（北京）

　　丧礼采用做佛事，并非真正为了超度亡灵，真实目的是为了讲门面、攀比，也显示出丧礼的虚伪，正如当时的记载所说："今世俗不畏礼，而但畏人言。……今之为主者，有好客之名，而无居丧之礼。"①"孝子"们的心态则是"某某尚能作斋，我不能也，人笑话"，这样，就使丧礼变成了孝子应尽的一份义务与责任，一种应执行的惯例，趋于程式化，外面虽热闹非凡，而内心却无丝毫哀思的真情实感。

　　明代统治者强调了"丧葬之礼、通乎上下。各有差等、无敢僭逾"②的原则，并根据《仪礼·士丧》，稽诸《唐典》，参照《朱子家礼》，对品官和民间士庶的丧葬礼仪，包括仪式程序、所用器物等，做了严格而详细的等级规定：《明史·礼志》规定丧礼仪节为：初终，疾病，迁于正属纩，俟绝气乃哭。立丧主，治棺，讣告。设尸床，沐浴，饭含。立铭旌。第二天小敛穿衣。第三天大敛盖棺。第四天起，五服之人各服其服，朝夕奠哭。择地，三月而葬，告后土，穿圹，刻志石，造明器，备大举，作神主。发引，至墓乃窆，施铭旌志石于圹内，掩圹复土，祠后土题主。升车，反哭。葬之日谟祭，柔日再处，刚日三虞。三虞后遇到刚日卒哭，此时正是百日。速日家庙。一年，期而小祥，丧至此是13个月。再一年而大祥，丧至此是25个月，告迁于祠堂。隔一个月

①〔明〕熊遇：《非墨篇》，载黄宗羲编《明文海》卷一四三，北京：中华书局，1987年。

②〔明〕李东阳等奉敕撰：《大明会典》卷九六《礼部五十四·丧礼一》，扬州广陵书社，2007年。

而禫,丧至此是27个月。

二、丁忧易服寄哀痛

在宗法制社会,孝亲占有极特殊的地位,《孝经·三才章》云,"孝,天之经也,地之义也,民之行也",《孝经·孝治章》称,"明王以孝治天下",强调"孝"是天地的自然法则,是人们行为的根本准则,也是治理天下的核心问题,古人很看重人在服丧期间的表现,以此来判断是否孝亲、情感的真假以及德行的高下,在服丧期间,因为时时追思死者对自己的恩情,为失去至亲骨肉而哀伤不已,是不会有心情去享用酒肉美食、欣赏音乐舞蹈,更不会有男女之欢,所以,古代社会,凡是居丧期间有饮酒作乐、生育等行为的,都会被视为丧失人性、不知亲情的禽兽之行,为社会所不齿,甚至受到官府的制裁。

1.五服之制

为了表示孝意和哀悼,丧家必须穿戴丧服。丧者服饰与服丧时间有严格的血缘亲疏和男女之别,体现了宗法等级观念和男尊女卑观念。两千多年来,汉族的孝服虽然有所变异,但基本上保持了《仪礼·丧服》规定的五服之制,即:斩衰、齐衰、大功、小功、缌麻。

斩衰是最重的丧服,适用于诸侯为天子、臣为君、子为父、未嫁之女为父、妻妾为夫、父为长子,服期三年,因为"子生三年,然后免于父母之怀"。"衰"是麻质上衣,斩是不加缝缉之意,斩衰粗劣简陋,用以表示服者的哀痛之深,后世常用麻布片披在身上,故有"披麻戴孝"之说,此外,还有"苴绖"(麻布带,在腰称腰绖,在首为首绖)、"苴杖"(后世俗称哭丧棒)、"菅屦"(草鞋,后世以白布覆履代替)等。服丧期间,饮食起居还有一套烦琐的规定。秦汉以后,随着宗法制度的瓦解,父为长子服丧不再实行。明清两代,规定子女为母也服斩衰。

齐衰为第二等丧服,用本色粗生麻布制成,断处辑边。齐衰有三个等级:父卒为母、母为长子服丧三年;父在为母、夫为妻、男子为伯父兄弟、以婚女为父母、媳妇为公婆、孙男孙女为祖父母服丧一年;男子为曾祖父母服丧五个月,为高祖父母服丧三个月。

大功为丧服第三等,是用熟麻布制作的,质料比"齐衰"用料稍细,指男子为堂兄弟、未嫁的堂姐妹、已嫁的姑母、姐妹,女子为夫之祖父母、伯叔父母,为兄弟的丧服,服期九个月。

小功为丧服第四等,是用较细的熟麻布制作的,指男子为从祖父母、堂伯叔父母、未嫁祖姑、堂姑、已嫁堂姐妹、兄弟之妻、从堂兄弟、未嫁从堂姐妹、外祖父母、舅母、姨母,女子为妯娌、夫之姑母、姐妹等的服丧,丧期为五

缘情而作：丧葬礼仪
YUANQINGERZUO SANGZANG LIYI

个月。

缌麻是最轻的丧服，用细熟布做成，指为族曾祖父母、族祖父母、族兄弟、外孙外甥、表兄弟、岳父母的丧服，服期三个月。

为不同亲属关系的死者服丧，丧服质料的精粗、制作的方法都有差别，服丧者与死者的亲疏关系，只要看看丧服就可以一目了然。丧服的等差有多种表现方式，一是制作方法的繁简。如斩衰之服的布料用刀斩断后，不再缝边，故名斩衰裳。因为孝子骤然遭遇大丧，哀痛欲绝，无心修饰，丧服的制作当然处处从简。齐衰是次一等的丧服，哀痛之心稍减，所以衰裳的边缘就缉了边，显得比较整齐，故名；二是布料的精粗。古人织布，标准幅宽为二尺二寸，古人用"升"表示布的精粗，一升为八十缕，就是八十根经线，在同样的幅宽之内，线缕的数量越少，布料就显得越稀疏，反之，就越精细，古人日常所用的衣料为十六升，即在二尺二寸的幅宽内，排列有一千二百八十缕经线。丧服用布，因丧等的不同，升数有很大差别，丧越重则布料越粗疏，这也是与丧家心情的哀痛程度相一致的。就五等丧服的正服而言，斩衰为三升，齐衰为四升，繐衰为四升半，大功殇为七升，大功成人为八升，小功为十一升，缌麻为十四升半（一说为七升半），缌麻的升数与日常布料已经非常接近；三是加工程度的深浅。古人加工麻类植物，先剥去表皮层，再撕分劈皮层，使之成为条形纺材，再用浸泡、捶打等方法脱去表面的胶，使纤维分散而柔软，然后再漂白、纺成麻线，用来织布。斩衰和齐衰服的麻缕都只经过简单的加工，所以颜色粗恶。大功丧服，"大"是大略的意思，"功"指人工，大功布经过粗略捶打和水洗后，除去杂质并脱胶，纤维比较柔和，但颜色不太白，小功布则是在大功布的基础上进一步加工，使麻纤维显得更白。将麻线加工得细如丝线叫"缌"，缌麻之布的脱胶，做得比大功和小功之布更加仔细。与丧服配合使用的还有丧杖，上古时代的杖，原本是有爵位者使用的，在丧礼中，杖成为专门的丧具，但并非服丧者都可以使用，而主要限于以下两种情况：一是丧主，丧杖具有表示其在丧家中的身份的作用；二是年老体衰或有病之人体力不支，需要借助于杖来支撑，具有"扶病"的作用。未成年的儿童不用杖，因为他们年龄小，还不太懂得丧失亲人的痛苦，不会因哀伤而致病。丧杖有竹杖和桐杖之别，为父亲服丧用竹杖，为母亲服丧用桐杖（用桐木削成的杖），丧杖的高度与心齐平，竹根一端朝下。此外，在不同的丧等中，丧服的帽、缨带、鞋等的样式、质地等也各有区别。

图67 〔清〕挂孝图

古人遇到死丧,凡应该服丧服者,不论内亲、外亲,还是知交好友,都应自制所应服之服前往哭灵,这因为哀戚在心,故变服哭灵,但在明代已发生了一些变化,明人康起元记述南京的情况说,当时为亲友服丧,"必丧家送布,始制而之服之。不送,即应服,而玄其冠色其衣者有矣。甚且丧家力不能送,共以诟厉加之,而大家复有破孝送帛之事。破孝无论何人,但入吊者,即赠以布或绢,有生平不一识面,闻名为布而吊者矣。不知变服致哀,乃衷之旗,心既不丧,服于何有?且送而不服,尤属无谓。至送帛,则本不为服,直以币帛将孝子之敬为酬酢而已"[①],意思是说,亲友奔丧本应自备丧服,但明代已经要丧家为亲友送去布料做丧服,如果丧家贫寒,无力置办丧服,则被大家耻笑。丧家还必须给去吊唁的人赠送布、绢,甚至有人为此去给陌生人吊唁。康起元不禁为这种风气而感到痛心!

中国的丧服制度传入朝鲜半岛后,在当地普遍遵行,时至今日,在传统文化积淀比较深厚的韩国农村,特别是在某些世家大族中,丧服制度还比较完整地保留着。1998年初,韩国庆尚北道清道有一位年逾九旬的老人去世,他的子孙和弟子决定为他举行"儒林葬",即地道的儒家葬礼,实际上是《朱

---

①〔明〕顾起元:《客座赘语》卷九《礼制》,北京:中华书局,1987年,第288－289页。

子家礼》中的丧葬礼仪。死者的几位儿子都身着斩衰的丧服,据说布料是用专门从中国进口的麻做的,丧服的边缘都不缝边,可以看到刀斩的痕迹,丧服的下衣和上衣的衰、负版等丧饰,以及丧冠的样式等与中国古代礼书所记载的完全一样,首绖和腰绖用颜色十分粗恶的麻绳搓成。由于死者已是九十高龄,家族中五代同堂,服丧者有上百人之多,不同亲属关系的亲戚,根据五等丧服服丧,衣服的颜色、精粗等判然有别,前往观礼的专家学者、摄影爱好者、民俗研究者以及电视台的记者等竟有几百人之多。在远离中国的地方看到千年之前传播而来的、如同活化石的丧礼,令人唏嘘不已。时移势易,丧服制度无论祖国大陆还是在海外的华人世界中也早已不存在,但丧服关系的称呼却依然在台湾报纸的"讣闻"中使用着,说明中华两千多年来的文化积淀,依然深深地存在于海外华人的血液之中。①

2.丁忧去职

"丁忧""守制"就是宗法制下子女行孝的一种重要方式。"丁忧"又称"丁艰",即遭父母之丧,《晋书·袁悦之传》载:"(袁)始为谢玄参军,为玄所遇,丁忧去职"。"守制"即长辈死后,儿子或长房长孙自闻丧日开始,不得任官、应考、嫁娶,要守孝27个月(不计闰月)。儿女服丧十三个月为"小祥",祭灵后,开始吃苹果,二十五个月为"大祥",迁新神主至祠堂;二十七个月为"禫(旦音)",开始进酒食。有的孝子在墓旁用茅草结庐,居住三年,甚至更长,以守丧尽哀,有的立志终身守坟,有的晚上睡在父母墓穴中,如孔子64代孙孔胤,在父亲墓穴住了三年,每晚睡在一个空棺里,这都是"孝道"的具体体现。统治者提倡这样,其政治目的在于"移孝于君",故长期得以奉行,到了唐代武则天时,规定父母之丧一律为三年。明代丧礼中一般孝子守制也是27个月。服丧之日,孝子出外还是素青服,而家居则用素服,有些号称"心丧"的孝子,直至守制满三年,才穿吉服,明代的士大夫居丧期间,在接待客人之时,大多头带苏巾,身穿深衣,显然已是一种俗化的表现,在一些正统的士人看来,这也是非礼的行为。

3.夺情起复

人子听到父母之丧号泣奔走而赴,称"奔丧","起复"指丧制未终,便回来为国事工作,因要暂时搁置对亡人的悼念之情,因为被生动地形容为"夺情"。明太祖以孝治天下,为了扶植纲常,维持世教,制定的丧葬礼仪中规定,现任官员凡是遇到父母之丧,都必须"斩衰三年",也就是在家守制三年,而冒丧有禁,匿丧有罚。洪武二十三年因百官之请,定下制度:除了父母、祖

---

①彭林:《中国古代礼仪文明》,北京:中华书局,2004年,第213页。

父母承重者丁忧外,其余诸如伯叔父母和兄弟一类之丧,不必再奔丧,这原本不过是出于一时的权宜之政,但相沿一久,乃至明末,反而将不奔丧守制视为"礼法之当然"。按照明代的惯例,百官一闻父母的丧事,不待上报朝廷,并获取朝廷的许可,就可以去官离任,回原籍丁忧守制,但这一度仅仅是对于文官而言,明代的武官却并不需要丁忧守制,又据规定,只要没有遇到"金革"一类的重大军事行动,不得"夺情起复"。但自明代中期以后,因为国家多事,允许内外近侍或外放官遇到父母之丧,"暂令夺情起复,以共济时艰",一旦边事宁谧,再奔丧守孝。到了晚明,一些地方上的总督、巡抚重臣,闻讣告以后,常常不愿离开自己的职位去奔丧,却是"以候代迁延,或半年,或一年,甚至服已阕而后行者",至于那些知府、知县,闻到讣告以后,"亦以署篆交盘迟留不去,间有比追赎锾于私衙者",官员们已经把仕途看得比孝亲重要了。

4.代哭之礼

按照朱熹的《家礼》,原本也有"代哭"之礼,仅仅是五服内外之人,更代而哭,以便节哀。在明代民间,其世俗的做法则是以妇女"替哭"。在北京,一旦人家有了丧事,就用仆隶代哭,甚至有雇乞丐代哭者,在济南城中,也有代哭的例子,称为"号丧"。按照明末清初著名礼学名家张尔岐的解释,代哭或者说号丧这种丧俗的出现,其实是误读朱熹的《家礼》所致。《家礼》中"代哭"之"代",应解释为"更",意思是:"孝子始有亲丧,悲哀樵悴,礼防其以死伤生,使之更哭,不绝声而已。"一旦在丧葬之俗中出现了请人代哭,其本无哀情,"强之使哭",丧礼之虚假仪义,于此不难想见。

三、亲友吊慰致悼念

亲友凡有丧事,一般都要亲临吊唁,即使因故或在异地不能前住,也必须遣介驰书持礼往吊,《颜氏家训·风操》记载,南北朝时期的江南,生活在同一城邑的好朋友,闻丧而三日之内不去吊唁,丧家就会与之绝交,日后即使路上相遇,也是回避而不打照面,"怨其不己悯也",有他故或者路远不能前往吊唁者,可以用书信致哀并说明情况,连书信也没有者,则与之绝交。

通常丧家报丧后,亲友一般先致"问慰帖",这是专用于问疾或吊丧的书札,问慰帖亦称"吊书",如苏轼听到他的好朋友陈忱的死讯,"哀愕不已",即作《人来得书帖》以慰问吊唁,苏轼吊王子高中年丧子书,写来情真意切,感人至深,文曰:

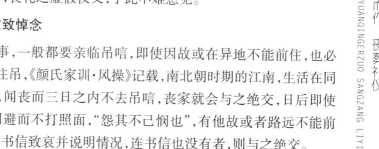

某惊闻大郎监薄,遽弃左右。伏惟悲悼痛裂,酸苦难堪。奈何! 奈

何！逝者已矣，空复追念，痛苦何益，但有损尔。窃望以明识照之，纵不能无念，随念随拂，勿使久留胸中。子高高才雅度，此去当一日千里，以发久滞。愿深自爱，以慰亲友之望。无由面慰，临书哽塞。不一一。

宋代士大夫间吊丧蔚为风尚，一般均持有奠仪，通常为酒及冥币、明器之类，孔平仲《孔氏谈苑·丁讽久居》记载了一则吊哭生人的笑话，"一旦，有妄传讽死者，京师诸公竞致奠仪，纸酒塞门"，可见一斑。祭祀时用"纸"，当指冥币，又称楮钱，祭奠时焚化用，此俗流传至今。宋代亦已出现纸扎的冥器，亦称"明器"，烧化的纸钱，又称"冥财""寓镪"，陆游《放翁家训》主张丧事从简，纸札明器，"香亭魂亭、寓人寓马之类，当一切屏去"，宋人又将纸钱、纸彩绢衣、纸制金银元宝分别称为"寓钱、寓彩、寓金银"①，士大夫吊丧时，通常还有挽联，一般认为，挽联亦始于宋代。

宋代吊丧有一些礼仪和禁忌，如士之祭服，"应举者用襕衫幞头，不应举者用皂衫幞头"，亦可用"皂衫帽子"，"若闲居时，只当易服用凉衫"即可，《尘史》卷上《礼仪》载，丧服"以少变常服为安"，《宋史·舆服五》称"帽以乌纱，衫以皂罗为主"，北宋时乃"士大夫交际常服"，南宋时演变为祭祀之服。丁谓《谈录》云：王祜卒，"时朝贤来相吊，朱紫盈门"，唯徐铉"独携一麻袍角带，于客位内更易后，方入相吊"②，可证宋初不可具朝服临吊尚未形成风俗。约在北宋中期，吊丧不衣朱已形成制度，《石林燕语》卷十记载了这样一个故事：曾布持母丧过金陵，王安石前往吊唁，登上船以后才发现自己穿的是红色的衣服，恰好一官员穿着黑衣站在旁边，王安石就换上他的衣服前往吊唁，这足以证明王安石顾及礼仪且又急中生智。《后山谈丛》卷三载，李昉死后，适逢其夫人寿诞，门人宋绶拜寿于第，帘前献茶汤，"复拜而去"，通常，拜寿总要献觞劝酒，因有丧禁酒，遂以茶汤代之。宋人一般有丧不贺岁，如梅尧臣亲家有女子能点酥为诗，并花果麟凤等物制为辛盘，以为岁日之助，时值尧臣丧偶，不作岁，而转州通判。今天，仍有大孝（一般指父母之丧）在身，至少一年不去拜年的礼仪。

明代都市中流行的吊慰礼仪还有折祭、送轴、伴丧、迎丧等。为死者祭，自然应有祭品，亲厚者常折金钱若干，装人香帛放置灵几，即为"折祭"；泛泛之交，照例用空名列公轴，送给丧家悬挂，即为"送轴"；人家有了丧事，就请来戏班子，"扮戏唱词"，称为"伴丧"，明人吕柟记载，"近见都城大邑于初丧之时，亲朋携酒肴及歌者，甚有自夜达旦之实，谓之'伴丧'"，有些地方，伴丧

①《宋史》卷一一九《礼志七二》，北京：中华书局，1977年。
②[宋]祝穆：《古今事文类聚·前集》卷五四，上海：上海古籍出版社，1992年。

又称"娱尸",也就是在初丧时作乐,既是娱尸,又算是迎接吊客。发表这一天,亲友制一些锦绣亭阁,再雇梨园子弟,身穿五彩服饰,扮演杂剧名色,在槮舆之前陈列,这就是所谓的迎丧。亲友为丧家"暖丧"的习俗,就是用鼓乐优人做杂剧,或者扮演戏文。明代吕维棋记载,当时"俗尚奢侈,发丧时路设祭棚,陈列玩器,大张鼓吹,排设酒筵,召妓演剧,歌舞喧闹,骇人听闻"[1],这也是丧俗趋于奢侈的一种体现,最可笑的是,还有孝子谢棚,每到一处,劝酒数杯,以致酩酊大醉。

2.祭奠之礼

在当今的追悼会上,亲友致送的花圈正中都写着一个"奠"字,这是什么意思?恐怕已经很少有人能说清楚了。古代丧礼包含两大理路,一是对死者遗体(魄)的处理,二是对死者精神(魂)的处理。从沐浴、梳洗,一直到埋葬棺柩,都是对遗体的处理,而奠祭则是侍奉死者精神的开始。古人把从初终到棺柩落葬之前的祭祀统称为"奠",治丧期间,凡是有新的仪节,或者遇有特殊的日子,都要举行奠祭,所以有始死奠、小殓奠、大殓奠、朝夕哭奠、朔月奠、荐新奠、迁柩朝庙奠、祖奠、大遣奠等名目。什么是奠祭呢?奠者,置也,其意是"置其物于前也",上古时期,人们将器物放在地上叫"奠",丧礼中把作为酒食等祭品放在地上的祭祀称为奠祭,或者直接称"奠"。成服后诸祭,均由主人自己主持,只有奠,则为姻友之事,包括赗、襚、赠,赗是钱帛,襚是衣服,赠是车马,可见,所谓奠,就是宾客到有丧者之家,哭之、吊之,将赗、襚、赠奠上。为什么要用这种形式祭祀呢?原因有三:第一,古人认为,尽管死者的灵魂已经离开体魄,但依然要享食,只要亲人摆上酒食,灵魂就会来附,所以供品就是鬼神的凭依之处;第二,丧家遽逢大丧,哀痛欲绝,不免诸事仓促,所以祭祀的仪式也就因陋就简;第三,古人以死者为鬼神,正式祭祀鬼神要立"尸",尸由未成年的孩子担任,在祭祀时代表受祭者,但死者新亡,家属一时不能接受这一残酷的现实,不忍心马上就用鬼神之礼祭祀,所以把死者生前食用过的酒食端来,放在死者的右侧,含有依然侍奉他进餐的意思。

明代,赗、襚之礼,偶一行之,而赠礼则在江南几乎绝迹,一般奠礼,也不过是宾客屠割羊豚,再崇饰一些瓜果、楮币和其他祭祀食品,再酹酒致敬,按照古礼,酹酒致敬应该是丧家主人之事,但在明代民间已演变为由宾客在设奠时代行。现代社会的火化相当于古代的落葬,追悼会一般在火化之前进行,生者将花圈放在死者遗体的周围,上面写着"奠"字,正是古代奠祭的孑遗。

---

①[明]吕维棋:《四礼约言》卷三《论丧》,四库全书存目丛书,济南:齐鲁书社,1997年。

四、繁简适度循礼制

宋代以后,丧礼比较古礼稍有简化,废弛的情况也很严重。宋太宗时期,下令禁止丧葬用乐,一般百姓不得用僧道术士,但违反禁令的人比比皆是,有人将这种现实归罪于州县官执行朝廷政令不力,以至于禁令形同虚设,毫无效果可言。南方一些地区,丧葬不仅用乐,且昼夜不停,"又南人死亡,邻里集其家,鼓吹穷昼夜,而制服者反于白巾上缀少红线以表之。尝闻昔人有诗云:'箫鼓不分忧乐事,衣冠难辨吉凶人'是也"①,不管喜事,还是丧事,邻里乡亲集中到当事人家中,不分昼夜地"鼓吹",看来是宋代南方民间非常普遍的行为,单凭朝廷的一纸禁令,恐怕难以取得成效。朝廷为此专门颁布命令加以禁止,太宗九年(公元984年)诏曰:"访闻丧葬之家有举乐及令章者,盖闻邻里之内,丧不相舂,苴麻之旁,食未尝饱……何乃匪人,亲罹衅酷,或则举奠之际歌吹为娱,灵柩之前令章为戏,甚伤风教,实紊人伦。今后有犯此者,并以不孝论,预坐人等第科断(有关人员不许科举考试)。所在官吏常加觉察,如不用心,并当连坐。"②

明初,丧礼逾制的现象是被严令禁止的,朱元璋曾于洪武五年颁布诏令称:"古之丧礼,以哀戚为本,治丧之具,称家有无。近代以来,富者奢僭犯分,力不及者,揭借财物,炫耀殡送,及有惑于风水,停柩经年,不行安葬。宜令中书省集议定制,颁行遵守,违者论罪如律。"③明代民间丧礼事实上受到了两种观念的冲击:一是丧礼本应讲究"宁戚之义",是孝道的一种表识,而在尚奢风气的影响下,利欲观念已冲击了传统的孝道观念。明代中晚期,丧礼违背旧礼,无视禁令,大肆铺张,竞趋奢华的现象日益普遍,治丧过程中使用优伶、鼓吹,请僧道做道场等,蔚为风气,如在北京,父亲刚下葬,"孝子"就与友党、妆头弹唱,歌唱酣饮,有"颓然至醉者",完全是一副假孝子的面目,暖丧时的召妓做杂剧,路祭时的设棚,均属此例。苏州,"婚丧过侈,至有须产嫁女,贷金葬亲者"④,《松江府志》记当地丧祭之变称:"吊者俱用降真,丧家设木架,架香其中,香值日踊,妇女聚号不哀。铭旌用绯帛,长幅大书,有

①[宋]周去非著,杨武泉校注:《岭外代答校注》卷七《乐器门·白巾鼓乐》,北京:中华书局,1999年,第257页。

②《宋史》卷一二五,志第七八,北京:中华书局,1977年。

③[明]李东阳等奉敕撰:《大明会典》卷一〇〇《礼部五十八·丧礼五》,扬州:广陵书社,2007年。

④[清]顾诒禄等纂、李光祚修:《中国地方志集成·长洲县志》卷十一《风俗》,南京:江苏古籍出版社,2007年。

以银箔饰之者。瓣香束刍,便为苟简。将举殡,则为迎祭,罗列陈设,爇香百案,曰'九煎'。剪彩作人物、花果、纸俑、舆从,亦以百数。优人装演故事,鼓乐骈阗,俱骑而迎于丧所。易过于戚,君子讥之。"①《杭州府志》记载当地的丧礼习俗,称"亲死则延僧道作斋醮","古者,妇人迎送不逾域,吊死送丧,男子事也。杭俗妇人有所谓'陪吊''陪殡'者。五服之内,义不可绝,固宜往送,其服外之亲,夫主往焉,足矣。妇人继之,亲邻又从陪之,转相连引,数十为群,衣饰靡丽,舆从簇拥,俨然与卿贰命妇等。丧事既毕,其所陪之家,盛为供具,富者过侈,贫者效尤,此不知于义何当也"。②

明代在尚奢风气的影响下,丧礼难免出现讲究脸面、追逐排场的倾向,有些居丧之家,甚至"张筵饮宴,歌唱戏剧,殊乖礼法"③,民间丧俗不合古礼,恪守礼法的文人士大夫对此极为不满,如吴县士人袁衮称:"今士大夫之家,鲜克由礼,而况于齐民乎。其大者,则丧葬昏娶,有同夷狄。古者哭则不歌,今乃杂以优伶,导以髦绋,笙管铙鼓,当哀反乐。会葬者携妓以相娱,主丧者沉湎以忘返。……富商大贾,越礼逾制,僭拟王者。是故巨室之昏丧者一,而中人之破产者几矣。"④钱塘士人田艺蘅对丧葬用僧乐的现象大发感叹:"今俗,疾病则用僧道作斋醮,丧死则用僧道作道场,送葬则用僧道为引导。不惟愚民之家,虽士宦亦有为之者。间为正人君子之所讥笑,则记名曰:'我固知其非礼,奈此先人遗命,不敢违也。'呜呼!君子从治命,不从乱命,何惑于异端如此哉!"⑤顾起元也批评滥用鼓吹的现象:"旧时吾乡凡有婚丧,自宗勋缙绅外,人家虽富厚,无有用鼓吹与教坊大乐者,所用惟市间鼓手与教坊之细乐而已。近日则不论贵贱,一概溷用,浸淫之久,体统荡然。"然而,在治丧礼仪僭礼逾制、大肆铺张已成为普遍社会风气的情况下,这些批评意见不可能起什么作用。

宋代以后,城市治丧礼仪所出现的诸多变化,反映了这样的时代特征:其一,中国传统社会心理的基础是浓郁的血缘观念和强烈的孝亲情感,基于"孝"的伦理规范,人们在为亲人尤其是血亲长辈治丧时,寄托哀思的具体方式便是传统礼制所规定的不饮酒、不食肉、不作乐、不嫁娶、不生子等一系列禁例,也就是说必须摒弃物质与精神的一切享受。然而,随着社会的演进和

缘情而作·丧葬礼仪
YUANQINGERZUO SANGZANG LIYI

①崇祯《松江府志》卷七《风俗·俗变》,北京:书目文献出版社,1991年,第184页。

②万历《杭州府志》卷一九《风俗》,台北:成文出版社有限公司,1983年。

③《明宪宗实录(成化)》卷三三,台北:"中央研究院"历史语言研究所校印,1962年。

④[明]袁衮撰:《世纬》卷下《革奢》,北京:商务印书馆,第24页。

⑤[明]田艺蘅撰:《留青日札》卷二七《丧葬用僧乐》,上海:上海古籍出版社,第877页。

观念的变化,至宋代,违反上述禁例的现象已有所见。

明初,朱元璋重申和强化了传统礼制的规定,并颁布了颇多禁令与处罚条例,从而对人们的社会生活起到了巨大的震慑作用,因此,明代文献论及明初的情况时,多有"不敢逾制""不敢奢侈"之类的记载。但至明代中晚期,由于社会状况的变化和极权统治的削弱,相应的制约便不再像先前那样有效了,于是,宋元以来丧礼奢华的现象出现了反弹式的发展和演变,并以极为迅猛的势头转化为普遍的社会风气,尤其在经济较发达的江南地区,较高的生活水平为丧礼的竞趋奢侈提供了必要的物质基础,本较中原为弱的血亲观念,在人们的生前与死后,都表现出进一步淡化的趋势,而市民阶层好热闹、慕奢华的生活情趣,即便在丧礼这样的场合也明显地体现出来。

其二,中国传统丧礼与祖先崇拜、鬼神观念等原始信仰紧密相连,并由此形成巫术、禁忌、祭祀等一系列原始信仰仪式。从《仪礼·士丧礼》的记载可以看出,诸如招魂、饭含、祭奠、陪葬之类的原始信仰活动,均为传统礼制所规定的丧礼程式,后来佛教传入,在中国化和世俗化的过程中,其影响自上而下,逐步扩大,至宋代,治丧程序中已出现请僧侣做道场,诵经追荐亡灵的现象。明代中晚期,此风更盛,以至江南人家治丧竟然由僧侣主持,并自初死燃灯诵经,至出殡僧侣导引,整个丧礼过程贯穿了一系列的佛教宗教活动,而传统的原始信仰仪式,或与之并存,或简省淡化,颇有喧宾夺主的味道。由此可见,佛教在民间生活中的渗透已达到前所未有的深度。

其三,在诸项人生仪礼中,丧葬礼仪尤为集中而典型地体现了传统的社会等级制度,历朝统治者对治丧程式和所用器物皆做出严格的等级规定,目的也在于维护这一传统的社会制度。明代中晚期丧礼的越礼逾制,既是当时社会等级秩序有所动摇和淆乱的反映,同时也对以身份等级为核心的传统礼制起了进一步的腐蚀、破坏作用。面对日益普遍的僭越之风,渐趋软弱的明朝廷也难以坚持原先的禁令,史载:"嘉靖十八年(1539)题准,士庶丧礼各称家之有无以为厚薄。时忌致祭,亦随所有以伸追慕。不以富侈,不以贫废。巨家大族,能遵礼以为细民之倡者,有司量加劝励。"①这条诏令仅从正面对遵礼者予以褒扬,并未对违礼者提出严厉的处罚措施,可见,其在明初的立场上做了某种程度的松动与妥协。

①[明]李东阳等奉敕撰:《大明会典》卷一〇〇《礼部五十八·丧礼五·奔丧、改葬》,扬州广陵书社,2007年。

传统礼仪与城市修养·礼仪

团圆祈福：节日礼仪

宋代，是中国节日风俗划时代的裂变时期，其主要特点是节日从原来的禁忌、迷信、禳除的神秘气氛中解放出来，转变为娱乐型、礼仪型的文化活动，成为真正的"佳节良辰"，主要体现在三方面：一是上层统治者更讲究节日的礼仪性和应酬性，如新年拜谒，达官贵人讲究礼尚往来，必须相互拜谒，送拜帖；二是明代资本主义萌芽产生，一些以小农经济为基础的节日风俗被人们冷淡或淘汰，如唐宋以前人们十分重视的社日及祭土地神的风俗，在明清时已不被人们重视；三是游乐性的风俗迅猛发展，如元宵放花灯烟火，到明代长达十夜，创了历史纪录，龙舟竞渡之风有增无减，元旦的爆竹不再是驱鬼的手段，噼噼啪啪的响声已象征欢乐和热烈，元宵节祭神灯火变成人们的游观花灯，中秋节由拜月变成了赏月，重阳节已成为赏菊盛会。节日期间，自宫廷到民间，都有形式多样、内容丰富多采的活动，形成别具一格的社会礼仪。

一、辞旧纳新庆春节

春节是一岁之首，古人又称元日、元旦、元正、新春、新正等，"春节"与"春季"为同义词，而今人称春节，是在采用公历纪元后。春节是我国最为隆重的传统节日，贯穿着各种礼仪活动，其内涵一方面是庆贺过去的一年，一方面又祈祝新年快乐、五谷丰登、人畜兴旺，大多和农事生产有密切关系，比如迎龙舞龙是为取悦龙神保佑，风调雨顺，舞狮源于震慑糟蹋庄稼、残害人畜之怪兽的传说。

除夕与春节时相接，俗相类，实为一个传统佳节。农历年腊月的最末一日，即农历十二月三十日晚为除夕，是春节的前夜，又称"除日""除夜""岁除""岁暮""岁尽""暮岁"，意谓"旧岁至此而除，新年明晨而始"，有除旧布新

之吉兆,民间多俗呼"年三十"或"大年三十"。

1.祭祀驱邪

元旦时,市民首先要着节日盛装,设糍糕果酒,祭拜上下神祇并祖先,接着男女以次拜尊长,然后亲朋相庆,拜年,多设酒宴款待,除夕要祭祀祖先,要迎神供佛,《梦粱录》卷六记载:"祭祀祖宗,遇夜则备迎神香花供物,以祈新岁之安。"①祀先之礼则或昏或晓,各有不同,这与后代只在晚上或黄昏以后祭祖有所不同。

驱逐疫鬼是除夕一项重大活动,古人误以为疾病是疫鬼作祟,所以要驱逐之。从先秦开始,宫廷里就有庄严而隆重的驱傩仪式,一直延续至后世,《东京梦华录》记述了北宋宫廷在除日举行的驱逐疫鬼仪式:"皇城亲事官,随驾的卫士们戴假面,穿绣画各色的衣服,执金枪龙旗。教坊使(主管教坊司的官员)孟景初,身品魁伟,贯全副镀金铜盔甲,装将军。用镇殿将军二人,亦穿介胄,装门神。教坊人员南河炭丑恶魁梧肥胖,装判官。又有装钟馗及其小妹和土地神灶神之类的,共千余人。自禁中驱祟,出南薰门外转龙湾,谓之'埋祟'而罢。是夜,禁中爆竹山呼,声闻于外。"②

放炮,是为了送旧迎新,又有驱邪辟鬼的意义。零点时,众人争相奔出,在庭前拢火燃烧(古称"庭燎",取其兴旺之意),并在这"岁之元,月之元,时之元"的"三元"之时抢先放出三个"冲天炮",以求首先发达,大吉大利,此时,爆竹声、欢叫声响成一片,一派"爆竹声中除旧岁"的景象。除夕放爆竹、点灯烛在宋代极为盛行,到夜里,香蜡烛及大火盆的光亮,红映霄汉,爆竹鼓吹之声,喧阗彻夜。《梦粱录》也有"爆杖声震如雷",除夕灯烛照耀"如同白日"的叙述。宋代爆杖的制造已很复杂,如《增补武林旧事》卷三载,内廷殿司进的屏

图68 古人新年放爆竹
选自《古代风俗百图》

①[宋]吴自牧撰:《梦粱录》卷六《除夜》,台北:商务印书馆,1939年,第49页。
②[宋]孟元老撰、邓之诚注:《东京梦华录注》卷十《除夕》,北京:中华书局,1982年,第253页。

风炮杖,外画钟馗捉鬼之类的画,内藏引线,点着引线后,一连几百个炮,响声不绝,还有的炮杖制成果子、人物等形状。从坊间卖的应节时物中,还可以知道,放烟火也是宋代除夕的活动。

春节还普遍流行贴钟馗像,换门神、挂钟馗、挂桃符等习俗。古代有"造桃板著户"(《荆楚岁时纪》"正月一日"条)之俗,宋代仍沿袭不辍,如陆游诗:"半盏屠苏犹未举,灯前小草写桃符"(《剑南诗稿·除夜雪》卷十九),桃符是一块桃木,可插于苇索旁边,传说可避邪,贴门神,挂桃符时必须把旧的取下,换上新的。钟馗可以镇压诸鬼,贴于门上诸鬼不敢入门。床上悬挂金银八宝、西番经轮,或者编结黄钱如龙状。屋檐厅堂的柱子上插上芝麻秸,在院中焚烧柏枝柴。屋内还有"旺柏""行春""节节高""百事吉"等喜庆装饰。在民间通行元旦晨起啖黍糕,曰年糕;设奠于祠堂祭先,次拜家长,亲友投笺互相拜节;为椒柏之酒,以结亲戚邻里。

图69 写春联

宋代除夕的准备活动很早就开始了,《东京梦华录》卷十记载:"近岁节,市井皆印卖门神、钟馗、桃板、桃符,及财门钝驴,回头鹿马,天行帖子。卖干茄瓠、马牙菜、胶牙糖之类,以备除夜之用。"《梦粱录》载:"岁旦在迩,铺席有货画门神、桃符迎春牌儿;纸马铺印钟馗、财马回头马等馈与主顾;更以苍术、小枣、避瘟丹相遗。如宫观羽流,以交年疏仙术汤等送檀施家。医士亦馈屠苏袋,以五色线结成四金鱼,同心结子,或百事结子,并以诸品汤剂,送与主顾,第宅。受之悬于额上,以辟邪气,街市扑买锡打春幡胜百事吉斛儿,以备元旦悬于门首,为新岁吉兆。其各坊巷,叫卖苍术小枣不绝。又有市爆杖成架烟火之类。"[①]又《增补武林旧事》记,从十月以来,迎节日的气氛已很浓厚,"朝天门内外,竞售锦装新历,诸般大小门神、桃符、钟馗、狻猊、虎头及金

①[宋]吴自牧:《梦粱录》卷六《十二月》,台北:商务印书馆,1939年,第47页。

团圆祈福·节日礼仪
TUANYUANQIFU JIERI LIYI

129

采缕花、春帖、溜胜之类,为市甚盛"①,以上坊间所卖均为宋时应节物品。

《梦粱录》云:"十二月尽,俗云'月穷岁尽之日',谓之'除夜'。士庶家不以大小,家俱洒扫门闾,去尘秽,净庭户,换门神,挂钟馗,钉桃符,贴春牌,祭祀祖宗。遇夜则备迎神香花供物,以祈新岁之安。"②宋代门神形象从袁褧《枫窗小记》中可以知大略,靖康以前,开封门神多番样,戴虎头盔,王公之门,多以浑金饰之。桃符本是用桃木板制作,上书神荼、郁垒二神名字悬挂门旁以镇邪,以后发展为对联。宋时还有"贴天行帖儿,财神于媚"③之俗。

2.更衣拜年

唐代,大年初一那天,文武百官和高级地方官必须早早地上朝给皇帝拜年,不能在初一当天跟家人团聚,而是要跟皇帝团聚,至少是先跟皇帝团聚,退了朝之后才能跟家人团聚。长安城的市民都知道,每年大年初一那天,凌晨四点钟的朱雀大街必定马蹄得得,火光点点,这是因为皇帝要坐早朝受贺,那些京官和从各地赶来的地方官自然要在天还没亮的时候就提着灯笼骑着马赶赴朝门给皇帝拜年。跟白居易同时代的诗人杨巨源描写过这一壮观景象:"一片彩霞迎曙日,万条红烛动春天。称觞山色和元气,端冕炉香叠瑞烟。"诗里"彩霞"是指官员们穿的新衣服,"红烛"是指他们提的红灯笼。

据考证,真正意义上的拜年出现在宋代(多是贺年的形式),盛行在明代。南宋吴自牧《梦粱录》中有古人贺年的记载,"正月朔日,为之元旦……士兵皆交相贺,民男女,亦皆鲜服往来拜节",由此我们可以看出,当时不仅士兵互拜,朝官也一样,他们不论相识与否,皆望门投帖,以示新春的祝贺。宋朝的上层社会中,倘若坊邻亲朋太多,难以登门遍访,就使遣仆人带"飞帖"去拜年,各家门前贴一红纸袋,上写"接福"两字,即为承放飞帖之用。

明代,从正月初一日五更起,便在宫中焚香放纸炮,将门闩或木杠在院地上抛掷三下,名曰"跌千金",这天彼此间要互相拜祝,名曰"贺新年",元旦文武百官有前往宫中朝贺天子的礼仪活动,对此盛况当时的吏部尚书、华盖殿大学士李东阳在《元日早朝》一诗中,即有生动形象的描述,诗中称当时是

---

① [宋]周密撰、[明]朱延焕补:《增补武林旧事》卷三《岁晚节物》,载《四库全书·史部》,第29页。

② [宋]吴自牧撰:《梦粱录》卷六《除夜》,台北:商务印书馆,1939年,第49页。

③ [宋]周密撰、[明]朱延焕补:《增补武林旧事》卷三《岁晚节物》,载《四库全书·史部》,第29页。

一番"九门深掩禁城香,香雾笼街不动尘。玉帐寒更传虎卫,彤楼晓色听鸡人"的情景。此日在天下大小衙门官府,则有州县百官衣着盛装,前往所在衙门,举行望阙遥贺的礼仪活动。官员彼此之间,也有往来拜年的礼仪,如明人陆容在《菽园杂记》一书中便记载云:"京师元日后,上自朝官,下至庶人,往来交错道路者连日,谓之拜年。然士庶人各拜其亲友,多出实心,朝官往来,则多泛受不专。如东西长安街,朝官居住最多,至此者,不问识与不识,望门投刺,有不下马或不至其门令人送名帖者。遇黠仆应门,则皆却而不纳,或有闭门不纳者。在京师仕者,有每旦朝退,即纳伴而往,至入更酣醉而还。三四日后,始暇拜父母。"通过这些载述,便可对明代朝官元旦时的拜年习尚以及完成朝贺礼仪之后,结伴长饮酣醉的风俗习尚得以生动了解。

图70 明代投谒拜年
选自《古代风俗百图》

盛行的拜年习俗中,又有了新的花样,他们以投谒代替拜年。明朝杰出画家、诗人文徵明在《贺年》诗中描述的就是这种情况,他写道:"不求见面惟通谒,名纸朝来满庇庐。我亦随人投数纸,世情嫌简不嫌虚。"这里明代人们所言的"谒"即是现今贺年卡的起源。

大约从清朝时候起,拜年又添了"团拜"的形式,清人艺兰主在《侧帽余谭》中说,"京师于岁首,例行团拜,以联年谊,以敦乡情","每岁由值年书红订客,饮食宴会,作竟日欢",现在,有些机关、团体、企业、学校,大家聚在一起相互祝贺,称之为"团拜"。

图71　清代拜年给压岁钱
选自《古代风俗百图》

3.守岁和压岁

除夕夜家家在打扫一新的屋里,摆上丰盛的菜肴,全家团聚吃"年饭",此夜大家通宵不眠,或喝酒聊天,或猜谜下棋,嬉戏游乐,谓之"守岁",《东京梦华录》卷十记有"士庶之家,围炉团坐,达旦不寐,谓之守岁"[①]。传说,远古时候有一种凶猛的怪物叫"年",它每到腊月的最后一天夜里出来吞食人畜,危害百姓。后来,人们发现它的弱点是怕火光,怕声音,于是人们便在除夕之夜,通宵不眠,燃起火堆,焚烧青竹,使其发出爆响,年这个怪物也就不敢出来为非作歹了,从此就留下了除夕晚上熬夜和放炮的习俗。其实,除夕守岁,是从南北朝开始才有的习俗。不过,守岁还有一项重要的工作,就是包饺子,而且还必须包素馅的饺子,这是为了希望在新的一年里"素素净净,平安顺利",还有人在饺子里放糖,花生等物,吃到糖者意味着生活甜蜜,吃到花生者意味着长寿。守岁还有不少禁忌,如禁扫地,过小年时,平时很难触及的角落都要打扫干净,而进入除夕至大年初一早晨,即使地面再乱也不能扫,习惯上认为那样会"破财"。再如,禁用剪刀,禁说"没有了",凡此种种,都是人们盼望吉祥的心理反映。梁朝徐君倩的诗作《共内人夜坐守岁》说"欢多情未极,赏至莫停杯。酒中喜桃子,粽里觅杨梅。帘开风日帐,烛尽炭成灰。勿疑鬓钗重,为待晓光催",描写的就是这样的情景,《守岁》诗曰:"有儿童强不睡,相守夜欢哗。晨鸡且勿唱,更鼓畏添挝。坐久灯烬落,起看北

---

① [宋]孟元老撰、邓之诚注:《东京梦华录注》卷十《除夕》,北京:中华书局,1982年,第253页。

斗斜。"这首诗描绘出人们珍惜时光,想留住时光的真切心情。明代《帝京景物略》一书便对此俗有详具描述,说:"三十日,五更又焚香楮送迎,送玉皇上界矣,迎新灶君下界矣。插芝麻秸于门檐窗台,曰'藏鬼秸中,不令出也'。门窗贴红纸葫芦,曰'收瘟鬼'。夜以松柏枝杂柴燎院中,曰'烧松盆',熰岁也。悬先亡影像,祀以狮仙斗糖、麻花馓枝,染五色苇架竹罩陈之,家长幼毕拜,已各自拜,曰'辞岁'。已聚坐食饮,曰'守岁'。"①

亲友间馈赠年节礼物,也在节前进行,《增补武林旧事》记,"至于馈岁盘合、酒担、羊腔,充斥道路"②,这就是"馈岁"。《苏轼诗集》卷四:"岁晚,相与馈问,为馈岁;酒食相邀呼,为别岁;至除夜达旦不眠,为守岁。蜀之风俗如是。"苏轼《馈岁》诗记述除夕馈赠礼物情景:"置盘巨鲤横,发笼双兔卧。富人事华靡,彩绣光翻座。贫者愧不能,微挚出春磨。"这首诗不仅写出风俗,也写出贫富的差别,写出富人的有意炫耀和穷人的一片诚心。他的《别岁》一诗有"东邻酒初热,西舍彘亦肥。且为一日欢,慰此穷年悲",写出乡邻之间的真情,呈现出一派地方乡镇浓郁的节日气氛。除夕之夜,尚有"辞岁",置送"压岁钱"之习俗,《燕京岁时记》:"凡彩绳穿线,编作龙形,置于床脚,谓之压岁钱。尊长之赐小儿者,亦谓之压岁钱。"③

4.歌舞娱乐

宋代开始,每逢春节,全国上下充满节日气氛,帝都东京也热闹非凡,城市中的娱乐活动大大增多,庆祝时间延长,商业活动形成高潮,《东京梦华录·正月》卷六记有:"正月一日年节,开封府放关扑(关扑:赌戏,用钱赌,掷财物)三日,士庶自早,互相庆贺,坊巷以食物、动使、果实、柴炭之类,歌叫关扑。结彩棚,铺陈冠梳、珠翠、头面、衣着、花朵、领抹、靴鞋、玩好之类,间列舞场歌馆,车马交驰。向晚贵家妇女,纵赏观睹,入场观看,入市店饮宴,惯习成风,不相笑讶。小民虽贫者,亦须新洁衣服,把酒相酬尔。"④吴自牧《梦粱录·正月》卷一记南宋情景也如北宋,"士夫皆相交贺,细民男女,亦皆鲜服,往来拜节,街坊以食物动使冠梳领抹缎匹花朵玩具等物,沿门歌叫关扑。不论贫富,游玩琳宫梵宇,竟日不绝。家家饮宴,笑语喧哗。此杭城风

①[明]刘侗著:《帝京景物略》,载《续修四库全书·史部·地理类》,第268页。

②[宋]周密撰、[明]朱廷焕补:《增补武林旧事》卷三《岁晚节物》,载《四库全书·史部》,第29页。

③[清]富察敦崇:《燕京岁时记》,北京:北京古籍出版社,1981年,第98页。

④[宋]孟元老撰、邓之诚注:《东京梦华录注》卷六《正月》,北京:中华书局,1982年,第154页。

俗,畴昔侈靡之习,至今不改也。"①是说街上搭起彩棚,有各色各样货物出售,还有舞场歌馆供人娱乐,更有赌戏,纵人观赏,妇女也毫不顾忌地观赌,入店宴饮。又据《增补武林旧事》记载,宋代年节的活动从"旧岁冬孟"就已开始,"乘肩小女鼓吹舞绾者数十队,供贵邸豪家幕次之玩",而且"每夕皆然",每夕楼灯初上,则萧鼓已纷然自献于下②,可见歌舞活动早于年前就已出现,并一直持续到灯节。

二、歌舞百戏闹元宵

元宵节,又名正月十五、上元节、元夕节、灯节,最初应来源于祭祀太一神,郎瑛《七修类稿》卷二十七《元宵灯》云:"上元张灯,诸书皆以为沿汉祀太乙(即太一神),自昏至明,今其遗事。"所谓太一神就是太阳神,道教称"太乙真君"。由于太阳神为天神,是三官大帝之一,又演变为祭三官大帝,正月十五是天官大帝的生日,自然主祭天官大帝了,民间年画中的"官赐福"就是对天神的信仰,而"上元节"正是道教对元宵节的称谓。宋代以后,无论宫廷还是民间,除了有祭祀太一神、观灯赏火的习俗外,还要举行各种文体活动,如百戏、舞龙、舞狮、踩高跷、踢球、跑旱船、跳火、剪纸及其他百戏活动祭祀这一节日,娱乐宴享是其主要风尚。

1.灯火阑珊

南宋词人辛弃疾的《青玉案》脍炙人口,形象生动地描绘了宋朝元宵之夜热闹、浪漫的节日场景,词曰:

> 东风夜放花千树。更吹落,星如雨。宝马雕车香满路。凤箫声动,玉壶光转,一夜鱼龙舞。 蛾儿、雪柳、黄金缕,笑语盈盈暗香去。众里寻他千百度,蓦然回首,那人却在,灯火阑珊处。

宋代的元宵节观灯比唐代多两天,从十四日至十八日夜,是为了有更多时间让市民观看。北宋,上元前后各一日,城中张灯,大内正门结彩为山楼影灯,起露台,教坊陈百戏,大内内外"悉起山棚,张乐陈灯,皇城雉堞亦遍设之"③,宫廷之外横列三门各有彩结金书大牌,中曰都门,道左右曰左右禁卫之门,上有大牌曰"宣和与民同乐"④,彩山左右结成文殊菩萨骑狮子,普贤菩萨骑白象的彩结模型,菩萨的手臂能够活动,"各于手指出水五道",其做

---

①[宋]吴自牧撰:《梦粱录》卷一《正月》,台北:商务印书馆,1939年,第1页。

②[宋]周密撰、[明]朱延焕补:《增补武林旧事》卷二《元夕》,载《四库全书·史部》,第22-23页。

③《宋史》卷一一三,志第六六,北京:中华书局,1977年。

④《东京梦华录注》卷六《元宵》,北京:中华书局,1982年,第165页。

法是用轳轴把水绞到灯山高处一个水柜里,定时将水放出,宛如瀑布,又将水引到菩萨手上,其巧妙实在令人叹为观止。在左右门上还有双龙灯,那是用草把捆成两条龙,龙身"用青幕遮笼,草上密置灯烛数万盏,望之蜿蜒如双龙飞走",又"自灯山至宣德门楼横大街,约百余丈,用棘刺围绕,谓之'棘盆',内设两长竿,高数十丈,以缯彩结束,纸糊百戏人物,悬于竿上,风动宛若飞仙。内设乐棚,差衙前乐人作乐杂戏,并左右军百戏在其中"[1],山棚是为元宵节张灯用的高大木架,状如山林形状,"东华左右掖门,东西角楼,城门大道,大宫观寺院,悉起山棚"[2]。到正月初七"灯山上彩,金碧相射,锦绣交辉,面北悉以彩结",上面还"皆画神仙故事,或坊市卖药、卖卦之人"[3],北宋皇帝在宣德楼上观灯,"宫嫔嬉笑之声,下闻于外",楼下用枋木搭起一座露台表演杂剧,"万姓皆在露台下观看,乐人时引万姓山呼"。[4]另外,灯市在年前就活跃起来,销售灯笼及各种物品,"腊月即有灯市,珍奇者数人聚资买之,相与呼卢,采胜者得灯"。[5]

南宋迁都至临安,与金战事不断,形势可危,但元宵节观灯活动并没受影响,且日益奢华。《武林旧事》卷二记南宋朝廷在复古、膺福、清熙、明华等殿张灯,并在宣德门、梅堂、三间台等处起鳌山,鳌山就是把灯堆叠起来成山形,灯品极多,每以苏灯为最,大灯直径三、四尺,都是五色琉璃所做成,这里所说的琉璃是指的宝石之类,灯上的人物花鸟非常奇妙,"山水、人物、花竹、翎毛种种奇妙,俨然着色",像是画的一样。福州灯是用纯白玉制作的,光亮洁白,耀人眼目,如清冰玉壶,爽彻心目。新安进奉的是无骨灯,其骨架用琉璃制作。宫内制做的是琉璃宝石灯山,高五丈,上面有各种人物,有机关控制,可以活动。另外,还结一个大彩楼,在彩楼的殿堂、梁栋、窗户间为涌壁,画出或制作出人物故事,其中还有龙凤喷水、蜿蜒如生,为诸灯之冠。

2.歌舞百戏

宋代元宵节文艺演出极其丰富,岁前"游人已集御街,两廊下奇术异能,

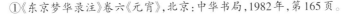

---

①《东京梦华录注》卷六《元宵》,北京:中华书局,1982年,第165页。

②《宋史》卷一一三,志第六六,北京:中华书局,1977年。

③[宋]孟元老撰、邓之诚注:《东京梦华录注》卷六《元宵》,北京:中华书局,1982年,第165页。

④[宋]孟元老撰、邓之诚注:《东京梦华录注》卷六《元宵》,北京:中华书局,1982年,第165页。

⑤[南宋]范成大:《范石湖集》卷二三《上元纪吴中节物俳谐体三十二韵》,上海:上海古籍出版社,1981年,第325页。

歌舞百戏,鳞鳞相切,乐声嘈杂十余里"①,艺人争相到街头献艺,有杂剧、有说唱、有舞蹈、杂技、音乐、武术表演等,《东京梦华录》记载东京开封城的表演有:击丸蹴鞠,踏索上竿,赵野人倒吃冷淘,张九哥吞铁剑,李外宁药法傀儡。小健儿吐五色水,旋烧泥丸子。大特落,灰药。骨柮儿杂剧。温大头,小曹嵇琴,党千箫管,孙四烧炼药方。王十二作剧术。邹迁、田地广杂扮。苏十、孟宣筑球,尹常卖五代史。刘百禽虫蚁,杨文秀鼓笛,更有猴呈百戏,鱼跳龙门,使唤蜂蝶,追呼蝼蚁。其余卖药、卖卦,沙书地谜,奇巧百端,日新耳目。吴自牧《梦粱录》记南宋临安元宵节舞队的情景也很可观,十五前后舞队可以得到朝廷的犒赏,舞队有清音、遏云、棹刀、鲍刀、胡女、刘衮乔(扮、装成)三教,乔迎酒、乔亲事,焦锤架儿、仕女、杵歌、诸国朝、竹马儿、村田乐、鬼神、十斋郎各社,不下数十。更有乔宅眷、旱龙船、踢灯、鲍老、驼象社、官巷口、苏家巷、二十四家傀儡,衣服鲜亮,细旦戴花朵,肩珠翠冠儿,腰肢纤袅,宛若妇人。②《西湖老人繁胜录》所记载的还有扑蝴蝶、耍和尚、鞑靼舞等,《武林旧事》还记载舞队有大小全棚傀儡、大憨儿、粗姐、麻婆子、快活三郎、大小斫刀鲍老、诸国献宝、大乐、瓦鼓、教象、打娇惜等七十多种节目,种类极多,不可胜数。③市中夜卖食品种类繁多,有乳糖丸子、南北珍果、皂儿糕、澄沙团子等,装花盘架车儿,上插飞蛾、红灯,在街上喧呼歌叫。

图72 闹元宵(年画)

①［宋］孟元老撰、邓之诚注:《东京梦华录注》卷六《元宵》,北京:中华书局,1982年,第164页。

②［宋］吴自牧撰:《梦粱录》卷一《元宵》,台北:商务印书馆,1939年,第2页。

③［宋］周密著:《武林旧事》卷二《舞队》,北京:中华书局,2007年,第57页。

放灯期间市民活动丰富多彩,据《增补武林旧事》卷二载,妇女要精心打扮,头上戴珠翠及闹蛾,玉梅、雪柳等饰物,有的身着貂蝉袖,带项帕,手提菩提叶形灯笼,带着销金合,大都是身穿流行的白色衣服,因为白衣在月下更鲜明,她们尽情观灯、看舞,毫无顾忌。天街都民士女,罗绮如云,十五夜帅臣出街弹压,京尹占市西坊繁闹的地方,烛光照耀如白昼,前有士兵押解囚犯数人,大书他们抢东西挤挨妇女的罪状,以示警诫。州府还设上元醮做净狱道场,陈列刑具,装狱户故事也是警戒之意。市民大户也在自己家中请人演戏,放烟火,挂灯,游人参观则迎接敬酒,当时清河张府、蒋御药家"间设雅戏,烟火,花边水际,灯烛粲然,游人士女纵观,则迎门酌酒而去,更有幽静的坊巷中好事之家多设五色璃璃泡灯,更自雅洁,靓妆笑语,望之如神仙"。①有的人家于小楼上以人影作大影戏,"儿童欢呼,终夕不绝",各酒库亦点上灯笼,喧天鼓吹,以促销售。

图73　〔明〕南都繁会图卷(局部)②

3.走桥摸钉

京城盛行的女子"走桥"与男子"摸钉儿"的习俗颇有特色,别有蕴意,据《帝京景物略》卷二记载:"八日至十八日,集东华门外,曰灯市,贵贱相遝,贫

---

①〔宋〕周密撰、〔明〕朱延焕补:《增补武林旧事》卷二《元夕》,载《四库全书·史部》,第24页。

②图卷描绘明中期南京城市商业繁荣的景象。其中有个戏台,搭在当街。前台是尖顶卷角席棚,后台是平顶席棚。台侧有戏台多座,而且逐渐升高。其他观众站在台前观看,附近商店的楼上都站满了观众。到了清代,由于城市中固定性剧场多起来,临时戏台多在农村,被称为草台。由王翚等绘、完成于康熙三十三年(公元1694年)的《南巡图》,反映康熙二十八年(公元1689年)第二次南巡时一路的风土人情,其第九卷中有一局部,画绍兴府柯桥镇搭在大桥边的一个戏台。

富相易贸,人物齐矣。妇女着白绫衫,队而宵行,谓无腰腿诸疾,曰'走桥'。至城各门,手暗触钉,谓男子祥,曰'摸钉儿'。"①

中国有句俗语,叫作"只许州官放火,不许百姓点灯",常形容统治者为所欲为,却限制人民自由,这一典故就和元宵节有关。《老学庵笔记》记"田登作郡,自讳其名,触者必怒,吏卒多被榜笞。於是举州皆谓灯为火。上元放灯许人入州治游观,吏人遂书榜揭於市曰:'本州依例放火三日'"②,同时也说明官方对元宵节其实是有一套规范的理念与准则的,但在实践过程中,民众却逾越了种种规范,宋代以后,元宵节不仅成为重要的娱乐节庆,更成为颠覆日常秩序的狂欢盛会。

百姓在"不夜城"里以"点灯"为名,或在"观灯"之余,逾越各种"礼典"与"法度",并颠覆日常生活所预设规律的、惯性的时空秩序——从日夜之差、城乡之隔、男女之防到贵贱之别。对礼教规范与法律秩序挑衅与嘲弄,正是元宵民俗各类活动游戏规则的主轴。……而在明清时期发展成形的"走百病"风俗,使妇女得以进城入乡,游街逛庙,甚至群集文庙、造访官署,从而突破时间的、空间的以及性别的界域,成为元宵狂欢庆典中最显眼的主角。③

三、祭祖插柳游清明

宋代以冬至日后一百○五日为大寒食,寒食后两日谓之清明,禁火三日,因寒食与清明时间相近,后人便将寒食的风俗视为清明习俗之一。清明是我国的二十四节气之一,按农历算在三月上半月,按阳历算则在每年四月五日或六日。《淮南子·天文训》云:"春分后十五日,斗指乙,则清明风至。"按《岁时百问》的说法:"万物生长此时,皆清洁而明净。故谓之清明。"清明一到,气温升高,雨量增多,正是春耕春种的大好时节,故有"清明前后,点瓜种豆""植树造林,莫过清明"的农谚,可见这个节气也与农业生产有着密切的关系。历代文人都有以清明为题材入诗的,清明时,文人们或思乡念亲,或借景生情,感慨尤多,灵感顿生,诗兴大发,咏者甚多。宋朝还形成寒食举行冠礼的习俗,《东京梦华录》卷七载"子女及笄者,多以是日上头"④,《梦粱录》也载:"凡官民不以小大家,子女未冠笄者,以此日上头。"⑤

①[明]刘侗著:《帝京景物略》卷二《春场》,载《续修四库全书·史部·地理类》,第263页。

②[宋]陆游:《老学庵笔记》卷五,北京:中华书局,1979年,第61页。

③陈熙远:《中国夜未眠:明清时期的元宵、夜禁与狂欢》,载《历史语吉研究所集刊》第75本,台北:"中央研究院",第283-327页。

④[宋]孟元老撰、邓之诚注:《东京梦华录注》卷七《清明节》,北京:中华书局,1982年,第178页。

⑤[宋]吴自牧撰:《梦粱录》卷二《清明节》,台北:商务印书馆,1939年,第11页。

1.寒食禁火

相传，春秋时晋公子重耳流亡在外，大臣介子推曾割股啖之，重耳做国君后，大封功臣，独未赏介子推，子推便隐居山中，重耳闻之甚愧，为逼他出山受赏，放火烧山，子推抱木不出而被烧死，重耳遂令每年此日不得生火做饭，追念子推，"以志吾过，且旌善人"，表示对自己过失的谴责。寒食节古代也叫"禁烟节"，家家禁止生火，都吃冷食，但因国人追悯先贤之情执着，从东汉到南北朝屡禁屡兴，唐代皇家认可并参与。寒食食品包括寒食粥、寒食面、寒食浆、青精饭、面燕、蛇盘兔、枣饼、细稞、神馓等，饮料有春酒、新茶、清泉甘水等数十种之多，其中多数寓意深刻，如祭食蛇盘兔，俗有"蛇盘兔，必定富"之说，意为企盼民富国强，子推燕，取介休方言"念念"不忘介推高风亮节。

自古以来，皇帝于清明赐火给侯门近亲，故唐韩翃有"日暮汉宫传蜡烛，轻烟散入五侯家"之诗句。宋朝沿袭这一风习，"清明节，每岁，禁中命小内侍于阁门、用榆木钻火。先进者赐金碗、绢三匹。皇帝把火赐给臣僚，宣赐臣僚巨烛"[①]，这正是钻燧改火风习的继续。欧阳修有《清明赐新火》诗，其"榆火推恩添侍臣""清香但爱蜡烟新"，正反映了这一情况，也说明了宋代皇帝不只把火赐给侯门，也赐给大臣，与唐稍有不同。

图74　介子推母子雕像

该雕像位于山西绵山风景名胜区

团圆祈福：节日礼仪

TUANYUANQIFU JIERI LIYI

2.拜扫祭祖

清明节是最重要的祭祀节日，是祭祖和扫墓的日子，扫墓俗称上坟是祭祀死者的一种活动。寒食节扫墓祭祖在南北朝到唐前被视为"野祭"。唐代

---

① [宋]吴自牧撰：《梦粱录》卷二《清明节》，台北：商务印书馆，1939年，第11页。

编入《开元礼》"卷第八十七·王公以下拜扫(寒食拜扫附)"中,成为官方认同并倡导的吉礼之一,后演变为皇家祭陵,官府祭孔庙、祭先贤,百姓上坟等。时一家或一族人同到先祖坟地,致祭、添土、挂纸钱,然后将子推燕、蛇盘兔撒于坟顶滚下,用柳枝或疙针穿起,置于房中高处,意沾先祖德泽。清明节扫墓主要有两种形式:一是在家或祠堂祭祖,另一种是上坟、扫墓,又称墓祭。汉族自古以来就有祭祖仪式,古称合祭,又称祫祭,指在太庙中祭祀远近祖先,后来发展为清明,多在家内或宗族祠堂祭祀祖先,方法是焚香叩头,供奉祭品。唐代诗人杜牧的诗《清明》写出了清明节的特殊气氛:"清明时节雨纷纷,路上行人欲断魂。借问酒家何处有?牧童遥指杏花村。"

清明扫墓的习俗在宋代继续盛行。清明节,北宋开封市街上卖祭品的很多,"诸门纸马铺,皆于当街。用纸衮叠成楼阁之状"[1],《东京梦华录》记载"寒食第三节(误,应为"日")即清明日矣,凡新坟皆用此日拜扫,都城人出郊","自此三日,皆出城上坟,但一百五日最盛"[2],南宋也仍如此,"官员士庶,俱出郊省坟,以尽思时之敬"[3],形成中华民族源远流长的又一礼俗景观。

明人祭墓主要有两项活动:一是为死者烧香、上供,其中必烧纸,这种纸是特制的,又称"光明""往生钱",是送给鬼神或死人在冥世间使用的。除焚烧纸钱外,还流行一种"压钱",即把纸钱压在坟堆的四角、坟顶而故名,如《帝京景物略》就云:"三月清明日,男女扫墓,担提尊榼,轿马后挂楮锭,粲粲然满道也。拜者、酹者、哭者、为墓除草添土者,焚楮锭次,以纸钱置坟头。"[4]另一种方式是为坟堆培土,或者修坟立碑。由此看来,祭祖扫墓与其说是对祖先的怀念,还不如说它更大的作用是强调家庭、宗族内的血缘联系,巩固团结,以利家族的发展,因为中国是封建宗族制极为发达的国家。按照旧的习俗,扫墓时,人们要携带酒食果品、纸钱等物品到墓地,将食物供祭在亲人墓前,再将纸钱焚化,为坟墓培上新土,折几枝嫩绿的新枝插在坟上,然后叩头行礼祭拜,最后吃掉酒食回家。明人谢肇淛《五杂俎》卷二说:"北人重墓祭,余在山东每遇寒食,郊外哭声相望,至不忍闻。当时使有善歌者,歌白乐天《寒食行》,作变徵之声,坐客未有不坠泪者。南人借祭墓为踏青游戏之

[1] [宋]孟元老撰、邓之诚注:《东京梦华录注》卷七《清明节》,北京:中华书局,1982年,第178页。

[2] [宋]孟元老撰、邓之诚注:《东京梦华录注》卷七《清明节》,北京:中华书局,1982年,第178页。

[3] [宋]吴自牧撰:《梦梁录》卷二《清明节》,台北:商务印书馆,1939年,第11页。

[4] [明]刘侗著:《帝京景物略》卷二《春场》,载《续修四库全书·史部·地理类》,第

264页。

具,纸钱未灰,乌履相望,日暮,幡间主客无不颓然醉倒,明人张岱《陶庵梦忆》卷一记载,"越俗扫墓,男女祛服靓妆,画船箫鼓,如杭州人游湖,厚人薄鬼,率以为常",说当时越地的人,清明节男女都盛装打扮,游湖赏景,对亡人的追念越来越淡。

图75　清明祭祖扫墓

选自《中国民间美术全集·绘画卷》

图76　墓地,清明时节

选自《大清帝国城市印象——19世纪英国铜版画》

3.插柳踏青

柳为寒食节象征之物,原为怀念介子推追求政治清明之意,早在南北朝《荆楚岁时记》就有"江淮间寒食日家家折柳插门"的记载,安徽、苏州等地还

盛行戴芥花，佩麦叶来代替柳枝，据各地史籍记载清明："插柳于坟""折柳枝标于户""插于檐插柳寝灶间""亦戴之头或系衣带""瓶贮献于佛神""门皆插柳"，故民间有"清明（寒食）不戴柳，红颜成白首"之说。《梦梁录》记："清明交三月节，前两日谓之寒食。京师人从冬至后数起，至一百五日便是此日。家家以柳条插于门，名之曰'明眼'，凡官民不以小大家，子女未冠笄者，以此日上头。"①

踏青，也叫踏春，盛兴于唐宋。宋代李之彦《东谷所见》载"拜扫了事，而后与兄弟、妻子、亲戚、契交放情地游览，尽欢而归"，《东京梦华录》也记北宋"四野如市，往往就芳树之下，或园囿之间，罗列杯盘，互相劝酬。都城之歌儿舞女，遍满园亭，抵暮而归。各携枣鮯、炊饼、黄胖、掉刀、名花、异果、山亭、戏具、鸭卵、鸡雏，谓之'门外土仪'"。②南宋以后，杭州人清明游春更盛，杭人祭扫多在杭州南北两山之间，"南北两山之间，车马纷然，野祭者尤多，如大昭庆、九曲等处，妇人淡装素衣，提携儿女，酒壶肴垒，村店人家，分馂（俊，祭品余食）休息，至暮则花柳土宜，随车而归"③。富人在著名园林酒尊食垒或张幕藉草，饮宴寻欢，全然是游春景象，车马往来繁盛，填塞都门。宴于郊者，就名园芳圃奇花异木之处④，如"玉津、聚景、御园、包家山之桃关，东青门之菜市，东西马塍，尼庵道院"，"寻芳讨胜，极意纵游"⑤。西湖更是游人喜爱的地方，宴于湖者，则彩舟画舫，款款撑驾，随处行乐，都人不论贫富、倾城而出，笙歌鼎沸，鼓吹喧天，虽东京金明池未必如此之佳。明代《帝京景物略》记当时京郊踏青场景为"岁（寒食）清明日，都人踏青，舆者、骑者、步者，游人以万计"⑥，可谓盛极，这时开封天气晴和，气候宜人，花开柳绿，人们都到著名园林观赏花木，或到郊外观赏春景，歌儿舞女遍满园林，为官僚富户歌舞佐欢，人们到暮色降临时才扶醉回城，门外土仪，回城的轿子也以杨柳杂花装饰，从轿顶四垂而下，很是清新耀眼。

---

①［宋］吴自牧撰：《梦梁录》卷二《清明节》，台北：商务印书馆，1939年，第11页。

②［宋］孟元老撰、邓之诚注：《东京梦华录注》卷七《清明节》，北京：中华书局，1982年，第178页。

③［宋］周密撰、［明］朱延焕补：《增补武林旧事》卷三《祭扫》，载《四库全书·史部》，第12页。

④［宋］吴自牧撰：《梦梁录》卷二《清明节》，台北：商务印书馆，1939年，第11页。

⑤［宋］周密撰、［明］朱延焕补：《增补武林旧事》卷三《祭扫》，载《四库全书·史部》，第12页。

⑥［明］刘侗著：《帝京景物略》卷五《高梁桥》，载《续修四库全书·史部·地理类》，第377页。

4.体育游艺

秋千最早叫千秋,后为了避讳,改为秋千。秋千原为古代寒食节宫廷女子的游乐项目,五代王仁裕《开元天宝遗事》载"天宝宫中至寒食节竞竖秋千,令宫嫔辈戏笑以为宴乐。帝呼为半仙之戏,都中士民因而呼之",宋代宰相文彦博诗《寒食日过龙门》,诗中描写为:"桥边杨柳垂青线,林立秋千挂彩绳。"

明清时期,"放风筝"是流传大江南北的全国性娱乐方式。风筝不仅白天放,夜间也放,把风筝放上蓝天后,便剪断牵线,据说这样能除病消灾,给自己带来好运。夜里在风筝拉线上挂上一串串彩色的小灯笼,像闪烁的星星,被称为"神灯"。

图77 〔清〕焦秉贞绘:秋千

图78 天津放飞风筝
选自《大清帝国城市印象——19世纪英国铜版画》

蹴球盛行于唐,宋《文献通考》载:"蹴球,盖始于唐。植两修竹,高数丈,络网于上,为门以度球,球工分左右朋,以角胜负。"唐德宗、宪宗、穆宗、敬宗都喜爱蹴球这项运动,《州府元龟》中记载"唐德宗贞元十二年二月寒食节帝御麒殿之东亭,观武臣及勋戚子弟会球,兼赐宰臣宴馔",宋代也有《太祖蹴鞠图》。

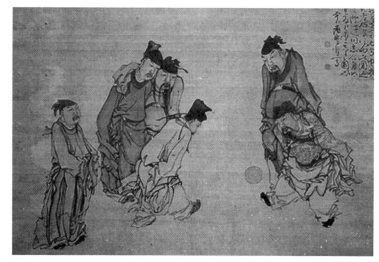

图79　蹴鞠

西湖苏堤一带"桃柳荫浓,红翠间错",各种文艺演出就在这里进行,有"走索、骠骑、飞钱、抛钹、踢木、撒沙、吞刀、吐火、跃圈、斛斗、舞盘、诸色禽虫之戏纷然丛集"[1],还有外地来的乐伎,歌吹而求觅钱者,接踵承应,游西湖的人们在船上听歌看舞喝酒作乐更不知天色已晚,直到月色上柳梢,湖面歌吹仍此起彼伏,人们离湖,男骑马,女乘轿,童仆挑着木鱼、龙船、花篮、闹杆等回家,准备馈赠亲友。

清明节日活动也促进了商业的繁荣,《西湖繁盛录》记载,清明节,"公子王孙、富室骄民,踏青游赏城西。店舍经营,聚集湖上,开张赶市。又有卖彩妆傀儡、莲船、战马、饧笙、鼗鼓、琐碎戏具,以悦童曹者,往往成市"[2],看来当时的节日里,也是游人云集,商品丰富,大人带着孩子踏青赏春,我们仿佛可以看到繁华市井上撒娇哭闹要玩具的孩童,不觉可亲起来。

四、健体驱邪迎端午

端午,又称端阳、重午、重五,原是月初午日的仪式,因"五"与"午"同音,农历五月初五遂成端午节。端午节的起源众多,其一是恶月、恶日说,这是我国较早出现的岁时禁忌习俗,早在战国时代,视五月及五月的五日为恶月、恶日的俗信就已经存在。因为五月初五,天气转暖,地气上升,各种毒虫复活,又是季节交替之际,人也容易生病,因此将五月视为不吉,逢五之日就

①[宋]周密撰、[明]朱延焕补:《增补武林旧事》卷三《祭扫》,载《四库全书·史部》,第12页。

②[南宋]西湖老人:《西湖老人繁盛录》,杭州:浙江人民出版社,1983年,第103页。

更加凶险,甚至五月逢五出生的孩子都受到歧视;其二是吴越民族图腾祭说,闻一多先生认为,古代吴越民族以龙为图腾,端午节时他们要举行盛大的图腾祭,故端午应称"龙子节";其三是纪念贤臣、孝女说,如民间传说中的纪念伍子胥、屈原、孝女曹娥、张天师等。迄今为止,影响最广的是纪念屈原说,屈原忠而被黜,投水自尽,于是人们以吃粽子、赛龙舟等来悼念他,苏轼《端午帖子》有"忠臣谅节今千岁,孝女孤风满四方"的诗句。宋代以后,端午节发展成一个半宗教性、半娱乐性的节日。明代端午节又称女儿节和天中节,因旧俗端午少女须佩灵符,簪榴花,娘家又要接女儿归宁躲端午,明沈榜《宛署杂记》卷十七云,"五月女儿节,系端午索,戴艾叶、五毒灵符。宛俗自五月初一至初五日,饰小闺女,尽态极妍"[1],出嫁女亦各归宁,因呼为女儿节。

图80 屈原像

1.龙舟竞渡

赛龙舟是端午节的主要风俗,端午节竞渡在各地都举行,尤以南方为盛,苏轼诗云"至今沧江上,投饭救饥渴。遗风成竞渡,哀叫楚山裂",又"水溪击鼓何喧阗,相将扣水求屈原。屈原已死今千载,满船哀唱似当年",这是苏轼出川时所作,足见宋时川、楚人民在端午节以竞渡纪念屈原的盛况。

南宋西湖竞渡自二月八日为始,端午尤盛,"是日画舫齐开,游人如蚁。

---

①[明]沈榜:《宛署杂记》,北京:北京古籍出版社,1983年,第191页。

龙舟六只,俱装十太尉、七圣、二郎神杂剧,饰以彩旗、锦伞、花篮、闹竿、鼓吹之类,帅守往一清堂弹压"①。竞赛时,湖中立一根标杆,上面挂满彩缎、银碗、官楮(纸币)等,用以赏赐得胜者。有一小节级官穿黄衣,戴青帽插孔雀翎,乘着小船,手横执节杖,高声唱喏,这里唱喏是一种礼节。然后回身向参赛龙舟挥动彩旗,参赛龙舟排列成行,再挥一次旗,龙舟出发,优胜者可以取赏,取赏后大声唱喏,其他船只能得到赏钱。今天在南方不少临江河湖海的地区,每年端节都要举行富有民族特色的龙舟竞渡活动。1980年赛龙舟被列入国家比赛项目,并每年举行"屈原杯"龙舟赛。

图81 观竞渡
选自《清史图鉴》

2.百变角粽

粽子是端午节不可不吃的传统食物,五月初,家家都要浸糯米、洗粽叶、包粽子,一直流传至今,据说这种传统源于汨罗江边的渔夫,将米丢入江中平息江中的蛟龙,希望它们不要伤害屈原。周密《武林旧事》卷五记:"巧粽之品不一,至结为楼台舫辂(舟、车),又以青罗作赤白舌帖子,与艾人并悬门楣,以为禳解。俗以是日为马本命,凡御庖,邸第上乘,悉用五彩为髹尾之

①[宋]周密撰、[明]朱廷焕补:《增补武林旧事》卷三《端午》,载《四库全书·史部》,第15页。

饰,奇鞯宝辔,充满道途,亦可观玩也。"①民间有斗百草,用兰草洗浴以除不祥及用丝线缠粽子的习俗,欧阳修《渔家傲》词有"五月榴花妖艳烘,绿杨带雨垂垂重。五色新丝缠角粽,正是浴兰时节动,菖蒲美酒清樽共"的诗句,描写的就是当时的端午习俗。

据记载,早在春秋时期,用菰叶(茭白叶)包黍米成牛角状,称"角黍";用竹筒装米密封烤熟,称"筒粽"。东汉末年,以草木灰水浸泡黍米,因水中含碱,用菰叶包黍米成四角形,煮熟,成为广东碱水粽。晋代,粽子被正式定为端午节食品。这时,包粽子的原料除糯米外,还添加中药益智仁,煮熟的粽子称"益智粽",时人周处《岳阳风土记》记载:"俗以菰叶裹黍米,……煮之,合烂熟,于五月五日至夏至啖之,一名粽,一名黍。"南北朝时期,出现杂粽,米中掺杂禽兽肉、板栗、红枣、赤豆等,品种增多。粽子还用作交往的礼品。到了唐代,粽子的用米已"白莹如玉",其形状出现锥形、菱形,日本文献中就记载有"大唐粽子"。宋朝时,已有"蜜饯粽",即果品入粽,诗人苏东坡有"时于粽里见杨梅"的诗句。这时还出现用粽子堆成楼台亭阁、木车牛马做的广告,说明宋代吃粽子已很时尚。元、明时期,粽子的包裹料已从菰叶变革为箬叶,后来又出现用芦苇叶包的粽子,附加料已出现豆沙、猪肉、松子仁、枣子、胡桃等等,品种更加丰富多彩。

一直到今天,每年五月初,中国百姓家家都要浸糯米、洗粽叶、包粽子,其花色品种更为繁多。从馅料看,北方多有包小枣的北京枣粽,南方则有豆沙、鲜肉、火腿、蛋黄等多种馅料,其中以浙江嘉兴粽子为代表。吃粽子的风俗千百年来在中国盛行不衰,而且流传到朝鲜、日本及东南亚诸国。

3.驱病避毒

农历五月初五,时值初夏,天气开始炎热(尤其是在南方),各种有毒的昆虫、动物都蠢蠢欲动,且多雨潮湿,细菌繁殖快,故而疾病甚多,因此民间习俗认为五月为"恶月",我国自古有端午避五毒之说,宋代以后这种活动仍很盛行。

端午节的早晨,各家各户将菖蒲、艾叶插在门上、屋檐下,借助它们挥发的芳香气味,驱逐蚊蝇,清洁空气,消除病毒,保持居室卫生。有辟邪、防病、保安康之意。人们还要用彩纸将"五毒"(蛇、蝎、壁虎、蜈蚣、蜘蛛)剪成剪纸,或贴于门、窗、墙、炕,或系在小孩臂上。要用线穿住"五毒"的头,并在每个毒虫的头上刺一根针,以示毒虫皆已被刺死、吊死。据《东京梦华录》载,"自五月一日及端午前一日,卖桃、柳、葵花、蒲叶、佛道艾,次日家家铺陈于

①[宋]周密著:《武林旧事》卷三《端午》,北京:中华书局,2007年,第81-82页。

门首,与糭(粽)子、五色水团、茶酒供养,又钉艾人于门上,士遮递相宴赏"①,东京市民将桃、柳、葵花、蒲叶、佛道艾草物铺陈在门前,钉艾草人都是用以避邪。南渡以后风俗没有大的改变,《梦粱录》载,南宋民家,"用艾草和百草捆扎成张天师的像,悬挂在门额上,意谓请天师镇邪,驱逐病害,或者在门上悬挂一个草扎的老虎头。"②端午,人们和泥作张天师像,以艾为头,以蒜为拳,置于门户之上,《岁时广记》载,当时还有人在这天画张天师像来卖。

图82 〔清〕郎世宁绘:张天师像

《武林旧事》载,南宋临安市市民门口各摆放一个大篮子,里面放有艾草、蒲叶、葵花,上挂着五色纸钱,排满了水果、粽子,即使是贫家也要这样做。③明代京师,民人于端午时,"皆渍酒以菖蒲,插门以艾,涂耳鼻以雄黄,曰避毒虫。家各悬五雷符,簪佩各小纸符簪,或五毒、五端花草。项各彩系垂金锡,若钱、若锁者,曰端午索",明人杨基的端阳十咏诗中,便对百索、钗符、角黍、艾虎、蒲觞、竞渡诸风俗习尚有生动入微的描绘,如:

《百索》诗云:红映钏金黄,双缠腕玉香。闺愁千万里,羞比彩丝长。

《钗符》诗云:红縠剪金蟆,轻罗簇艾花。不须灵笈篆,心静自无邪。

《角黍》诗云:红丝系绿蔓,金糈沃香饧。风雨罗江上,家家祭屈平。

《艾虎》诗云:踞户欲生风,当门势自雄。未能离草莽,亦是骇

①[宋]孟元老撰、邓之诚注:《东京梦华录注》卷八《端午》,北京:中华书局,1982年,第203页。

②[宋]吴自牧撰:《梦粱录》卷三《五月(重五附)》,台北:商务印书馆,1939年,第20页。

③[宋]周密著:《武林旧事》卷三《端午》,北京:中华书局,2007年,第81页。

儿童。

《蒲觞》诗云：蒲叶复蒲根，香琼泛绿樽。乱离谁引寿，聊欲莫湘魂。

《竞渡》诗云：船头花帽敧，船尾花袍舞。江神不敢行，百面鼍皮鼓。[1]

香囊，源于古代的"艾符"，有人在夏季来临之时，把艾叶编成虎形；或把彩绸剪成虎形，粘上艾叶，插于发中或佩于胸前祛瘟辟邪，如湖南民谣所唱："五月五日午，天师骑艾虎，五毒化灰尘，妖邪归地府。"同时，也有人将其解释为象征屈原的品德馨香溢世、流芳千古。系五色丝，已有两千多年历史，五色丝是用五种颜色的丝线搓成一条细索。按阴阳五行说，五色丝中的青线属木，代表东方；赤属火，代表南方；白属金，代表西方；黑属水，代表北方；黄属土，代表中央。五色丝无论系于何处，均可镇妖辟邪，佩戴的人可用它系住性命，正是"五彩縈筒秫稻香，千门结艾鬌鬐张。旋开宝典寻风物，要及灵辰共祓襄。"（《夫人阁四首之三》）。

图83　刘书琴绘：端午节

4.争储百药

因有一系列防病、治病、辟除邪气的风俗习惯传承，端午节又称"天医节"，民间的许多夏令卫生保健活动，掺杂于端午节俗中，人们于这天采集草药，用以制药，以驱病去灾，据说端午制药很灵验，苏子由《端午帖子》有"太医争献天师艾"，子瞻《端午帖子》也有"采秀撷群芳，争储百药良"的诗句，都说明端午人们普遍开展防疫活动，插戴避邪之物也是为防毒虫侵袭。《梦粱录》载有的官宦人家用生朱砂在端午午时书写"五月五日天中节，赤口白舌尽消除"的帖子，杭州城市民，不管大小人家，丁五月份焚烧午香一个月。道观、寺庙向施主赠送佩带符篆等物，以避毒邪。[2]

---

① 赵杏银：《历代风俗诗选》，长沙：岳麓书社，1990年。

② [宋]吴自牧撰：《梦粱录》卷三《五月（重五附）》，台北：商务印书馆，1939年，第20页。

在五月五日正午前,庶民百姓群入天坛避毒,过了正午才出来,这种风俗主要在北京地区流行,如《帝京景物略》卷二云:"五月五日之午前,群入天坛,曰避毒也。过午后,走天坛之墙下,无江城系丝角黍俗,而亦为角黍,无竞渡俗,亦竞游耍。"①在端午节还讲究捉蛤蟆取蟾蜍,其方法是用针刺破蟾眉,将蟾蜍汁挤出,蟾蜍是一味珍贵的中药,可拔毒、消热、消肿,治疗毒恶疮有奇效。还有以菖蒲渍酒饮用避恶气,用艾叶插门固为前代之遗俗,明代新出现的风俗是用雄黄涂耳鼻,认为这样可以避免虫毒。据《闽越搜奇谈》云:闽地在五日,还以雄黄浸水,蘸书"王"字于儿童额上,这种风俗称作画额。古人对雄黄杀虫驱毒作用早有认识,葛洪《抱朴子·仙药篇》即早有论述,李时珍《本草纲目》也解释"雄黄味辛温有毒,具有解虫蛇毒、燥湿,杀虫祛痰功效",可以主治百虫毒、蛇虺毒。在没有碘酒和红药水的年代里,古人以白酒浸雄黄,再加几块白矾,待酒挥发干后,便制成了雄黄矾,用来杀菌消毒。因此,每逢端午节,人们即将房屋打扫干净,于房内食物贮存处及厨房里洒上雄黄水,用来杀死或防止毒虫侵害,其效果是显著的,所以古人端午用雄黄防毒虫不无科学道理。

时至今日,端午节在中国仍是一个十分盛行的隆重节日,2006年5月20日,该民俗经国务院批准列入第一批国家级非物质文化遗产名录,2009年9月30日,联合国教科文组织保护非物质文化遗产政府间委员会第四次会议在阿联酋审议并批准了列入《人类非物质文化遗产代表作名录》的76个项目,中国"端午节"名列其中,这是中国首个入选世界非遗的节日。

五、隔河相思绕七夕

七夕节,农历七月初七的夜晚,天气温暖,草木飘香,这就是人们俗称的七夕节,也有人称之为"乞巧节"或"女儿节",这是中国传统节日中最具浪漫色彩的一个节日,也是过去姑娘们最为重视的日子。相传,天河东岸的织女嫁给河西的牛郎后,云锦织作稍慢,天帝大怒,将织女逐回,只许两人每年农历七月初七夜晚在鹊鸟搭成的桥上相会。或说天上的织女嫁给了地上的牛郎,王母娘娘将织女抓回天庭,只许两人一年一度鹊桥相会。敦煌文书《大唐新定吉凶书仪一部》(编号S.6537)记,"七月七日,牵牛、织女以此日会于河汉之间",其实,牛郎、织女本是星宿之名,牛郎星为天鹰座α星,织女星为天琴座α星,两星隔银河相望,在七月夜空中显得分外明亮夺目,引起人们的浮想遐思,七夕鹊桥相会的故事也就应运而生。每年七月初七晚上,妇女们

---

① [明]刘侗著:《帝京景物略》卷二《春场》,载《续修四库全书·史部·地理类》,第

265页。

趁织女与牛郎团圆之际,摆设香案,穿针引线,向她乞求织布绣花的技巧,在葡萄架下,静听牛郎织女的谈话,也是七月七的一大趣事。

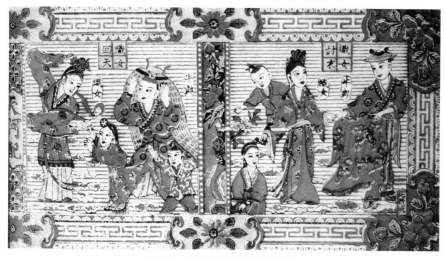

图84　牛郎织女(山东高密剪纸)

1.穿针乞巧

　　每逢乞巧来临,人们都要将庭院洒扫干净,院中张挂锦彩,陈设香案,献供花果饮食,唐代陈鸿《长恨歌传》说:"秋七月,牵牛织女相见之夕,秦人风俗。是夜张锦绣,陈饮食,树瓜花,焚香于庭,号为乞巧。宫掖间尤尚之。"《文苑英华》卷七九四附《丽情集》说:"七月,牵牛织女相见之夕,秦人风俗。是夜张锦绣缯绮,树瓜花,陈饮食,焚香于庭,谓之乞巧。三拜毕,缕针于月,衽线于裳。"敦煌《七夕乞巧诗》(编号 S.2104)中有一首:"七月佳人喜夜情(晴),各将花果到中庭。为求织女专心座(坐),七巧楼前直到明。"

　　七夕时观牛郎织女相会,并穿针乞巧在民间各地颇为盛行,各式各样的乞巧活动也很多,《西湖游览志余·熙朝乐事》云:"七夕,人家盛设瓜果酒肴于庭心或楼台之上,谈织女渡河事。妇女对月穿针,谓之乞巧。或以小盆盛蜘蛛,次早观其结网疏密,以为得巧多寡。市中以土木雕塑孩儿,衣以彩服而卖之,号为'摩喉罗'。"《帝京景物略》中记载的七月七日中午丢巧针的风俗较有新意,该书《春场》条载:"七月七日之午丢巧针,妇女曝盎水日中,顷之,水膜生面,绣针投之则浮。则看水底针影,有成云物、花头、鸟兽影者,有成鞋及剪刀、水茄影者,谓乞得巧。其影粗如槌,细如丝,

团圆祈福:节日礼仪

TUANYUANQIFU JIERI LIYI

151

直如轴蜡,此拙征矣。妇或叹,女有泣者。"①当然所穿之针并非通常的缝纫用针,而是专门制作的多孔之针,或用名贵的金、银、鍮石(黄铜)等材料制成,魏晋以前多为五孔针和七孔针,盛唐以来皆用九孔针。这些民间广为流传的各种有趣的乞巧活动,从一个方面反映了我国广大妇女对自己生活纯挚美好的追求。

图85 〔清〕丁观鹏绘:乞巧图(局部)
现藏上海博物馆

乞巧之俗在宋代最盛,活动形式多姿多彩,集中反映了男耕女织的社会经济形态,张先的《菩萨蛮·七夕》诗云:"双针竞引双丝缕,家家尽道迎牛女。"宋代经济发展,商业繁荣,七夕节令时物多种多样,街道、商店都十分热闹,有些人家还专设针楼,或曰乞巧楼、七巧楼,庭院中设乞巧台,专供穿针乞巧之用。宋时东京伴楼前等处,设乞巧市,出售乞巧物,市场车马拥挤,至夜不散,《东京梦华录》载,"初六日七日晚,贵家多结彩楼于庭,谓之乞巧楼,铺陈磨喝乐、花、瓜、酒、炙、笔、砚、针、线,或儿童裁诗,女郎呈巧,焚香列拜,谓之'乞巧'。妇女望月穿针。或以小蜘蛛安合子内,次日看之,若网圆正,谓之'得巧'。里巷与妓馆,往往列之门首,争以侈靡相向。"②汴京开封从七月一日人们就忙碌起来,购买和准备乞巧的贡物和节令时物,潘楼街东车水马龙、拥挤不堪,《梦粱录》卷四记述杭州七夕的节日气氛很具体,"其日晚晡时,倾城儿童女子,不问贫富,皆着新衣。富贵之家,于高楼危榭,安排筵会,以赏节序"③,又于广庭中设香案及酒果,遂令女郎望月瞻斗列拜,次乞巧于

---

①[明]刘侗著:《帝京景物略》卷二《春场》,载《续修四库全书·史部·地理类》,第266页。

②[宋]孟元老撰,邓之诚注:《东京梦华录注》卷八《七夕》,北京:中华书局,1982年,第209页。

③[宋]吴自牧:《梦粱录》卷四《七夕》,台北:商务印书馆,1939年,第23-24页。

女牛。于数日前,以红熀鸡果食时新果子互相馈送。宫廷女子与市井妇女的头花和衣领都用乞巧时的时物作为装饰。

图86　〔清〕丁观鹏绘:乞巧图(局部)
现藏上海博物馆

2.拜月祈愿

七夕之夜,人们均可在月下祀拜祈愿,相传是夜牛郎、织女银河相会时天门开启,于此时祈愿是最为灵验的。七夕祈愿最有名的例子应是唐明皇与杨贵妃之事,《长恨歌》有"七月七日长生殿,夜半无人私语时。在天愿作比翼鸟,在地愿为连理枝"的诗句,不仅皇室如此,民间七夕祈愿亦盛。"银河天际开,相思两界来",在晴朗的夏秋之夜,天上繁星闪耀,一道白茫茫的银河横贯南北,河的东西两岸,各有一颗闪亮的星星,隔河相望,遥遥相对,那就是牵牛星和织女星。人们传说在七夕的夜晚,抬头可以看到牛郎织女的银河相会,或在瓜果架下可偷听到两人在天上相会时的脉脉情话,女孩们在这个充满浪漫气息的晚上,对着天空的朗朗明月,摆上时令瓜果,朝天祭拜,乞求天上的女神能赋予她们聪慧的心灵和灵巧的双手,让自己的针织女红技法娴熟,更乞求爱情婚姻的姻缘巧配。

人们所祈之愿当然并不限于爱情,凡与切身利益相关者均可拜求。敦煌《云谣杂曲子共三十首》中专有一首《拜新月》:"况当秋景,黄叶初敷卉,向登新楼上,仰望蟾色光迟回,愿玉兔影媚明镜匣,参差斜坠橙波美。犹怯怕衔半钩耳,万家向月下,祝告深深跪……"秋日黄叶初敷、半钩新月之时,正是七夕之夜,千家万户仰望蟾色,跪拜新月,祈求未来的美好。

除牛郎织女相会外,七月七日还是魁星老爷的生日。魁星俗称文曲星,主文章、文运,尤为读书人景仰崇拜,因此七夕之夜读书人还要祈拜魁星,其中宴饮赋诗为不可或缺的内容。节日赋诗,既可娱乐身心、沟通感情,又可展示才华、切磋交流,遂成风气,《全唐诗》中即辑录大量文人的七夕诗作,如唐高宗时陆敬、沈叔安、何仲宣等就曾应制各作《七夕赋咏成篇》,唐高宗本人亦有《七夕宴悬圃二首》,上引《七夕乞巧诗》即是敦煌七夕宴饮仪式上的一组赋诗,该件文书的序言中即说得清楚:"是千门求富之辰,乃巧女七夕之夜。辄奉诸贤,宁无谁思,遂述七言。"当夜"诸贤"在座,一起饮酒赋诗,共度良宵,情趣盎然。

图87 〔清〕七夕图轴

3.摩合罗祈子

魔合罗又称磨喝乐、摩喉罗,是精制的泥娃娃,它来源于佛教,是天龙八部神之一,是佛教中的童佛,六岁出家成佛。宋代时就有供奉摩合罗的习尚,直到明代仍很盛行,宋门外瓦子,州西梁门外瓦子,北门外,南朱雀门外街及马行街,都以卖魔合罗著称。宋代磨合罗是七夕上供所用,"市中以土木雕塑孩儿,衣以彩服而卖之,号为'磨喉罗'"①,据《醉翁谈录》载,京城这天多买泥娃娃玩,娃娃做得细腻、端正,京人叫作摩喉罗,有大的有小的,价钱不便宜,有的给穿上男服或女服,有的装饰奢华,南方人视之为巧儿。《东京梦华录》中称"磨喝乐","乃小塑土偶耳。悉以雕木彩装栏座,或用红纱碧笼,或饰以金珠牙翠,有一对直数千者。禁中及贵家与士庶为时物追陪"②,也就是说北宋城市街面上流行的磨喝乐,下面安装着雕木彩装栏座,用红纱碧笼作罩子,甚至装饰上金银珠宝,象牙翡翠,因此价钱很贵,有时一对就值数千,禁中、贵家及士庶都拿它作为陪供时物,是节日必备之物,因此它就成为街市坊间的热门货了。这一天,

---

①[明]田汝成辑:《西湖游览志馀》卷二十《熙朝乐事》,北京:东方出版社,2012年。
②[宋]孟元老撰、邓之诚注:《东京梦华录注》卷八《七夕》,北京:中华书局,1982年,

儿童都要换上鲜丽的衣服,买上新鲜荷叶,拿在手里,装扮出摩合罗的样子,妇女购买"磨喉罗"则含有求子之意。

除摩合罗之外,许多节令物品都在街上摆起彩帐出售,如"又以黄蜡(蜩)铸为凫、雁、鸳鸯、鹚鶒、龟、鱼之类,彩画金缕,谓之'水上浮'。又以小板上敷土旋种粟令生苗,置小茅屋花木,作田舍家小人物,皆村落之态,谓之'谷板'。又以瓜雕刻成花样,谓之'花瓜'。又以油面糖蜜造为笑靥儿,谓之'果食'",①花样奇巧百端,还有"一对被介胄者如门神之像,盖自来风流,不知其从,谓之'果食将军',又以菉豆、小豆、小麦于磁器内,以水浸之,生芽数寸,以红蓝彩缕束之,谓之'种生'"②,水上浮,做出成对的水鸟,种生,是企盼新的生命,这些节令时物含有求子求福的意义。又如汴城京都人民,"现折未开荷花,假做成双头莲,取玩一时,提携而归"③,这种礼俗是为了祀牵牛神,宋人在一块木板上堆土,种上粟秧,并在周围摆置茅房、花木、农夫,谓之"种谷板"。上述种种习俗,揭示了宋代人民祈求心灵手巧的心理和追求美好生活的愿望。

六、是夜月明望中秋

中秋节是我国的传统佳节,"中秋"一词最早出现在《周礼》中,直到唐朝初年,中秋节才成为固定节日,《唐书·太宗记》记载有"八月十五中秋节"。中秋节的盛行始于宋朝,至明清时,已与元旦齐名,成为我国的主要节日之一。根据我国的历法,农历八月在秋季中间,为秋季的第二个月,称为"仲秋",而八月十五又在"仲秋"之中,所以称"中秋"。中秋节还有许多别称,因节期在八月十五,所以称"八月节""八月半",因中秋节的主要活动都是围绕"月"进行的,所以又俗称"月节""月夕",中秋节月亮圆满,象征团圆,因而又叫"团圆节",关于"团圆节"的记载最早见于明代,《西湖游览志余》中说:"八月十五谓中秋,民间以月饼相送,取团圆之意",唐朝,中秋节还被称为"端正月"。

自从传说唐明皇梦游月宫后,中秋赏月之风到宋代愈盛,文人学士时兴素服,中秋赏月时必观看仙鹤翩翩起舞,又值宫中池塘盛开白莲花,池上之

团圆祈福:节日礼仪
TUANYUANQIFU JIERI LIYI

---

①[宋]孟元老撰、邓之诚注:《东京梦华录注》卷八《七夕》,北京:中华书局,1982年,第208页。

②[宋]孟元老撰、邓之诚注:《东京梦华录注》卷八《七夕》,北京:中华书局,1982年,第208页。

③[宋]孟元老撰、邓之诚注:《东京梦华录注》卷八《七夕》,北京:中华书局,1982年,第208页。

桥以莹澈如玉的砖石砌之,以及帝王在桥上赏月欢宴时所用御几、御榻以及瓶炉酒器之物皆以水晶制成,与月色相映生辉,池之两岸宫女、乐工用白玉笙等乐器奏乐,其中吹笛者达200人。到南宋时,中秋的另一习俗就是观钱塘江潮,只见月光下海潮初如银线,既而渐近,则玉城雪岭,犹如千军万骑簇拥而来,不可卒遏,又有善泅的舟人,渔民数百人皆披发文身手持十幅大彩旗,出没于鲸波万仞之中迎潮而上,谓之弄潮,腾身百变而旗不沾湿以此夸能。而到元代,中秋之夕元武帝携诸妃嫔泛舟于禁苑太液池,"色射波,池光映天,绿荷含香,芳藻吐秀,游鱼浮鸟,竞戏群集",用彩帛装饰的华丽小舟采莲摘菱轻快便捷往来如飞,又是另一番怡然自得景象。到明、清两代,中秋除祭月供瓜果月饼外,还置月宫符像,上画月神月宫,金碧缤纷,还供彩塑"兔儿爷",头戴冠帽,身披甲胄,或骑于虎背或身后插旗幡,俨然大将风度粗拙可爱,北京的"月坛"就是明嘉靖年间为皇家祭月修造的。每当中秋月亮升起,于露天设案,将月饼、石榴、枣子等瓜果供于桌案上,拜月后,全家人围桌而坐,边吃边谈,共赏明月,则是一种流传至今的中秋礼俗。

1.赏月拜月

人们把月亮看作是与太阳相对的太阴,自然就有所崇拜,宋王朝把祭祀月神写入《礼志》中,《宋史·礼志》卷九十八有:如天地、五帝、日月星辰、社稷,欲诏有司以时举行祭祀。民间也在中秋礼拜月亮,《新编醉翁谈录》载,全城人家,不论贫富,凡是能走路的,到十二三岁,都给穿上成人的服装,登楼或在庭院中,烧香拜月亮,男的愿自己早日考上科举,走入仕途,飞黄腾达,女的则愿自己貌美如嫦娥,丰满如洁白之月。这里说的是男女都要拜月,与后代只有女子拜月,男子不拜月的风习很不一样。八月桂子飘香,传说月中有桂树,赏月与赏桂,自然联在一起,八月节赏桂就成为一种习俗,《宋稗类钞》卷二有"湖山寻桂"之说,盖杭州灵隐寺有桂林,为宋代士人中秋赏玩之处,《梦粱录》卷四也描绘了中秋节时宋人赏月,饮酒高歌、团圆家宴及夜市的情景:"八月十五日中秋节,此日三秋恰半,故谓之'中秋'。此夜月色,倍明于常时,又谓之'月夕'。此际金风荐爽,玉露生凉,丹桂香飘,银蟾光满。'王孙公子'富家巨室,莫不登危楼临轩玩月,或登广榭,玳筵罗列,琴瑟铿锵,酌酒高歌,□以卜竟夕之欢。至如铺席之家,亦登小小月台,安排家宴,团圆子女,以酬佳节虽陋巷贫窭之人,解衣市酒,勉强迎欢,不肯虚度此夜。"[1]从宋代的许多笔记、诗词中可以看出,宋代人,尤其是文人,中秋赏月,常有竟夕不眠、饮酒达旦之举。

① [宋]吴自牧撰:《梦粱录》卷四《中秋》,台北:商务印书馆,1939年,第25页。

图88　中秋赏月

中秋节时，云稀雾少，月光皎洁明亮，家家户户赏月、拜月、祭月、彼此馈赠瓜果月饼是中秋节的主要风俗。赏月在唐代已很流行，拜月的方式很多，或者向月亮跪拜，或供月光神祃，还有以木雕月姑为偶像者，但均将神像供或挂在月出的方向，设供案，摆供品。对明代京都祭月的殊俗，《帝京景物略》有详载说："八月十五日祭月，其祭果饼必圆，分瓜必牙错瓣刻之，如莲华。纸肆市月光纸，缋满月像，趺坐莲华者，月光遍照菩萨也。华下月轮桂殿，有兔杵而人立，捣药臼中。纸小者三寸，大者丈，致工者金碧缤纷。家设月光位，于月所出方，向月供而拜，则焚月光纸，撤所供，散家之人必遍"[1]，这是京都祭月的生动写照，在南方则供柚子、芋头、香蕉、柿子、菱角、花生、藕等时令物品，一般拜月后，烧月光神祃，撤供，与祭者可分食供品。

①［明］刘侗著：《帝京景物略》卷二《春场》，载《续修四库全书·史部·地理类》，第266页。

图89　中秋祭月
现藏南昌市民俗博物馆

　　中秋节的街市上出售有月光纸，上面绘有月偏照菩萨，下绘月轮桂殿，有一兔人立捣药于其中，祭月后将月光纸焚烧，所供的果饼分给家中的每一成员。中秋节又是团圆节，所以纵使有归宁的女子，也必定于此日返其夫家团聚。明人拜月时用的"月光纸"，到了清朝，改了个名字叫"月光马儿"，富察敦崇的《燕京岁时记》记载，"月光马者，以纸为之，上绘太阴星君，如菩萨像，下绘月宫及捣药之玉兔。人立而执杵，藻彩精致，金碧辉煌，市肆间多卖之者。长者七八尺，短者二三尺，顶有二旗，作红绿色，或黄色，向月而供之。焚香行礼，祭毕与千张、元宝等一并焚之"①，清朝的规矩则是"男不拜月，女不祭灶"，所以拜月就成了妇女的专利。

图90　祭祀
选自《大清帝国城市印象——19世纪英国铜版画》

　　①[清]富察敦崇：《燕京岁时记》，北京：北京古籍出版社，1981年，第78页。

这幅画是一位传教士的作品,他们对中国人的信仰状况非常感兴趣,也只有他们才能深入到田间地头,采集中国民风民俗。不过,阿罗姆在再创作的时候,犯有错误,在他的画中,祭坛上的供品看得出都是圆形圆盏的,还算符合中秋团圆的吉祥,在神位上的也还大致像是月宫里吴刚的样子,唯有在坛前跪拜的人物有些差错,错在跪拜的人群中,在后排有两个男人,不符合"男不拜月,女不祭灶"的说法,一般来讲,祭祀灶王爷由男性主持,中秋拜月则都是由女眷操持的,男人在田间农忙的时候,她们带领孩童做月饼,赏月亮,在全家和全族拜月之时,男人只在后面参加,不做主角,画面中少壮男丁不去农忙,凑上来拜月,于习俗不合。

近人金易、沈义羚所著的《宫女谈往录》中,记述了一位叫荣儿的宫女讲述的故事,当时正是八国联军进北京的那一年,慈禧太后逃出了京都,在逃亡的路上恰逢中秋,这位太后慌乱之中亦未忘旧礼古俗,便在寄寓的忻州贡院中举行了祭月之礼。

2.品尝月饼

唐代将嫦娥奔月与中秋赏月联系起来后,更富浪漫色彩,《洛中记闻》中记载说,唐僖宗在中秋节日吃月饼,味道极美,他听到新科进士的曲江设开喜宴,便命御厨房用红绫包裹月饼赏赐给他们,这是我们能够看到的最早的关于月饼的记载。到了宋代,月饼有"荷叶""金花""芙蓉"等雅称,其制作方法更加精致,苏东坡有诗称赞说,"小饼如嚼月,中有酥与饴",酥是油酥,饴就是糖,其味道甜脆香美可想而知,《武林旧事》的"蒸作从食"项目中列有月饼,那时月饼已作为甜食点心上市,很受人们的青睐了。

宋以后,制作月饼不仅讲究味道,而且在饼面上设计了各式各样与月宫传说有关的图案,图案起初大概是先画在纸上然后粘贴在饼面上,后来干脆用面模压制在月饼之上。满月形的月饼也跟十五的圆月一样象征着大团圆,人们把它当作节日食品,用它祭月,赠送亲友,这无疑是汉民族的一种民族心理的反映。传说,元朝初年,元蒙统治者惧怕民众起来反抗,采取每十家派一名士兵监视,十家只许用一把菜刀的高压政策,人民忍无可忍,便乘八月十五中秋节互赠月饼之机,在月饼里放一个蜡丸,蜡丸中裹着纸,纸上写着誓言,饼底还贴一张纸做暗示,以此互相号召反蒙复国,浙江温州一带称这种月饼为"三锦",按当地方言的谐音就是"杀紧",这大概就是今天月饼外常贴上一张纸的由来。

圆月带来的团圆的联想,使中秋节更加深入人心,中秋晚上,我国大部分地区还有烙"团圆"的习俗,即烙一种象征团圆、类似月饼的小饼子,饼内

包糖、芝麻、桂花和蔬菜等，外压月亮、桂树、兔子等图案，祭月之后，由家中长者将饼按人数分切成块，每人一块，如有人不在家即为其留下一份，表示合家团圆。

3.玩兔儿爷

中秋佳节，家中的主妇忙着拜月，小孩子也不愁没事干，中秋节前几天，街市上就会卖一种专供儿童祭月用的"兔儿爷"。清代宫廷是把月中的玉兔称作太阴君的，然而民间则不同，百姓们称它为玉兔儿爷，这种称呼虽不如称太阴君严肃庄重，但却显得更为亲切。到了清代，兔儿爷的功能已由祭月转变为儿童的中秋节玩具，制作也日趋精致，有扮成武将头戴盔甲、身披战袍的，也有背插纸旗或纸伞，或坐或立的，坐则有麒麟虎豹等等，也有扮成兔首人身之商贩，或是剃头师父，或是缝鞋、卖馄饨、茶汤的，不一而足。而在北京一带的民俗中，中秋节祭兔儿爷实是庄重不足而游戏有余，尽管略显得对神不大尊敬，但却反映了民间敬神心理的异化。中秋自从由祭月的礼俗转化成民间节日后就淡化了礼仪色彩，而游赏性质越来越突出，玩兔儿爷的风俗可以说是这一现象的有力佐证。

图91　兔儿爷

4.燃灯祈福

中秋之夜，天清如水，月明如镜，可谓良辰之美景，然而对此人们并未满足，于是便有燃灯以助月色的风俗，北宋都城汴京，中秋节酒店生意兴隆，夜市买卖兴旺，据《东京梦华录》记载：

中秋节前,诸店皆卖新酒,重新结络门面彩楼、花头画竿、醉仙锦旆。市人争饮,至午未间,家家无酒,拽下望子。是时螯蟹新出,石榴、榅勃、梨、枣、栗、孛萄、弄色柑桔,皆新上市。中秋夜,贵家结饰台榭,民间争占酒楼玩月。丝篁鼎沸,近内庭居民,夜深遥闻笙竽之声,宛若云外。闾里儿童,连宵嬉戏。夜市骈阗,至于通晓。①

为迎中秋各酒楼装修门面,市人争相来酒楼饮新酒。到了八月十五的中午,酒楼已家家无酒,拽下望子。这一天,人们也讲究吃螃蟹、水果,是时,螯蟹新出,石榴、榅勃、梨、枣、栗、葡萄弄色,柑桔皆新上市,到了晚上,人们赏月,儿童嬉戏,直到通宵达旦,《梦粱录》还写到夜市:"此夜,天街买卖,直至五鼓,玩月游人,婆娑于市,至晓不绝。盖金吾不禁故也。"②御街上陈列着各种货物,像绒线,蜜煎食品,香烛之类,各铺店竞相夸耀,比多比好,人们把十五晚上的买卖叫"歇眼",街上灯烛灿烂,一直卖到第二天早晨。在湖广一带有用瓦片叠塔,于塔上燃灯的节俗,江南一带则有制灯船的节俗,近代中秋燃灯之俗更盛,今人周云锦、何湘妃《闲情试说时节事》一文说:"广东张灯最盛,各家于节前十几天,就用竹条扎灯笼。作果品、鸟兽、鱼虫形及'庆贺中秋'等字样,上糊色纸绘各种颜色。中秋夜灯内燃烛用绳系于竹竿上,高树于瓦檐或露台上,或用小灯砌成字形或种种形状,挂于家屋高处,俗称'树中秋'或'竖中秋'。富贵之家所悬之灯,高可数丈,家人聚于灯下欢饮为乐,平常百姓则竖一旗竿,灯笼两颗,也自取其乐。满城灯火不啻琉璃世界。"看来从古至今中秋燃灯之俗其规模似乎仅次于元宵灯节。

七、登高远眺盼重阳

农历的九月初九为重阳节,又称"重九节"或"老人节"。这个节日起源于战国时代,古人将天地万物归为阴阳两类,阴代表黑暗,阳则代表光明、活力,《易经》将"九"定为阳数,两九相重,故曰"重阳","九"在数字中又是最大的单数,"九九"重阳与"久久"同音,因此,也含有长久长寿之意。唐朝时,重阳节才正式被定为节日,宋代以后,逐渐流行起来。农历九月是一年收获的黄金季节,寓意深远,重阳佳节,秋高气爽,风清月洁,丹桂飘香,故有登高望远、赏菊赋诗、喝菊花酒、插茱萸等习俗,人们对这一节日历来有着特殊的感情,中国历代许多文人雅士,每当此时,登上高处,一面饮菊花酒,一面吟诗

①[宋]孟元老撰、邓之诚注:《东京梦华录注》卷八《中秋》,北京:中华书局,1982年,第215页。

②[宋]吴自牧撰:《梦粱录》卷四《中秋》,台北:商务印书馆,1939年,第25页。

取乐，留下无数诗篇。

1.登高望远

"九九登高"是重阳节的重要习俗，自古有之，故重阳节又叫"登高节"，这一天，人们带着酒具、食盒到高高的山上，或到高阁、高塔上，攀登之时还要观赏山上的红叶野花，饮酒赋诗，采摘茱萸，享受一番，然后兴尽而归。相传登高风俗始于东汉，据南梁吴均所撰《续齐谐记》中记述：东汉时，"汝南太守桓景随费长房游学累年，长房谓（桓景）曰：'九月九日，汝家中当有灾，宜急去，令家人各作绛囊，盛茱萸以系臂，登高，饮菊花酒，此祸可除'"，遂相沿成习。隋代孙思邈《千金方·月令》记载："重阳日，必以看酒登高远眺，为时宴之游赏，以畅秋志。酒必采茱萸、菊以泛之，即醉而归。"隋代风俗已与后世近似，登高与野宴结合起来，使这一节日更有吸引力。宋代也保留着这一习俗，《东京梦华录》记载了北宋市民过重阳节的登高礼俗："都人多出郊外登高，如仓王庙、四里桥、愁台、梁王城、砚台、毛驼冈、独乐冈等处宴聚"。[①]《梦粱录》卷五记载了南宋的情况："日月梭飞，转盼重九。……是日'孟嘉登龙山落帽，渊明向东篱赏菊'，正是故事。"[②]同朝代的词人韩元吉作《水调歌头·九日》也说，"今日我重九，莫负菊花开。试寻高处，携手摄展上崔嵬。放目苍崖万仞，云护晓霜成阵，知我与君来。古寺倚修竹，飞槛绝尖埃"，描写了重阳赏菊及登高观景的韵致。

明清时，北京地区登高颇盛，《燕京岁时记》云："京师谓重阳为九月九。每届九月九日则都人提壶携榼，出郭登高。南则在天宁寺、陶然亭、龙爪槐等处，北则蓟门烟树、清净化城等处，远则西山八等处。赋诗饮酒，烤肉分糕，询一时之快事也。"[③]不论文人百姓，都喜欢登高后在山上野餐、烤肉食用，有些贵戚富家则带上幕帐、烤具、车马、乐器，登高台、土坡，架起幕帐、桌椅，大吃爆烤羊肉或涮羊肉，并唱戏奏乐，听歌看舞，如清末慈禧太后，每年重阳于北海东的桃花山登高、野餐、烤肉，并架蓝布围障，防止闲人偷看。在玉渊潭钓鱼台等处，也集中了不少登高之客，故宫御花园里也有登高之山。

①[宋]孟元老撰、邓之诚注：《东京梦华录注》卷八《重阳》，北京：中华书局，1982年，第216页。

②[宋]吴自牧撰：《梦粱录》卷五《九月（重九附）》，台北：商务印书馆，1939年，第29页。

③[清]富察敦崇：《燕京岁时记》，北京：北京古籍出版社，1981年，第80页。

图92　　登高图

2.赏花簪花

宋人在典礼、宴庆、佳节、出游时有赏花、簪花的习俗,每当春暖花开时
节,城里的男男女女就"争先出城探春",结伴赏花。簪花又称插花、戴花,苏
轼在杭州看到赏花插花的情景时写出"帘前柳絮惊春晚,头上花枝奈老何"
的诗句,抒发春光易逝、人生易老的感慨,黄庭坚的词中也有"花向老人头上
笑,羞羞。白发簪花不解愁"的句子。赏花、簪花的习俗促进了宋时鲜花贸
易的发展,洛阳、扬州、成都等地出现不少花市,汴京、临安等地方出现了不
少沿街叫卖的花贩。宋朝男子也有簪花习俗,男子簪花古来有之,虽然汉唐
已有男子戴花现象,但不是很普遍,也只有在重阳节这一天佩戴,明清时期,
偶有为之,唯有两宋男人戴花蔚然成风,最为兴盛。受到妇女头上簪花的影
响,宋朝男子不仅头插鲜花,还有将巾帛彩剪成茱萸、菊花来佩带,皇帝大臣
也头上簪花。

菊花高洁的品格,傲霜的精神为人们所崇敬,宋人称菊花为"延寿客",
更是钟爱倍至,宋代的重阳节,从宫廷到民间都要市菊、赏菊、饮菊、簪菊、咏
菊,还要点菊灯、吃菊花饼。据《梦粱录》记载,重九之日,不仅"禁中与贵家,

皆于此日赏菊",就是一般老百姓也要"市一二株玩赏"①,菊花品种也大大增多,到宋代菊花已培育有七八十种,最好的有一种白黄色花,花蕊像莲房一样的叫万龄菊;粉红色花的叫桃花菊;白色花瓣,花心为檀色的叫木香菊;纯白色花,花朵巨大的叫喜容菊;黄色而圆的叫金铃菊;又白又大,心为黄色的叫金盏银台菊。这一天开封处处是菊,无处无之,酒店用菊花装饰起来,有菊花门、菊花窗等,赏菊活动达到高潮。

3.遍插茱萸

茱萸是一种可以做中药的果实,因为出产于吴地(今江浙一带)的茱萸质量最好,因而又叫吴茱萸,也叫越椒或艾子,它是一种常绿小乔木,树几乎可以长到一丈多高,叶为羽状复叶,初夏开绿白色的小花,结实似椒子,秋后成熟,果实嫩时呈黄色,成熟后变成紫红色,有温中、止痛、理气等功效。茱萸叶还可治霍乱,根可以杀虫,《本草纲目》说它气味辛辣芳香,性温热,可以治寒驱毒。古人认为佩戴茱萸,可以辟邪去灾、祛风邪、治寒热、驱毒虫、去湿气,并能开郁、宣气、消食,难怪宋人不仅要插之,而且要服用了。

重阳节要插戴茱萸花从两汉至唐代已经有过流行,如王维的《九月九日忆山东兄弟》就说"遥知兄弟登高处,遍插茱萸少一人",王昌龄的《九日登高》也有"茱萸插鬓花宜寿,翡翠横钗舞作愁"的诗句。古来民间认为重阳节是凶日,人会遇到各种灾难,所以要秋游登高避灾,插茱萸饮菊花酒驱祸,吴自牧在《梦粱录》中解释道:"日月梭飞,转盼重九。盖九为阳数,其日与月并应,故曰重阳……今世人以菊花茱萸为□,浮于酒饮之。盖茱萸名'辟邪翁',菊花为'延寿客',故假此两物服之,以消阳九之厄"②,到后来才成为一种高雅的风俗习惯,有"孟嘉登龙山落帽,渊明向东篱赏菊"③的美谈传世。

---

①[宋]吴自牧撰:《梦粱录》卷五《九月(重九附)》,台北:商务印书馆,1939年,第29页。

②[宋]吴自牧撰:《梦粱录》卷五《九月(重九附)》,台北:商务印书馆,1939年,第29页。

③"孟嘉落帽"的典故最早见于《晋书·孟嘉传》和陶渊明《晋故征西大将军长史孟府君传》。东晋名士孟嘉出任征西大将军桓温的参军,颇受器重。某年重阳节时,桓温在龙山大宴幕僚,饮酒作诗。忽起一阵大风,把孟嘉的官帽吹落,但孟嘉本人毫无察觉。同僚孙盛当场作文嘲笑,孟嘉随即提笔应对,写出一篇令四座惊叹的文章,以自我解嘲。后世多以"孟嘉落帽"形容才子名士的风雅洒脱、才思敏捷。

图93　重阳节

4.吃重阳糕

重阳糕又称花糕、菊糕、五色糕,制无定法,较为随意。九月九日天明时,以片糕搭儿女头额,口中念念有词,祝愿子女百事俱高,乃古人九月做糕的本意。讲究的重阳糕要做成九层,像座宝塔,上面还做两只小羊,以符合重阳(羊)之义,有的还在重阳糕上插一小红纸旗,并点蜡烛灯,大概是用"点灯""吃糕"代替"登高"的意思,用小红纸旗代替茱萸,今天的重阳糕仍无固定品种,各地在重阳节吃的松软糕类都可以看作是重阳糕。

据《东京梦华录》记述,重阳节"前一二日,各以粉䴺蒸糕遗送,上插剪彩小旗,掺钉果实,如石榴子、栗子黄、银杏、松子肉之类。又以粉作狮子蛮

王之状,置于糕上,谓之狮蛮"①,《梦粱录》对狮蛮糕的做法描写更细致,"蜜煎局以五色米粉塑成狮蛮,以小彩旗簇之,下以熟栗子肉杵为细末,入麝香糖蜜和之,捏为饼糕小段,或五色弹儿,皆入韵果糖霜,名之'狮蛮栗糕'"②,接着又进一步解释,做成狮蛮状应该和佛教的流行有关,当时寺院在此日俱做"狮子会",诸佛菩萨皆驭狮子,诸僧皆坐狮子座上进行佛事。南宋时都人也流行以菊糕相馈,其做法与北宋大致相同,只是用料有差别,"以糖、肉、秫面杂揉为之,上缕肉丝、鸭饼,缀以榴颗,标以彩旗。又作蛮王、狮子于上,及糜栗为屑,合以蜂蜜,印花脱饼以为果饵"③,可见,当时节日糕点的制作已经非常精致了。

图94 奚文渊绘:沪上重阳食饵图

明代重阳节吃重阳糕(又名花糕),并有用花糕供祭家堂、祖先的习尚。另外,在重阳节,娘家必请女儿归家,吃花糕,则是明代有代表性的风尚,《帝京景物略》卷二云:"九月九日,……面饼种枣栗,其面星星然,曰'花糕',糕肆标纸彩旗,曰'花糕旗',父母家必迎女来食花糕。或不得迎,母则诟,女则怨诧,小妹则泣,望其姊姨,亦曰女儿节。"④

①[宋]孟元老撰、邓之诚注:《东京梦华录注》卷八《重阳》,北京:中华书局,1982年,第216页。

②[宋]吴自牧撰:《梦粱录》卷五《九月(重九附)》,台北:商务印书馆,1939年,第29页。

③[宋]周密撰、[明]朱延焕补:《增补武林旧事》卷三《重九》,载《四库全书·史部》,第24—25页。

④[明]刘侗著:《帝京景物略》卷二《春场》,载《续修四库全书·史部·地理类》,第266页。

尾声:现代礼仪看东方

　　"礼仪,是人们社会交往行为的准则,礼俗、仪制的总称,包括了待人、接物、处事等各方面的行为规范,体现了人们的审美情趣和道德观念,也影响着民俗、社会风气的形成及水准。"①中国是世界闻名的古老的礼仪之邦。距今3000多年前的殷周时代,周公就制礼作乐,提出了礼治的纲领,后来经过孔子、孟子、董仲舒、朱熹等人的提倡和完善,礼乐文明成为儒家文化的核心。儒家认为人的活动,应该符合于"德",要体现仁、义、文、行、忠、信的要求,为此,根据德的行为要求,制定为一套规范,也称之为礼,所谓"礼为德之器"就是这个意思。《论语》中讲,孔子警告他的儿子孔鲤说,"不学礼,无以立",意思是如果不学礼的话,是没有办法立足的,《三字经》中也教育孩子从小学习不同场合的各种礼节,历史上一些著名的"古训""家训""学规"中,也都有大量关于日常衣食住行、待人接物方面的礼仪规范。中国古代教育的主要内容是"礼乐射御书数",被称为"六艺",其中"礼"排在第一,充分说明了中国人重视礼仪的传统。

　　礼是人区别于禽兽的标志,是文明与野蛮的分界线,同时也体现了一定的自然法则,《礼记·曲礼》云:"鹦鹉能言,不离飞鸟。猩猩能言,不离禽兽。今人而无礼,虽能言,不亦禽兽之心乎!……是故圣人作为礼以教人,使人以有礼,知自别于禽兽。"②中国传统文化中所说的"礼",不仅指仪式,还包括社会风俗、传统习惯、经济和行政等各方面的内容,也就是社会道德规范所

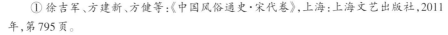

① 徐吉军、方建新、方健等:《中国风俗通史·宋代卷》,上海:上海文艺出版社,2011年,第795页。

② 李学勤主编:《十三经注疏·礼记正义》卷一《曲礼上》,北京:北京大学出版社,1999年,第15页。

承认的内容，从皇帝、官吏到平民，所有人的一切行为都在"礼"的规范约束之下，出行有礼，坐卧有礼，宴饮有礼，婚丧有礼，寿诞有礼，祭祀有礼，征战有礼，……婚礼应该怎样举行，丧服应该怎样穿着，对父母应该怎样服侍，对尊长怎么称呼，都要讲究一个"礼"字，所以古人说，"夫礼，天之经也，地之义也，民之行也。天地之经，而民实则之"①，礼仪往往具体而生动地反映了一个时代、一个地域、一个国家和一个民族的物质生活条件、社会关系状况和精神生活面貌。

"礼"也是封建国家维护统治的一种手段。以身份等级制度为内核的中国传统社会，其外在表现形式就是一系列的礼仪规定，古代中国，对中央与地方、上级与下级，以及并列关系的处理原则，都通过"礼"的形式来体现。中国古代的"礼"似乎更多地体现了统治阶级的意志，古人说"礼不下庶人"，也就是说一般平民百姓是不具备讲"礼"资格的，随着时间的推移，统治阶层的"礼"逐渐下移，并为普通百姓接受，进而成为约束整个社会的规范，《礼记》说"夫礼者，所以定亲疏，决嫌疑，别同异，明是非也"②，是说"礼"是治理国家、稳定社会、确定尊卑、建立人际关系的工具。用礼乐把统治阶级的伦理思想固定下来，贯彻于社会生活的各个方面，使"礼"成为"道德之器"，要求人们"恭敬谦让"，为人谦虚恭敬，不骄傲自满，不妄自尊大，行为合于礼，是有教养的表现，反之则不能登大雅之堂。

中国的圣哲先贤致力于建立一个"父慈、子孝、兄良、弟弟、夫义、妇听、长惠、幼顺、君仁、臣忠"的理想社会，然而当礼仪被统治阶级过分提倡时，也容易异化为对人性的压制和扭曲，因此，中国人，尤其是中国的知识分子既依赖于礼仪建立和谐有序的社会，又渴望摆脱虚伪礼教的约束，人们推崇克己复礼的孔孟之道，又对蔑视礼法的魏晋士人艳羡不已，历朝历代都有恃才放旷、不拘小节的文人轶事为人津津乐道，而现代人也为行为自由、天真无拘的"小燕子"而倾倒。辛亥革命以后，受到现代化和西方文明的影响，中国传统文化处于急剧变革之中，正越来越失去民族特性，中国传统礼仪文化中的许多高妙之处也不为世人所知，古代礼仪文化中的部分内容随着时代的发展已退出历史舞台，成为只供今人欣赏的"文物"，但还有许多内容在今天乃至未来仍会显示出强大的生命力，威严的军礼、欢乐的宴礼、喜庆的婚礼、

---

①李学勤主编：《十三经注疏·春秋左传正义》卷五"昭公二十五年"条，北京：北京大学出版社，1999年，第1447页。

②李学勤主编：《十三经注疏·礼记正义》卷一《曲礼上》，北京：北京大学出版社，1999年，第13页。以下皆同。

寄托哀思的丧礼、祝福耄耋老人的寿礼等无不体现着古代礼仪文化的内涵，并融入了新时代的气息，因此，在了解中国传统都市礼仪文化的基础上有所选择和继承，这对于发扬中华优秀文化将大有裨益。

　　有人认为，礼乐文化是封建时代的文化，早已过时，谁再提倡，谁就是逆潮流而动，其实任何一个民族的文化都不可能是万世一贯的，而只能与时俱变，弃其糟粕，取其精华，优秀文化的因子往往历久弥新，长久地存活在历史的长河中，持续地影响着民族的精神和面貌。例如，公元前六世纪前后，是世界古文明的轴心时代，出现了诸如孔子、老子、孙子，以及苏格拉底、柏拉图、释迦牟尼等哲人和光耀千古的经典，两千多年来，他们始终伴随着历史的进程，我们几乎处处可以感觉到他们的存在，在科技高度发达的今天，我们还常常回到那个时代去寻找智慧，对于孔子倡导的礼乐文化，我们也应该作如是观。近代以来，由于国势衰微，列强入侵，国人激于时变，把落后挨打归咎于传统文化，这有一定的道理，但不尽然，试想，一个知书达理的书生挨了强盗的打，人们可以责怪他没有拳勇，但却不可以责怪他不该知书达理，如果书生从此丢掉书本，只练武功，变成了没有文化的"强人"，那才是真正的悲剧。人类社会终将进入一个人人讲信修睦、彼此谦敬礼让的文明时代，因此，我们既要习武强身，又要弘扬既有的文化，传统礼仪文化终究会有它新的用武之地。孔子反对人殉，提倡仁爱；反对苛政，提倡仁政，代表了时代的进步和人类的良知，说孔子提倡礼就是要复辟奴隶制，真是愈加之罪，何患无辞！那么，儒家的礼乐文明还有没有现实价值呢？我们的回答是肯定的。

　　中国古代礼乐文化中有许多高妙之处，可惜不为世人所认识，我们不妨以先秦的乡射礼为例加以说明，作为有着五千年文明史的中国，古代有没有体育精神？如果有，它与古希腊的奥运精神有何不同？这是2008年北京奥运会必须向全世界回答的重大问题，而在我们获得奥运会的主办权之前，几乎没有人考虑过，其实，我国至迟在春秋时代，民间就流行一种称为乡射礼的射箭比赛，它的比赛仪则，完整地记录在《仪礼》的《乡射礼》中，这是一种非常正规的竞技运动，有长度固定的射道、严格的比赛规则。但是，评价一名射手，不仅要看他能否命中靶心，而且要看他形体是否合于音乐节奏，此外，还要求他处处礼让竞争对手，正确对待失败等等，总之，要求他的身心与体魄和谐、健康地发展，这与早期奥林匹克运动片面强调体魄强健的理念判然有别，显示着东方文明的特色。

　　21世纪是文化的世纪，国家与国家、民族与民族的竞争将会越来越多地

在文化领域中展开。文化是民族的基本特征,文化存则民族存,文化亡则民族亡。古往今来,真正灭绝于种族屠杀的民族并不多,而灭亡于固有文化消失的民族却是不胜枚举。中国文明是世界四大古文明中唯一没有发生过文化中断的文明,未来,中华文明能否自立于世界民族之林,基本前提之一,就是能否在吸收先进外来文化的基础上,建立起强势的本位文化,这无疑是具有战略意义的大事。礼乐文化是中华传统文化的核心,能否将它的精华发扬光大,对于本位文化的兴衰至关重要。令人汗颜的是,我国传统礼仪文化在韩国、日本保存颇多,并继续在社会生活中发挥积极作用,而在我们的本土,它的流失速度却非常惊人,在我们的人际交往中,懂得使用表示敬意的雅语和举止的人已经日渐稀少。作为民间最普遍、最隆重的婚礼、生日礼仪等庆典,正越来越失去民族特性、急剧地西化,而圣诞节、情人节等正日益成为中国年轻人的重大节日。作为民族文化表征的礼仪、节日一旦全部西化,就表明本位文化已经被国民抛弃,它的消亡也就不会太远了。炎黄子孙、有识之士,当知忧虑!

2000多年前,孔子泣血呼喊:礼崩乐坏! 今天,当我们经常在各种媒体中看到虐待老人、摔死孩童、父子成仇、夫妻反目、朋友相残等等丧尽天良、骇人听闻、匪夷所思的事件时,当我们在生活中感到人们无所顾忌、无所约束、无所敬畏时,我们深深地感到,即使是一个现代社会,"礼崩乐坏"也是一件多么可怕的事情! 我们真心呼唤今天的中国人能把眼光投向过去,用科学、理性和反思的目光再次审视和选择传统礼仪,有一天,我们可以骄傲地告诉世界"现代仪礼看东方"!

参考文献

古籍

1.[北齐]颜之推.颜氏家训[M].四部备要本,北京:中华书局,2001.

2.[宋]王明清.挥麈录[M].上海:上海书店出版社,2001.

3.[宋]赵彦卫.云麓漫钞[M].北京:中华书局,1996。

4.[宋]陆游.老学庵笔记[M].唐宋史料笔记丛刊,北京:中华书局,1979.

5.[宋]司马光.温国文正公文集[M].四部丛刊初编,上海:商务印书馆,1919.

6.[宋]司马光.涑水记闻[M].四库全书·子部,台北:商务印书馆,1986.

7.[宋]吴自牧.梦粱录[M].台北:商务印书馆,1939.

8.[宋]司马光.司马文正公集略[M].嘉靖四年刻本,湘南书局,1897.

9.[宋]陈颢,陈颐.二程集[M].中华书局,2004.

10.[宋]朱熹.家礼[M].上海:上海古籍出版社,2002.

11.宋史[M].北京:中华书局,1977.

12.[宋]司马光.司马氏书仪[M].台北:商务印书馆,1936.

13.[宋]周密.武林旧事[M].北京:中华书局,2007.

14.[宋]周密.增补武林旧事[M]//四库全书·史部.

15.[宋]孟元老.东京梦华录注[M].邓之诚,注.北京:中华书局,1982.

16.[宋]王栐,王銍.燕翼诒谋录[M].北京:中华书局,1981.

17.[元]李有.古杭杂记[M].北京:商务印书馆,1939.

18.宋元小说家话本集[M].程毅中,辑注.济南:齐鲁书社,2000.

19.[明]刘侗.帝京景物略[M]//续修四库全书·史部·地理类,2002.

20.[明]何良俊.四友斋丛说[M].北京:中华书局,1959.

21.[明]冯梦龙.醒世恒言[M].北京：人民文学出版社,1956.

22.[明]谢肇.五杂俎[M].上海：上海书店,2001.

23.[明]程颢,程颐.二程遗书[M].上海：上海古籍出版社,2000.

24.[明]何乔远.名山藏列传[M].台北：明文书局,1991.

25.[明]顾起元.客座赘语[M].北京：中华书局,1987.

26.[清]富察敦崇.燕京岁时记[M].北京：北京古籍出版社,1981.

27.[清]徐珂.清稗类钞[M].北京：中华书局,1984.

28.[清]顾炎武.日知录集释[M].黄汝成,集释.上海：上海古籍出版社,2006.

29.[清]胡朴安.中华全国风俗志[M].石家庄：河北人民出版社,1986.

近人专著

1.李学勤.十三经注疏·礼记正义[M].北京：北京大学出版社,1999.

2.李学勤.十三经注疏·周礼注疏[M].北京：北京大学出版社,1999.

3.杨向奎.宗周社会与礼乐文明[M].北京：人民出版社,1992.

4.陈大康.明代商贾与世风[M].上海：上海文艺出版社,1996.

5.彭林.中国古代礼仪文明[M].台北：中华书局,2004.

6.徐吉军,方建新,方健,等.中国风俗通史·宋代卷[M].上海：上海文艺出版社,2011.

学术期刊

1.马健鹰.中国古代饮食礼仪制度的文化气质[J].扬州大学学报(人文社会科学版),1997(4).

2.彭林.《士昏礼》的礼法与礼义[J].文史知识,1999(9).

3.郝美田.北宋东京的婚程礼仪[J].华夏文化,1999(3).

4.方健.宋代的相见、待客与交游风俗[J].浙江学刊,2001(4).

5.焦润明.中国近代民俗变迁及其赋予社会转型的符号意义[J].江苏社会科学,2001(5).

6.王立军.试论司马光礼学思想的基本特征[J].唐都学刊,2001(3).

7.王立军.司马光礼学思想初探[J].中州学刊,2002(2).

8.王立军.宋代的民间家礼建设[J].河南社会科学,2002(2).

9.徐吉军.宋代的出行风俗[J].浙江学刊,2002(1).

10.彭林.冠者礼之始也：冠礼[J].文史知识,2002(7).

11.彭林.合二姓之好：婚礼[J].文史知识,2002(8).

12.彭林.称情而立文:丧服(下)[J].文史知识,2003(5).

13.彭林.侍奉逝者的魂魄:士丧礼[J].文史知识,2003(6).

14.刘浦江.宋代宗教的世俗化与平民化[J].中国史研究,2003(2).

15.游彪."礼""俗"之际——宋代丧葬礼俗及其特征[J].云南社会科学,2005(1).

16.陈江.明代中晚期的礼仪之变及其社会内涵——以江南地区为考察中心[J].史林,2006(1).

17.戴庞海.论中国古代冠礼的特征属性[J].中州学刊,2006(3).

18.崔乃新.论宋代话本中的婚姻嫁娶习俗[J].语文学刊,2006(S2).

19.杨建宏.论宋代民间丧葬、祭祀礼仪与基层社会控制[J].长沙大学学报,2006,7(4).

20.黄玉梅.茶文化的传播与饮茶礼仪[J].农业考古,2008(5).

21.张亚南,王天彤.《搜神记》与魏晋婚姻丧葬礼俗[J].山东教育学院学报,2008(1).

22.王文燕,汤夺先.从《东京梦华录》看北宋时期的都市婚俗[J].青海民族研究,2009(4).

23.郭海文.唐代公主的婚姻礼仪[J].社会科学评论,2009(3).

24.吕丽,游津波.礼仪犯罪再论——以明律为中心的研究[J].法制与社会发展,2009(6).

25.李欣.古代冠礼仪式的法律思考[J].金卡工程(经济与法),2009(7).

26.杨丹丹.简析汉族的冠笄之礼及其演变[J].经营管理者,2010(12).

27.李智君.清代民国边塞社会与河陇婚俗地理[J].中国社会经济史研究,2010(4).

28.饶军.魏晋南北朝时期士族的婚姻观及其影响[J].郑州航空工业管理学院学报(社会科学版),2010(1).

29.刘月姗.略论我国礼仪的传承与变革[J].咸宁学院学报,2010(11).

30.陈效师.女士为什么不能作揖[J].国学,2011(6).

31.吉恩煦.中国明代士民揖礼习俗小考[J].首都师范大学学报(社会科学版),2011(S1).

32.丁淑梅.宋代散乐杂剧演禁与文人关系探讨[J].南京师大学报(社会科学版),2012(4).

参考文献 CANKAO WENXIAN

学位论文

1.陈江.明代中后期的江南社会与社会生活[D].上海:华东师范大学,2003.

2.戴庞海.先秦冠礼研究[D].郑州:郑州大学,2005.

3.丁淑梅.中国古代禁毁戏剧史论[D].上海:华东师范大学,2006.

4.崔名芳.唐代农村家庭礼俗探微[D].曲阜:曲阜师范大学,2006.

5.谢羽.晚明江南士人群体研究[D].武汉:华中师范大学,2006.

6.张欣.礼俗文化对服饰延续的影响[D].苏州:苏州大学,2007.

7.崔乃新.论宋代白话小说中的市井民俗[D].呼和浩特:内蒙古师范大学,2007.

8.王燕.《说文》"女部"字与中国传统文化[D].郑州:郑州大学,2007.

9.邓雅.探究我国汉族女性婚礼服的演变和创新[D].无锡:江南大学,2008.

10.王翠.南北朝丧葬典礼考[D].杭州:浙江大学,2009.

11.王春晓.从周代冠冕制度看儒家礼制思想[D].天津:天津师范大学,2010.

12.何继龄.传统人生礼仪仪式与古代个体品德培育研究[D].兰州:西北师范大学,2010.

13.谢小兰.中外体育礼仪的比较研究[D].长沙:湖南师范大学,2011.

14.王晓雷.中国古代名刺初探[D].济南:山东师范大学,2012.

后 记

作为一名老师，我对刚刚进入大学的学生们首先强调的就是礼仪和礼貌问题，当我成为母亲，我觉得对孩子最基本的教育也是礼貌方面的教育，因为礼仪和礼貌体现着一个人最基本的素养，也是一个人顺利进入社会，建立良好人际关系的首要条件，所以我深感有必要向大家介绍中国传统的礼仪文化。

毫无疑问，中国是个历史悠久的礼仪之邦，早在2000多年前，中国人就已经形成完备的、细致的，甚至是烦琐的礼仪制度，大到祭祀天地、君主登基，小到吃饭穿衣、举手投足都有严格的礼仪规定，明清时期，西方大批耶稣会士来华，仍对中国人彬彬有礼、温文尔雅的文化气质赞叹不已！然而，近代以来，有人认为儒家提倡的礼仪制度是中国落后的原因之一，开始了对传统礼仪矫枉过正的摒弃，直到今天的中国社会，距离传统礼仪的要求更是越来越远。曾有一位韩国留学生对我说，她对中国文化一直很钦慕，没来中国前她认为中国人都特别有礼貌，但是来了以后却发现和想象的差距很大，面对一个外国人的疑问，我无言以对。当越来越频繁地在媒体上听到各种挑战着人们道德底线的负面新闻时，我确实感到中国人需要理性地回归传统，需要真心地呼唤从内而外的礼仪道德建设。至于要怎样回归？继承哪些？抛弃哪些？读者在读完本书后必定会有自己的思考和选择。

另外，中国传统都市礼仪也是个颇有新意的题目，就"都市"这个概念，我专门请教过一些研究城市史的专家，再加上对学术界相关成果的吸收，最终把书写的重点时空确定为宋代以后的主要城市。从严格意义上讲，宋代才出现了与今天类似的城市风貌，在内容的选择上，也以和今天城市居民生活最为密切的饮食、婚丧嫁娶、人际交往、节庆等为重点。古代的都市生活，

自然离我们很遥远,但是,很多时候也让我们倍感亲切,饮食礼仪中的孝亲观念,婚恋礼仪中的各种讲究,抚育孩童时的热切与盼望,丧葬时的哀痛与谨慎,节庆时的热闹与憧憬,还有那些优雅、那些情谊、那些客套、那些忌讳、那些排场、那些琐碎、那些谨小慎微……有时会让我们感慨,有时会让我们汗颜,有时会让我们点头称是,有时又会让我们会心一笑,古风古礼扑面而来,原来,中国文化一脉相承,今人与古人意气相通!

最后,我要衷心感谢这套丛书的主编给我这个学习的机会,也感谢团队的其他成员对本人的启发和帮助,本书有许多不足之处,希望读者批评指正,期待以后还能有机会进行修改和完善。

魏梓秋

2015年1月